WiSt-Taschenbücher
Wirtschaftswissenschaftliches Studium

Studienmethodik

Selbstmanagement für Studienanfänger

von

Prof. Dr. Kurt-Wolfgang Koeder

5., überarbeitete und erweiterte Auflage

Verlag Franz Vahlen München

VERLAG
VAHLEN
MÜNCHEN
www.vahlen.de

ISBN 978 3 8006 4266 3

Druck und Bindung: Druckhaus Nomos
In den Lissen 12, 76547 Sinzheim

Satz: Druckerei C. H. Beck, Nördlingen

gedruckt auf säurefreiem, alterungsbeständigem Papier
(hergestellt aus chlorfrei gebleichtem Zellstoff)

Aphorismen zum Thema „Lernen"

„Die Weisheit besteht darin, daß man gelernt hat zu lernen."
(B. Brecht)

„Wenn man jemand irgend etwas lehrt, wird er es nie begreifen."
(B. Shaw)

„Der Schüler ist reif, wenn er so viel bei andern gelernt hat,
daß er nun für sich selbst zu lernen im Stande ist."
(W. v. Humboldt)

„Das Schwerste am Lernen ist das Lernen lernen."
(H. Kant)

„Lernen ist wie Rudern gegen den Strom.
Sobald man aufhört, treibt man zurück."
(B. Britten)

„Es ist keine Schande nichts zu wissen,
wohl aber nichts lernen zu wollen."
(Sokrates)

„Lernen ohne eigenes Nachdenken führt zu Nichtwissen;
Nachdenken ohne zu lernen birgt in sich Gefahr."
(Konfuzius)

„Ein anderes Vergnügen, als das zu lernen, laß ich nicht gelten."
(F. Petrarca)

„Zum steten Lernen bleibt auch das Alter jung."
(Aischylos)

„Jeder der aufhört zu lernen ist alt,
mag er zwanzig oder achtzig Jahre zählen.
Jeder der weiterlernt ist jung,
mag er zwanzig oder achtzig Jahre zählen."
(Henry Ford I.)

„Lernen muß man mit dem ganzen Körper."
(F. Oberlin)

„Überhaupt lernt niemand etwas durch bloßes Anhören,
und wer sich in gewissen Dingen nicht selbst tätig bemüht,
weiß die Sachen nur oberflächlich."
(J. W. Goethe)

„Sinnvolles Lernen involviert den Erwerb von Bedeutungen,
und neue Bedeutungen
sind umgekehrt das Produkt sinnvollen Lernens."
(D. B. Ausubel)

„Es ist des Lernens kein Ende."
(R. Schumann)

„Ich lerne noch.")
(Michelangelo)

„Ich lerne vom Leben. Ich lerne solange ich lebe. So lerne ich noch heute."
(O. v. Bismarck)

Vorwort zur fünften Auflage

Das Schwerste im Studium ist das „Studieren lernen". Dabei geht es nicht nur um das Ansammeln von Faktenwissen des jeweiligen Studienfaches. Genauso wichtig ist es, dieses Wissen systematisch zu ordnen, Zusammenhänge zu verstehen und in Transferwissen umzuwandeln. Detailwissen ist in bestimmten Fachgebieten wichtig, noch wichtiger sind der Aufbau und die Kenntnis von Grundstrukturen und Prinzipien, die ein Fachgebiet bestimmen. Im Studium ist aktives Denken gefragt, nicht unreflektierter Informationskonsum und „Auswendiglernen". Neben dieser Wissenskomponente ist Vertrauen eine wichtige Voraussetzung für einen erfolgreichen Studienablauf, Vertrauen in die eigene kognitive Leistungsfähigkeit. Neben einem hohen Maß an Selbstorganisation und Selbststeuerung – z.B. Lerninhalte auswählen, Lernpensum in kleine Schritte aufteilen, Hilfen zum Verstehen und Einprägen finden, Lernerfolg überprüfen – gehört auch die Steuerung der inneren Lernaktivitäten, die Aktivierung von Vorwissen, eine Vernetzung und ausgeprägtes Problembewusstsein sowie der permanente Dialog mit Ihren Kommilitonen, Professoren und wissenschaftlichen Mitarbeitern zu den erfolgsbestimmenden Faktoren.

Aber: Ihr Studium muss Ihnen auch Freude machen und Spaß vermitteln. Finden Sie frühzeitig eine ausgewogene Balance zwischen Ihren verschiedenen persönlichen Lebensbereichen und auch Lebensrollen.

Jetzt wünsche ich Ihnen noch viel Spaß mit meinen Denkanstößen zur Studienmethodik und zum wissenschaftlichen Arbeiten. Auch für diese Auflage gilt: Sollten Sie Anregungen haben und kritische Anmerkungen äußern wollen, tun Sie dies (kurt.koeder@wiwi.fh-mainz.de). Ich darf mich für die vielen, bisher erhaltenen E-Mails nochmals bedanken. Sie bestätigen in vielen Fällen meine Vorschläge und Denkanstöße.

Ingelheim/Mainz im Februar 2012 *Kurt-Wolfgang Koeder*

Vorwort zur ersten Auflage

Die Erfahrung der letzten Jahre mit Studenten, insbesondere mit Studienanfängern sowie die Erkenntnisse aus einer seit mehreren Jahren durchgeführten studienpropädeutischen Veranstaltung „Studienmethodik" zeigen sehr deutlich, daß ein Hauptproblem der Studierenden in den ersten Semestern oft darin besteht, die Lern-/Studienarbeit so zu koordinieren, daß sich schon frühzeitig Studienmotiviertheit und ein entsprechender Studienerfolg (z.B. Spaß am Studium, bestandene Klausur) einstellen können. In diesem Zusammenhang fällt meist sehr deutlich auf, wie defizitär das studentische Wissen und die studentischen Fähigkeiten sind, die eigene Lernarbeit ohne die lenkende Hand der Schule/Lehrer zu systematisieren und so zu koordinieren, daß die Voraussetzungen für effektives Studieren/geistiges Arbeiten gewährleistet werden. Defizite lassen sich dabei insbesondere in Bereichen wie Studienorganisation und -planung (z.B. Selbst-Management), Aufnahme von Stoffinhalten (Zuhören, Mitschreiben), der Erarbeitung von Fachliteratur (effektives Lesen) sowie dem Anwenden und Weitergeben von Wissensstoff in Prüfungen, in Hausarbeiten, Referaten, Diplomarbeiten, bei Präsentationen im Seminar usw. beobachten. Denken Sie immer daran: **Kreativität ist zu einem hohen Prozentsatz Systematik, und es ist ein Vorurteil, daß kreative Menschen Chaoten sein müssen.**

Ziel dieses Büchleins ist es, den Studierenden einige studienbegleitende, anwendungs- und praxisorientierte Hilfestellungen und Anregungen von Studienbeginn an über den Studienalltag (incl. Selbststudium) bis hinein in die Berufstätigkeit nach Studienabschluß zu bieten. Dazu muß es aber nicht nur gelesen, sondern durchgearbeitet werden. **„Schließen Sie Ihr Studium ab, aber nicht das Studieren, das lebenslange Lernen".** So soll der einzelne Studierende auch für die Erkenntnis sensibilisiert werden, daß ein Studium heute nicht mehr als Qualifikation für ein ganzes Berufsleben gilt. Die Bedeutung ständiger Wissensaneignung im Sinne lebenslangen Lernens wächst permanent und dies nicht erst seit heute. Schon *Johann Wolfgang Goethe* formulierte dies sehr treffend:

„Es ist schlimm genug, … daß man jetzt nichts mehr für sein ganzes Leben lernen kann. Unsere Vorfahren hielten sich an den Unterricht, den sie in ihrer Jugend empfangen; wir aber müssen jetzt alle fünf Jahre umlernen, wenn wir nicht ganz aus der Mode kommen wollen". (aus: Die Wahlverwandtschaften)

Ich darf an dieser Stelle all jenen danken, die mir durch zahlreiche Gespräche, Diskussionen, Tipps, Anregungen usw. die Erstellung dieses Büchleins ermöglichten, insbesondere auch meinen Studenten.

Mein Dank gilt ebenfalls den beiden Herausgebern dieser WiSt-Taschenbuch-Reihe, den Kollegen Prof. Dr. *E. Dichtl,* und Prof. Dr. *O. Issing,* für die sofortige Bereitschaft zur Aufnahme dieses Elaborates in die von Ihnen betreute Schriftenreihe.

Von den interessierten Lesern dieses Büchleins wünsche ich mir kritisches Feed-back; denn nur so können Sie helfen, Mängel zu korrigieren und zu beseitigen.

Ingelheim/Mainz, im Juni 1990 *Kurt-Wolfgang Koeder*

Inhaltsübersicht

Inhaltsverzeichnis

Abbildungsverzeichnis

0. Anregungen zur effizienten Nutzung dieses Buches

Es ist eine tolle Sache und ein erhebendes Gefühl, dass Sie sich ein Studium vorgenommen haben und daher auch unterstützenswert. Auf diese Unterstützung können alle Leser dieses Büchleins bauen, gleichgültig, in welcher Form (z.B. Voll- oder Teilzeitform) und Richtung (z.B. Jura, Biologie oder Wirtschaftswissenschaften) ihr Studium/ihr Lernvorhaben zukünftig abläuft, und gleichgültig ob Frau oder Mann, ob Berufstätiger, Schüler oder Student, ob jung oder alt. So anerkennt die Wissenschaft heute nicht mehr Einschränkungen der Lernfähigkeit im Alter, sondern nur Varianten in der Methodik der Aneignung von Wissen.

„Die Weisheit besteht darin, dass man gelernt hat zu lernen“, so formulierte es schon Brecht. Dieses Buch möchte Ihnen beim Lernen, beim Studieren helfen. Die Hauptarbeit müssen Sie aber selbst einbringen, denn Lernen ist Arbeit, erfordert von Ihnen Fleiß, Energie, Engagement und Anstrengung. Lernen kann aber auch großen Spaß machen und Sie für Neues und Anderes, auch außerhalb Ihres Lernprozesses, motivieren und interessieren.

Es ist allgemein bekannt, dass wir Menschen unser Gehirn bei weitem nicht so auslasten, wie es seine Konstitution und seine Funktionsfähigkeit gestatten. Dies scheint im Widerspruch damit zu stehen, dass gerade in unserer heutigen Zeit sehr viele von Überlastung, Stress und Burnout sprechen. Es scheint aber nur, denn zu einem erheblichen Teil resultiert diese Überlastung bzw. dieser Stress daraus, dass sich der einzelne anstelle rationeller Techniken geistigen Arbeitens und sinnvollen Selbstmanagements zu häufig nur „durchwurstelt“, „werkelt“ und sich selbst unter Druck setzt. Geistiges Arbeiten setzt neben einem hohen Maß an Selbstorganisation/Selbststeuerung intensivstes Training bzw. Üben voraus, um sinnvoller lernen, besser behalten und produktiver denken zu können.

Wenn Sie aus diesem Büchlein das Beste herausholen wollen, sollten Sie sich an folgenden Vorab-Ratschlägen orientieren und diese beim Studieren beherzigen:

- Tausend Tipps, wie Sie studieren bzw. lernen sollen, nützen Ihnen wenig, wenn Sie nicht folgende erste allgemeine Voraussetzung erfüllen: Studieren bedingt ein **tiefes, großes Verlangen zu lernen,** sich mit einem Studienfach inhaltlich auseinanderzusetzen, verbunden mit einer „wilden" Entschlossenheit, alle dabei auftretenden Probleme und Motivationstiefs während des Studiums zu bekämpfen.

- Sollten Sie einen dauernden Lernnutzen aus diesem Buch ziehen wollen, genügt ein flüchtiges Durchblättern oder oberflächliches Lesen nicht. Arbeiten Sie insbesondere die Kapitel 6 und 7 gründlich durch und verwenden Sie auch im Nachhinein Zeit darauf, einzelne anwendungsbedürftige Kapitel zu wiederholen. Lassen Sie es daher auf Ihrem Schreibtisch liegen. Blättern Sie öfters darin und lesen einzelne Kapitel nach. Vergessen Sie nicht, dass die in diesem Büchlein präsentierten Anregungen, Regeln und Strategien dann greifen, wenn Sie sie öfter und lange angewendet und wiederholt haben. Nur somit werden sie als geistiges Werkzeug für Ihr Studium verfügbar.
- Der Schriftsteller *Bernhard Shaw* bemerkte einmal: **„Wenn man jemand irgend etwas lehrt, wird er es nie begreifen".** Shaw hatte nicht ganz unrecht, denn Lernen ist ein aktiver Prozess. Sie lernen, indem Sie etwas tun (learning by doing), d. h. wenn Sie die Anregungen, die Sie in diesem Buch finden, beherrschen möchten, müssen Sie etwas tun. Wenden Sie dabei die für Sie wichtigen Hinweise bei jeder sich bietenden auch alltäglichen Gelegenheit an. Nur angewandtes Wissen und praktizierte Techniken bleiben Ihnen im Gedächtnis haften.
- Lesen Sie mit **Textmarker, Bleistift, Farbstiften oder Kugelschreiber** in der Hand. Wenn Sie etwas als wichtig, verwendens- und übungswert erachten, kennzeichnen Sie dies im Text oder am Rand. Dieses Ankreuzen und Unterstreichen dient dem späteren schnelleren Wiederauffinden und Wiederholen.
- Unterbrechen Sie Ihre Lektüre häufiger und reflektieren das Gelesene. Überlegen Sie dabei immer wieder selbst, wie und wann Sie die gegebenen Anregungen anwenden und umsetzen können.

Halten Sie sich an eine Aussage von *Wilhelm von Humboldt,* der vor über 150 Jahren folgenden Satz prägte: **„Der Schüler ist reif, wenn er so viel bei andern gelernt hat, daß er nun für sich selbst zu lernen im Stande ist."**

Lernen bzw. Studieren will gelernt sein. Prüfen Sie die in diesem Buch angebotenen Hilfestellungen und Anregungen, wählen Sie das für Sie Beste aus und finden Sie über das Üben, das Trainieren zu Ihren Studien- bzw. Lernzielen.

Viel Freude, Spaß und Erfolg beim Durcharbeiten, beim Studieren der Inhalte.

1. Vom schulischen Lernen zum Studieren

Wir leben in einer Zeit der Globalisierung, Internationalisierung und des schnellen Wandels, sowohl gesellschaftlich, wirtschaftlich als auch technologisch. Dies gilt vor allem für das Berufsleben. Der rasche Informationsverschleiß führt dazu, dass Berufswissen bereits nach fünf Jahren, Computerwissen in manchen Bereichen sogar nach einem Jahr veraltet ist. Alle fünf Jahre verdoppelt sich das verfügbare Wissen. Eine solide Ausbildung und ständige Weiterbildung sind daher das Gebot unserer Zeit. Das bedeutet für jeden, der für die zukünftigen beruflichen Aufgaben gut gerüstet sein will, **lebenslanges Lernen.**

So kommt der Bildung für unsere Zeit die gleiche Bedeutung zu, die die soziale Frage im 19. Jahrhundert besessen hat. Dieser Satz von *Ludwig Erhard,* dem Vater der sozialen Marktwirtschaft, ist zwar schon über 40 Jahre alt, aber er ist gerade heute von brennender Aktualität. Bildung und Wissen, Ideen, Innovationen, Kreativität und Informiertheit sind zu entscheidenden **Standortfaktoren** geworden. Wissenserzeugung, Wissensvermittlung und Wissensverwendung bestimmen die globale Wettbewerbsfähigkeit eines Landes ebenso wie die beruflichen Chancen jedes einzelnen. Eine umfassend fundierte Ausbildung und lebenslange Weiterbildung sind die Grundlagen dafür. Jeder muss sie in seinem Lebenszyklus für sich neu gewichten; dies trifft jetzt auch auf Ihr Studium zu.

Hinter dem lateinischen Wort **„studere“** steckt soviel wie sich bemühen, sich anstrengen. Lernen in der Hochschule bzw. Studieren kann daher definiert werden als sich um Wissen bemühen, unter Verwendung wissenschaftlicher Instrumente und Methoden.

Für Sie als Studienanfänger ist es wichtig, dass Sie recht schnell das schulische Lernen, das für den bisherigen Wissenserwerb Anwendung fand, ergänzen bzw. weiterentwickeln. Darin liegt kein Werturteil gegen irgendein Unterrichtsverfahren bzw. eine Unterrichtsmethode. Verschiedene Lehr- und Lernmethoden, die dem schulischen, klassenmäßigen Unterricht angemessen waren, werden im Studium von anderen Methoden der Wissensaneignung abgelöst bzw. um andere ergänzt.

Während schulisches Lernen noch durch die lenkende Hand des Lehrers gekennzeichnet ist, müssen Sie als Studierende auf diese im Großen und Ganzen verzichten. **Studienplan und -tempo** sowie die Organisation des Lernens/Studierens liegen jetzt in den Händen jedes einzelnen Studierenden. Zu bisher vorgegebenen Lernzielen und dem Lehrbuch treten nun Vorschläge bzw. Empfehlungen einer Vielzahl von Fachbüchern und Ergänzungsliteratur (z.B. Aufsätze in Fachzeitschriften). Vorlesungen, Übungen, Optionen oder Seminare verlangen die gesamte Aufmerksamkeit jedes einzelnen Studierenden. Während schulisches Lernen unter dem Primat methodischer (z.B. Anschaulichkeit mittels Tafelbild) und insbesondere pädagogisch-psychologischer, der Entwicklung der Schüler angepasster Prinzipien steht, zählen im **Studium didaktische (inhaltliche) vor methodisch-pädagogischen Überlegungen.** Zu den wichtigsten Aufgaben eines Studierenden gehören während der Lehrveranstaltungen das Zuhören, das Überdenken und das Strukturieren des Gehörten sowie anschließendes Mitschreiben und nach den Veranstaltungen das Selbststudium mit viel Lesen (kritische Auseinandersetzung mit einer Vielzahl von Meinungen).

Darüber hinaus wird der Stand des Lernfortschrittes nicht mehr von Stunde zu Stunde oder von Woche zu Woche überprüft, sondern am Ende eines Semesters oder Studienjahres. Dieser Tatbestand und der fehlende Zwang, Lehrveranstaltungen besuchen zu müssen (individuelle Gestaltung des Studienplanes), führt oftmals zu der großen Versuchung, das Studium in den ersten Semestern etwas langsamer angehen zu lassen. Daher erfordert gerade das Studium anfangs, beeinflusst durch eine gewisse Schulmüdigkeit, mehr Selbstkontrolle und Selbstdisziplin vom Einzelnen. Der Studierende muss sich jetzt seine „Hausaufgaben“ selbst stellen und seinen Lernfortschritt selbst kontrollieren. Studieren bedeutet nicht nur, Vorlesungen, Übungen und Seminare besuchen, der Studienerfolg hängt in erhöhtem Maße auch von der Selbststudienphase, vom Workload ab.

Daneben bietet ein Studium natürlich auch gewisse Erleichterungen/ Vereinfachungen gegenüber der Schule insofern, dass verschiedene Fächer, insbesondere allgemeinbildender Art, wegfallen, die für ein bestimmtes Fachstudium nicht mehr erforderlich sind. So können Sie sich als Studierende auf wenige ausgewählte Fachgebiete konzentrieren, dafür aber mit stärkerem inhaltlichen Tiefgang. Ferner bietet jedes Studium im Rahmen des Wahlpflichtfachangebotes/der Nebenfächer und angebotenen Optionen die Möglichkeit, Zusatzfächer nach individuellen Neigungen und Interessen oder beruflicher Verwertbarkeit zu belegen.

Zur frühzeitigen Vorbereitung der oftmals zum Ende des Semesters geforderten Leistungsnachweise (Klausuren, Hausarbeiten, Präsentationen) ist es wichtig, besondere Aufmerksamkeit schon frühzeitig dem systematischen Erschließen und Lernen des angebotenen bzw. geforderten Wissens zu widmen.

Als sehr angenehm empfundene „Randerscheinung“ des Studierens wird die insgesamt etwa fünf Monate dauernde **vorlesungsfreie Zeit,** fälschlicherweise meist Semesterferien genannt, gesehen. So sollten Sie sich als Studierende zwar nach einem arbeitsreichen Semester erholsamen Urlaub gönnen, aber immer daran denken, dass diese Zeit verstärkt zu Selbststudienzwecken, zur Vorbereitung von Studienveranstaltungen im Folgesemester (z.B. Erstellung einer Hausarbeit) und auch zur Durchführung von z.B. Sprachkursen im Ausland, Betriebspraktika etc. genutzt werden sollte, wobei Personalabteilungen von Unternehmen in letzterem zielorientiertes Studieren sehen, nicht nur im Bereich wirtschaftswissenschaftlicher Studiengänge.

Einige signifikante Unterschiede zwischen der Schulzeit und dem Studium zusammenfassend:

- Didaktik (Inhalt) steht vor dem pädagogisch-erzieherischen Aspekt
- Lernfortschrittsprüfungen am Ende des Semesters (Leistungsnachweis z.B. in Form einer Klausur, einer Hausarbeit, einer Präsentation oder einer mündlichen Prüfung)
- Keine Hausaufgaben, keine Tests zwischendurch – Selbstkontrolle des Lernfortschrittes
- „lockerer Zwang“ – meist keine Anwesenheitspflicht – Vorlesungen besuchen zu müssen
- Nennung einer Vielzahl von Fachliteraturvorgaben für jedes einzelne Fach
- Selbstbestimmung der Selbstlernphasen, intensives Selbststudium
- Keine fixe Klassenstruktur, Professoren/Lehrbeauftragte wechseln i.d.R. jedes Semester
- Studierende sind für die Organisation des Studiums und für die Beschaffung der notwendigen Studieninformationen und -unterlagen wie z.B. die Prüfungsordnung selbst verantwortlich
- Professoren/Lehrbeauftragte kennen die Studierenden meist nicht namentlich; wenige persönliche Kontakte

Noch bevor Sie an den ersten Vorlesungen teilgenommen haben und die erste Klausur ablegen, kommt eine sehr große Herausforderung auf Sie zu, die **Selbstorganisation,** d.h. sich möglichst gut zu organisieren und zu steuern.

Ihr Studium beginnt bereits vor dem offiziellen Semesterbeginn. Holen Sie sich frühzeitig wichtige Informationen zum Studium, sei es über Kommilitonen höherer Semester, die Studienberatung, Internetinformationen u.v.m. Kümmern Sie sich frühzeitig um die Planung des ersten Semesters. Lesen Sie z.B. sehr aufmerksam die Prüfungsordnung und die darin geforderten Leistungsnachweise für die einzelnen Semester. Sie sind zukünftig für Ihren Studienverlauf selbst verantwortlich und müssen Ihren persönlichen Studien- und Arbeitsplan erstellen. Meist sind Sie zu Beginn des Studiums voller Tatendrang und Motivation. Überladen Sie sich trotzdem nicht im ersten Semester. Konzentrieren Sie sich auf ausgewählte Lehrveranstaltungen und bereiten Sie sich gezielt auf die Prüfungen vor. Denken Sie an den Grundsatz **„aus weniger mach mehr“**, d.h. lernen Sie nicht für zu viele Prüfungen, fehlende Vorbereitungszeit führt häufig zum Scheitern.

Sollten Ihre Noten im ersten Semester nicht mit Ihren Erwartungen korrespondieren, verzagen Sie nicht. Viele Studienanfänger benötigen Zeit, sich auf den Hochschulbetrieb einstellen zu können, auf die Menge an Lehrstoff, auf die Vielzahl der zu lesenden Publikationen, auf den fehlenden Klassenverband (Großraumvorlesungen), auf die Anonymität in der Masse, auf das Studienleben insgesamt.

Versuchen Sie möglichst frühzeitig Kontakte zu Kommilitonen Ihres Semesters zu knüpfen, bilden Sie Lerngruppen, denken Sie an den Grundsatz: **Gemeinsam statt einsam.**

Erste wichtige Studienaufgaben lassen sich zum Studienstart wie folgt systematisieren:

Semestervorbereitende Tätigkeiten	Arbeiten studienorganisatorischer Art, wie Vorbereitung des häuslichen Arbeitsplatzes und der Arbeitsmittel (z.B. Literatur), Time-Management für z.B. wichtige Prüfungstermine und studienplanerischer Art wie Zusammenstellung der zu besuchenden Lehrveranstaltungen (lt. Prüfungsordnung), Lerngruppenorganisation etc.
Tätigkeiten im laufenden Semester • Aufnahme von Stoffinhalten	 Zuhören und Mitschreiben in Lehrveranstaltungen wie Seminaren, Vorlesungen und Übungen

• Verarbeitung von Fachliteratur	Lesen (unter Berücksichtigung von Lesehilfen wie Exzerpten und Markierungen)
• Anwenden und Weitergabe von Wissensstoff	Schreiben von Klausuren, Hausarbeiten, Referaten; mündliche und schriftliche Prüfungen
• Organisation des Selbststudiums	Lernen/Studieren in Bibliotheken und am häuslichen Arbeitsplatz, Lernen mit anderen zusammen (Lerngruppe)
Tätigkeiten in der vorlesungsfreien Zeit	z. B. Durchführung von Praktika, Ausübung einer Berufstätigkeit (Urlaubsvertretung), Sprachkurs im Ausland, Selbststudium, Erstellung von Hausarbeiten etc.

Insgesamt gesehen, bedeutet Studieren das sich Qualifizieren für eine vielfältige und interessante spätere berufliche Tätigkeit, sicherlich ein Weg mit vielen Höhen und Tiefen. Ferner ist es Aufgabe eines Studiums, das Bewusstsein bei den Studierenden für die Notwendigkeit lebenslangen Lernens zu schaffen. Denn diese **methodische Fähigkeit** ist bleibend und wird somit zum „Schlüssel", um die sich ständig ändernden fachlichen Qualifikationen immer wieder aktualisieren zu können. Eine tragende Säule im späteren Berufsleben ist es, sich seiner geistigen Fähigkeiten zu bedienen und die Lernfähigkeit sowie -bereitschaft zu bewahren. Der Weg zu den Gipfeln einer beruflichen Karriere in Wissenschaft und Praxis ist sehr schmal, oftmals dornig und entbehrungsreich. Unterschätzen sollte man diesen nicht, sich aber auch nicht seinen Optimismus nehmen lassen. Einige studienbegleitende Handreichungen, die zunächst noch nicht zu den Gipfeln, sondern zu den Hügeln einer Fachdisziplin/Wissenschaft führen, werden in den Folgekapiteln beschrieben, wobei Sie vorab mit einigen in der Bundesrepublik bestehenden Studienformen sowie mit in der Hochschulausbildung praktizierten Lehr- und Lernformen konfrontiert werden.

2. Hochschularten und Studienformen

2.1 Überblick

Bildung ist in der Bundesrepublik Deutschland Angelegenheit der Länder, daher haben sich in den Bundesländern verschiedene, unterschiedliche Hochschularten entwickelt. So gibt es Hochschulen mit **Habilitationsrecht** (Habilitation ist die höchstrangigste Hochschulprüfung in Deutschland, mit der im Rahmen eines akademischen Prüfungsverfahrens die Lehrbefähigung in einem wissenschaftlichen Fach festgelegt wird. Sie ist Voraussetzung für die Berufung als Universitätsprofessor) und **Promotionsrecht** (Promotion ist die Verleihung des akademischen Grades „Doktor" in einem bestimmten Studienfach. Sie dient dem Nachweis zur besonderen Befähigung wissenschaftlicher Arbeit. Diese wissenschaftliche Arbeit wird auch Dissertation genannt. Promotionsrecht haben Universitäten und ihnen gleichgestellte Hochschulen). Es gibt Hochschulen mit spezifischen Fachschwerpunkten, in staatlicher oder kirchlicher oder privater Trägerschaft mit unterschiedlichen Zulassungsvoraussetzungen. Neben der ältesten Hochschulart, der Universität, gibt es eine Vielzahl anderer Hochschularten, wie nachfolgende Beispiele zeigen:

- Universität (Uni)
- Fachhochschule (FH)
- Berufsakademie (BA)
- Kunst-, Film- und Musikhochschulen
- Kirchliche Hochschulen
- Pädagogische Hochschulen
- Technische Hochschule (TH) und technische Universität (TU)
- Medizinische und tiermedizinische Hochschulen
- Sporthochschulen
- Hochschulen für öffentliche Verwaltung
- und Vieles mehr

Eine besondere Form sind Fernuniversitäten (z.B. in Hagen) oder Fernfachhochschulen, berufsbegleitende und duale Studiengänge als berufsbegleitende Studienmöglichkeit, insbesondere an Fachhochschulen.

Studienanfänger können heute unter einer Vielzahl von Studienangeboten und Studiengängen aus den unterschiedlichsten Wissensgebieten auswählen und somit das Studium ihren eigenen individuellen Interessen, Bedürfnissen und Neigungen entsprechend gestalten. Das Fachspektrum reicht von den klassischen Studiendisziplinen im Bereich Natur- und Geisteswissenschaften, den Rechts-, Sozial- und Wirtschaftswissenschaften über interdisziplinäre Studienangebote wie z.B. Biotechnologie oder Megatronik sowie Studiengängen mit direktem Anwendungs- und Praxisbezug wie z.B. den Ingenieurwissenschaften und den Wirtschaftswissenschaften im Fachhochschulbereich. Mithilfe einer Vielzahl von Datenbanken, wie z.B. Hochschulkompass und KURSNET, haben Sie die Möglichkeit, bundesweit nach Studiengängen zu suchen und sich vor allem einen Überblick über die Vielzahl von Studiengängen zu verschaffen wie z.B.:

- Magisterstudiengänge
- Bachelor- und Masterstudiengänge
- Studiengänge mit Staatsexamen
- Internationale Studiengänge
- Ausbildungsintegrierende/Duale Studiengänge
- Berufsbegleitende Studiengänge
- Aufbau- und Zusatzstudiengänge
- Ergänzungs- und Kontaktstudiengänge
- Promotionsstudiengänge
- Fern- und Abendstudiengänge
- Online-Studiengänge
- usw.

Die Studienangebote gehen heute hauptsächlich noch von einem Präsenzstudium in Vollzeitform aus. Dabei wird vorausgesetzt, dass Sie sich dem gewählten Studienfach voll widmen, d.h. zu jeder Tageszeit an Lehrveranstaltungen teilnehmen können. Immer mehr nehmen aber Angebote in Teilzeitstudiengängen in Form von weiterbildenden, berufsbegleitenden, berufsintegrierenden Studiengängen oder in Form eines Fernstudiums zu. So sollen, nach dem **aktuellen Hochschulrahmengesetz,** bei der Reform von Studium und Lehre und der Bereitstellung des Lehrangebotes Möglichkeiten eines Fernstudiums sowie die Möglichkeiten der Informations- und Kommunikationstechnik genutzt werden. In diesem Sinne bieten zunehmend auch multimedialgestützte Studiengänge bzw. Präsenzstudiengänge mit virtuellen Modulen wie z.B. „Online-Lehrbuch“, Teleseminar“, „virtuelle Vorlesung“, „Onlineskript mit interaktiven Elementen“, „electronic textbook“ oder „netzbasierte Komponenten“ ein gewisses Maß an Flexibilität eines Studiums. Einen interessanten Überblick hierzu bietet das Onlineportal **www.studieren-im-netz.de.** Eine Typisierung der hier aufgeführten

Studiengänge und Studienformen lässt sich somit nach zwei Kriterien vornehmen:

- nach der zeitlichen Intensität in **Vollzeit- und Teilzeitstudium,**
- nach der Verteilung der Aktivität auf Hochschullehrer oder Student bzw. Träger unterrichtlicher Arbeit in **direkte und indirekte Studienformen.**

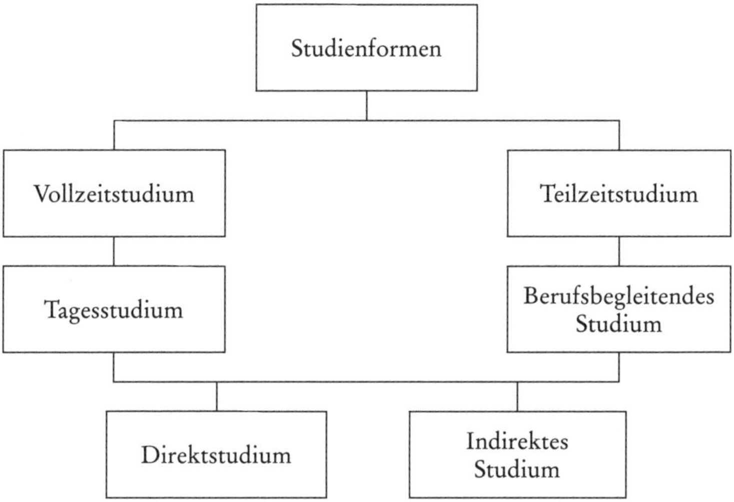

Abb. 1: Studienformen – ein Typisierungsansatz

2.2 Einteilung nach dem Kriterium der zeitlichen Intensität

Vollzeitstudenten studieren das „volle Studienangebot" eines Studienjahres bzw. -semesters. Ihre ganze Arbeitskraft verwenden sie auf das Studium. Die Haupttätigkeit des Studierenden liegt im Besuch von Vorlesungen und Seminaren/Optionen an der Hochschule (Präsenzstudium) sowie im Selbststudium (Workload).

Im Gegensatz hierzu ist der **Teilzeitstudierende** meist berufstätig. Die Berufstätigkeit, das „Geldverdienen müssen" aufgrund fehlender finanzieller Unterstützung durch Familie etc., ermöglicht ihm kein Vollzeitstudium. Beim Teilzeitstudium erfolgt somit eine Aufteilung der zur Verfügung stehenden Zeit in Studium und Beruf. Während beim traditionellen Vollzeitstudium der Studierende normalerweise nicht in einen

Arbeitsprozess integriert ist (obwohl viele Studierende auch während des laufenden Semesters stundenweise arbeiten), wird in der Teilzeitform meist bei gleichzeitiger Ausübung einer vollen oder teilweisen Berufstätigkeit studiert. Diese letztere Form wird häufig auch als **„Studium neben dem Beruf"** bezeichnet.

2.3 Einteilung nach dem Kriterium der Aktivität

Studienformen lassen sich aber nicht nur hinsichtlich der **zeitlichen Intensität** in Voll- und Teilzeitstudiengänge bzw. berufsbegleitende Studienformen unterteilen. Darüber hinaus ist auch nach der Art der **Verteilung der Aktivitäten** auf Hochschullehrer und Studierende in direktes und indirektes Studieren zu unterscheiden. Die Bezeichnung **„indirekt"** besagt dabei, dass der Lehrende hier nicht mehr direkt durch unmittelbare Anwesenheit und Einwirkungen den Lernprozess in Unterrichtsform steuert.

Für die Erfassung der **Merkmale des indirekten Unterrichts,** für den das Fernstudium repräsentative Geltung besitzt, ergeben sich aus dieser Definition folgende Punkte:

- Lehrender und Lernender, selbst die Lernenden untereinander, sind räumlich voneinander getrennt.
- Die Verbindung zwischen Lehrendem und Lernenden wird mit Hilfe von Medien (z.B. Lehrbriefe) aufrecht erhalten.
- Die Lehrstoffe werden didaktisch und methodisch aufbereitet und mittels Medien dargeboten.
- Zur Kontrolle des Lernerfolges werden Aufgaben gestellt, deren Korrektur durch eine zweite Person durchgeführt wird.

Im Gegensatz hierzu zeichnet sich das **Direktstudium** durch die Einheit von Ort und Zeit und die Anwesenheit von Dozenten und Studenten an einem Ort zu einer bestimmten Zeit (Vorlesung, Seminar) aus.

Die wesentlichen Unterschiede zwischen beiden Arten des Studiums bestehen also im **Einsatz von Medien** sowie in dem Tatbestand, dass beim Einen der Lehrende persönlich zugegen ist und direkt unterrichtet **(Präsenzstudium),** während er beim Anderen fern, also indirekt anwesend ist. Vom sogenannten Selbststudium weicht die indirekte Studienform durch die didaktische und methodische Aufbereitung und Stoffdarbietung sowie die Sicherung und Überwachung des Gelernten ab.

Für ein Teilzeitstudium bzw. berufsbegleitendes Studium bieten sich jetzt mehrere Studienformen an, so z. B.:

(1) Das **Fernstudium** als indirektes Studium, das sich vom Direktstudium unterscheidet durch

- die räumliche Trennung zwischen Lehrenden und Lernenden,
- arbeitsteiligen Einsatz verschiedenster Medien (z. B. Fernsehen, Lehrbriefe, Bücher, Einsendeaufgaben, Online-Tests) als Träger von Lehrinhalten,
- Individualisierung des Lernens/Studierens durch Selbstbestimmung der Lernzeit, des Lerntempos, des Lernpensums und Lernortes (z. B. häuslicher Arbeitsplatz);
- Beim Studium an einer Fernhochschule werden die Lerneinheiten und Tests entweder per Post verschickt oder es werden die neuen Medien genutzt. Gelernt wird mit Hilfe interaktiver Kurse im Internet, per CD-ROM oder DVD, und zwar immer dann, wenn der Terminplan es zulässt. Die mündlichen Prüfungen können z. B. über eine Videokonferenz abgeschlossen werden. Ansonsten wird ein Fernstudium meist zu Hause im Selbststudium absolviert. Der Studierende entscheidet dabei selbst, wann welche Lektionen gelernt werden. Somit ist durch das räumlich ungebundene Lernen eine sehr flexible Zeiteinteilung möglich. Manchmal gibt es allerdings, je nach Aufbau des Studiums, auch Präsenz-Zeiten an der jeweiligen Einrichtung bzw. dem dazugehörigen Studienzentrum. Sie dienen der Kontrolle des Lernfortschritts und auch dem direkten Kontakt mit Tutoren und Mitstudenten.

  Damit auch ansonsten der Kontakt und das Networking im Fernstudium nicht zu kurz kommen, gibt es oft auch die Möglichkeit, Lerngruppen online zu bilden, bei denen sich die Kommilitonen kennenlernen.

(2) Das **Abendstudium,** charakterisiert als direkte, berufsbegleitende Studienform, wobei die Lehrveranstaltungen ausschließlich nach der Arbeitszeit in den Abendstunden angeboten werden. Dieser berufsbegleitenden Studienform wird seit einigen Jahren in der Bundesrepublik Deutschland größere Beachtung geschenkt;

(3) Das **weiterbildende Studium** steht Bewerbern mit bereits abgeschlossenem Hochschulstudium und solchen Bewerbern offen, die die für eine Teilnahme erforderliche Berufseignung (z. B. mehrjährige einschlägige Berufserfahrung in einem bestimmten Berufsfeld) erworben haben. Dabei sollen diese berufspraktischen Erfahrungen für die Lehre nutzbar gemacht werden. Ausprägungsformen solcher weiterbildender Studiengänge können sein:

Das **Kontaktstudium,** als Konkretisierung wissenschaftlicher Weiterbildung in Form von Kontaktstudiengängen, durchgeführt an zahlreichen Hochschulen in der Bundesrepublik Deutschland. Die Zielsetzung dieser weiterbildenden Studiengänge in berufsbegleitender Form (Seminare z.B. abends, an den Wochenenden) ist in der Qualifikationserneuerung, -erweiterung und -ergänzung zu sehen. Die Dauer kann ein bis mehrere Semester betragen. Der Studienerfolg wird mit einem Zertifikat bestätigt. Das Kontaktstudium berechtigt nicht zur Zulassung zu Studiengängen oder zur Promotion.

Das **postgraduale Studium** ist eine Bezeichnung für ein akademisches und berufliches Studium auf höherem Niveau mit einem Hochschulabschluss als Zugangsvoraussetzung. Diese Form des weiterführenden Hochschulstudiums beinhaltet entweder das Erweitern oder das Vertiefen von Wissen und Einsichten, die auf einem vorherigen abgeschlossenen Studium beruhen oder damit verbunden sind. Masterstudiengänge und Promotionsstudiengänge zählen hierzu.

Im Hochschulrahmengesetz (§ 12) sind postgraduale Studiengänge ausdrücklich gefordert. So können für Absolventen, die bereits ein erstes Hochschulstudium gemacht haben, zur Vermittlung weiterer wissenschaftlicher oder beruflicher Qualifikationen oder zur Vertiefung eines Studiums, Zusatz-, Ergänzungs- und Aufbaustudien (postgraduale Studien) angeboten werden. Diese Studiengänge sollen höchstens 2 Jahre dauern.

Das **Aufbaustudium,** ein Studiengang, aufbauend auf ein bereits abgeschlossenes Erststudium in einem anderen Studienfach, z.B. betriebswirtschaftliches Aufbaustudium für Ingenieure und Naturwissenschaftler. Dieses Studium kann sowohl in Voll- als auch in Teilzeitform sowie als direktes und indirektes Studium durchgeführt werden.

Das Aufbaustudium übernimmt also die Funktion der Vertiefung und Ergänzung bzw. Erweiterung eines bereits vorliegenden Studienabschlusses.

Im Gegensatz hierzu dient das **Ergänzungsstudium** dem Erwerb zusätzlicher Qualifikationen. Es kann sowohl den Abschluss eines Studiums voraussetzen als auch bestimmte Berufs- bzw. Grundqualifikationen als Eingangsvoraussetzung bestimmen. Zum Ergänzungsstudium können Studienangebote (als eigene Studiengänge, Studieneinheiten oder Kurse) für Absolventen eines Studienganges mit berufsqualifizierendem Abschluss in einer anderen als der bisher studierten Fachrichtung verstanden werden (z.B. Wirtschaftsingenieur, Gerichtsmediziner). Ziel ist, eine ergänzende, vorrangig berufsbezogene (Teil-)Qualifikation zu vermitteln.

Beim **Zusatzstudium** handelt es sich um ein- bis zweijährige Studiengänge. Die Teilnehmer müssen – wie beim Ergänzungsstudium – bereits einen ersten berufsqualifizierenden Studienabschluss erworben haben. Im Unterschied zum Ergänzungsstudium, bei dem das zweite Studium in einer anderen Fachdisziplin erfolgt, wird beim Zusatzstudium ein Studienabschluss in derselben Fachrichtung vorausgesetzt, somit wird eine auf den bereits abgeschlossenen Studiengang bezogene weitere (zusätzliche) Qualifikation erworben.

Typische postgraduale Studiengänge sind Master- und Promotionsstudiengänge. Dabei dauert ein Masterstudiengang je nach Voll- oder Teilzeitform 1–2 Jahre, ein Promotionsstudium 2–5 Jahre.

Bei den Masterstudiengängen wird noch unterschieden in

- konsekutive Studiengänge (vertiefen ein vorhergegangenes Bachelorstudium)
- nicht-konsekutive Masterstudiengänge (schließen an ein beliebiges, abgeschlossenes Studium an)
- weiterbildende Masterstudiengänge (sind vergleichbar mit den nicht-konsekutiven Studiengängen, setzen allerdings berufsqualifizierende Praxistätigkeit voraus).

Vor dem Hintergrund der Globalisierung der Wirtschaft werden seit einigen Jahren verstärkt Nachwuchs- und Führungskräfte mit internationaler Studien- und Berufserfahrung gesucht. Daher hat sich als wichtige Zusatzqualifikation ein Masterstudium als Aufbau- oder Zusatzstudium ergeben. Im Zuge des Bologna-Prozesses baut ein Masterstudium auf einen ersten akademischen Hochschulabschluss auf, z.B. folgt auf einen Bachelor-Abschluss ein Masterabschluss. Dieses Studium kann sowohl in Vollzeit- als auch in Teilzeitform (parttime) durchgeführt werden. Masterstudiengänge werden heute schon in einer Vielzahl von Fachdisziplinen angeboten. Ein in der betrieblichen Praxis besonders anerkannter Studiengang ist der MBA-Studiengang, ein Master of Business Administration.

Berufsbegleitende Studiengänge lassen sich jetzt noch nach dem **Kriterium der Affinität** (Berufsarbeit und Studium durchdringen einander wechselseitig) von Berufstätigkeit und Studium zusätzlich unterscheiden in:

- **Studium im Berufsverbund**, d.h. die Berufstätigkeit steht in einem direkten Zusammenhang mit dem Studium, indem der Studierende z.B. beim Studium einer wirtschaftswissenschaftlichen Disziplin eine

kaufmännische Tätigkeit in einem Unternehmen ausübt (z.B. Berufsintegrierendes Studium Mainz);
- **Studium neben dem Beruf,** d.h. die Berufstätigkeit ist unabhängig vom Studienfach, z.B. Ausübung einer handwerklichen Tätigkeit bei gleichzeitigem Studium der Pädagogik an der Fernuniversität Hagen;
- **ausbildungsintegriertes, duales Studium,** d.h. ein berufsbegleitendes Studium an einer Hochschule in Kombination mit einer Berufsausbildung im Betrieb. Derzeit gibt es ausbildungsintegrierte Studiengänge vor allem in den Bereichen Wirtschaft, Technik und Informatik. Dabei erwerben die Studierenden innerhalb eines Zeitraumes von 3–4 Jahren neben einem Ausbildungsberuf, z.B. Industriekaufmann, auch einen ersten akademischen Hochschulabschluss, den Bachelor.

2.4 Notwendigkeit berufsbegleitender Studiengänge

Während gerade berufsbegleitende Studiengänge, z.B. in den GUS-Staaten, Großbritannien und den USA, schon seit Jahrzehnten integrale Bestandteile des jeweiligen Hochschulsystems sind, setzten diesbezügliche Bestrebungen in der Bundesrepublik Deutschland erst zu Beginn der siebziger Jahre ein. Als Begründungen gegen eine Etablierung berufsbegleitender Studiengänge in der Bundesrepublik Deutschland, anfangs repräsentiert durch das Fernstudium (FernUniversität Hagen 1974), lassen sich in kurzer Form folgende Vorbehalte aufführen[1].

- **Bildungspolitische Vorbehalte:** Das berufsbegleitende Studium kommt sozialistischen und kommunistischen Bildungsvorstellungen nahe (Studium bei gleichzeitiger Ausübung der Berufstätigkeit).
- **Vorbehalte gegen den Pragmatismus:** Das berufsbegleitende Studium entspricht der in den USA vorhandenen Vorliebe für „do it yourself" und der damit verbundenen pragmatischen Grundeinstellung. Durch diesen Pragmatismus, sich an den Gegebenheiten des Berufes und der Lebensnützlichkeit zu orientieren, wird die traditionelle deutsche Universitätsidee ausgehöhlt.
- **Pädagogische Vorbehalte:** Fehlender persönlicher Bezug und damit unmittelbar bildender Umgang mit den Hochschullehrern sprechen gegen eine Integration des Fernstudiums in das Hochschulsystem der Bundesrepublik.

---

[1] Vgl. *Dohmen, G.:* Das Fernstudium. Ein neues pädagogisches Forschungs- und Arbeitsfeld, Heidelberg 1967, S. 14ff.

- **Sozialpsychologische Vorbehalte:** Beim Fernstudium kommt es nicht zu echten Gemeinschaftsbeziehungen zwischen den Studenten. Damit fördert das Fernstudium einen isolierenden, gemeinschaftsfeindlichen Studienstil, verbunden mit einer einseitig brieflichen Grundlegung des Studiums.

Die politischen Einwände gegenüber dem berufsbegleitenden Studieren resultierten lange Zeit aus dem Tatbestand, dass gerade diese Studienformen unter dem Eindruck des in osteuropäischen Ländern realisierten „Studiums neben dem Beruf" stehen. Zweifellos kamen diese Formen des Studierens dem kommunistischen Bildungsideal einer „Verbindung von produktiver Arbeit und Studium" entgegen. Sie weisen damit eine besondere Beziehung und Nähe zu bildungs- und gesellschaftspolitischen Vorstellungen des Kommunismus auf. Entstehungsgeschichtlich lässt sich allerdings nachweisen, dass berufsbegleitende Studiengänge, wie das Fern- und Abendstudium, keineswegs ihren Ursprung im sowjetischen Bildungswesen haben. Die **ersten Ansätze** zur Entwicklung und Institutionalisierung gingen bereits Ende des 19. Jahrhunderts von Großbritannien und den USA aus, während Abend- und Fernstudiengänge in der UdSSR erst im Jahre 1927/28 Eingang in das Hochschulsystem genommen haben.

Die Sorge um die Erhaltung der klassischen Universitätsidee *Wilhelm von Humboldts* und damit der Traditionen des akademischen Studiums erschwerte ebenfalls die Entwicklung berufsbegleitender Studiengänge in der Bundesrepublik Deutschland. Im Jahre 1966 deutete der *Wissenschaftsrat* in seinen „Empfehlungen zur Neuordnung des Studiums" erstmals Forderungen nach Einbezug pragmatischer Elemente in ein Studium an. Das Studium soll Berufspraxis einbeziehen, und Studiengänge sollen sich stärker an praktischen und beruflichen Gegebenheiten orientieren[2]. Gerade berufsbegleitende Studiengänge haben sich in sehr viel stärkerem Maße inhaltlich auf jene Lerngegenstände zu konzentrieren, deren Nützlichkeit, Anwendbarkeit und Verwertbarkeit für die Berufspraxis des Studierenden unmittelbar einleuchten. Einer derartigen Nützlichkeits- und Verwertbarkeitsüberzeugung bedarf das berufsbegleitende Studium in erheblich höherem Maße als das traditionelle Vollzeitstudium[3].

---

[2] Vgl. *Wissenschaftsrat* (Hg.): Empfehlungen zur Neuordnung des Studiums an den wissenschaftlichen Hochschulen, Bonn 1966, S. 13.

[3] Vgl. *Koeder, K.:* Berufsbegleitendes Studium, Grafenau 1983, S. 35.

Dies ist lernpsychologisch für die Aufnahme und das Durchhalten des Studiums besonders erforderlich. Praxisrelevante Zielstellungen mit persönlicher Bedeutsamkeit (Nutzung des beruflichen Interesses der Studierenden) führen im Rahmen eines auf längere Zeit angelegten Lernens bei den Studierenden zu besseren Lernerfolgen[4]. *Löwe*[5] merkt hierzu ferner an, dass dadurch positive Einstellungen für den unterrichtlichen Lernprozess nutzbar gemacht werden. Insbesondere für das Fernstudium fordert *Dohmen* Pragmatismus, indem er erklärt, warum beim Direktstudium auf ihn verzichtet werden kann:

„Denn beim Direktstudium wirkt der Sog, der von der Person des Dozenten und von der täglich erfahrenen und immer schon auf die entsprechenden Studienziele bezogenen Studiengemeinschaft ausgeht, doch meist so stark, dass er die Einzelnen auch zu den Tätigkeiten hinzieht, deren Sinn bzw. deren Nutzen im Rahmen der Berufsausbildung sie nicht einzusehen vermögen".[6]

Gerade Studierende berufsbegleitender Studiengänge werden, so *Dohmen,* zu einem rationell angelegten Studium neigen und nützliche, verwertbare Ergebnisse suchen. Der Aufbau eines umfassenden theoretischen und geistigen Wissens wird bei diesen Studierenden zugunsten eines präzisen, zielgerichteten und pragmatischen Studienstiles weichen[7]. Erst wenn dieser berufspraktische Anspruch genügend berücksichtigt wird, ermöglichen berufsbegleitende Studiengänge vor allem Ansätze zur Integration von Studium und praktischer beruflicher Arbeit. Diese Ansätze können den erforderlichen und zeitgemäßen Funktionswandel der Hochschulen nur positiv beeinflussen und damit die Flexibilität des Verhältnisses zwischen Bildungs- und Beschäftigungssystem verbessern. Insofern lassen sich gerade Vorbehalte gegenüber dem Pragmatismus, die lange Zeit gegen die Etablierung berufsbegleitender Studiengänge in der Bundesrepublik sprachen, nicht mehr aufrecht erhalten, da durch diesbezügliche Bestimmungen des Hochschulrahmengesetzes die Vorbereitung auf ein berufliches Tätigkeitsfeld unter Berücksichtigung der berufspraktischen Bedürfnisse zu einer Hauptfunktion der Hochschule geworden ist.

Die **pädagogischen und sozialpsychologischen Vorbehalte** gegenüber berufsbegleitenden Studiengängen, vorrangig bezogen auf das Fernstu-

---

[4] Vgl. *Löwe, H.:* Einführung in die Lernpsychologie des Erwachsenenalters, Berlin 1976, S. 166.

[5] Vgl. *Löwe, H.:* Lernpsychologie, S. 169.

[6] *Dohmen, G.:* Das Fernstudium, S. 19.

[7] Vgl. *Dohmen, G.:* Das Fernstudium, S. 20.

dium, lassen sich in dem Maße abbauen, indem Maßnahmen im sozialpsychologischen und didaktisch-methodischen Bereich ergriffen und neue Formen berufsbegleitender Studiengänge unter Beachtung dieser geäußerten Vorbehalte entwickelt, erprobt und institutionalisiert werden (Beispiele: berufsbegleitende Direktstudiengänge wie Aufbau- und Kontaktstudium, berufsintegrierende Studiengänge).

Wissenschaft, Staat und Gesellschaft schenken einer an beruflichen Tätigkeitsfeldern orientierten Hochschulausbildung sowie berufsbegleitenden Studienreformmodellen zunehmende Aufmerksamkeit. Gerade letztere werden verstärkt in die Studienreformpläne einbezogen. Die anfangs geäußerten bildungspolitischen, pragmatischen, pädagogischen und sozialpsychologischen Vorbehalte, die gegen die Etablierung berufsbegleitender Studiengänge – insbesondere das Fernstudium – vorgebracht wurden, können in unserer heutigen Zeit nicht mehr aufrecht erhalten werden. Sie lassen sich entkräften, indem Maßnahmen im sozial-psychologischen und didaktisch-methodischen Bereich ergriffen und neue Formen des Studierens entwickelt werden, die neben dem persönlichen Bezug zum Hochschullehrer auch zum Aufbau von Gemeinschaftsbeziehungen beitragen.

Nicht zuletzt **arbeitsmarkt- und gesellschaftspolitische Wandlungsprozesse** wie die verstärkte individuelle Nachfrage nach entsprechenden Studienmöglichkeiten, Mobilitätsaspekte, Chancengleichheitsmotive und Verwissenschaftlichungsbestrebungen sowie die Internationalisierung der Berufspraxis begründeten den weiteren Ausbau derartiger und neuer Bildungsangebote im Hochschulbereich.

Diesen vorgenannten Notwendigkeiten und Erfordernissen folgend hat auch das neue Hochschulgesetz Rechnung getragen, indem erneut auf folgende Aufgabenschwerpunkte der Hochschulen in der Bundesrepublik Deutschland hingewiesen wird wie z. B.:

- Bereitstellung weiterbildender Studiengänge und sonstiger Angebote wissenschaftlicher Weiterbildung,
- Ständige Aufgabe, Inhalte und Formen des Studiums im Hinblick auf die Entwicklungen in Wissenschaft und Kunst, die Bedürfnisse der beruflichen Praxis und die notwendigen Veränderungen in der Berufswelt zu überprüfen und weiterzuentwickeln,
- Bei der Reform von Studium und Lehre auch Möglichkeiten des Fernstudiums sowie Möglichkeiten der Informations- und Kommunikationstechnik zu nutzen,
- Einrichtung dualer Studiengänge, d. h. durch den Wechsel von Studien- und Praxisphasen gleichzeitige Integration einer beruflichen Ausbildung.

2.5 Zusammenfassende Bewertung

Die berufsbegleitenden Studiengänge bieten für Unternehmen und Studierende gleichermaßen **Vorteile. Für die Unternehmen sind es vor allem:**

- Qualifizierter Nachwuchs aus den eigenen Reihen (Talent Management,
- Nutzung günstiger Effekte durch Ausbildung und berufliche Praxis auch im Hochschulbereich,
- Erprobung neuer Erwachsenenbildungsmodelle in der Praxis,
- Die Möglichkeit, Leistungsorientierung und Motivierung von Mitarbeitern zu erzeugen oder zu verstärken,
- Mitarbeiter langfristig an das Unternehmen zu binden,
- Weiterbildungs- und Aufstiegsmöglichkeiten qualifizierten Mitarbeitern bieten zu können (Personalentwicklung, Mitarbeiterförderung).

Vorteile für Mitarbeiter bestehen in erster Linie in:

- Aufstiegs-/Fördermöglichkeiten durch Weiterqualifizierung,
- Praxisbezogenheit des Studiums,
- Erwerb eines akademischen Abschlusses,
- kontinuierlicher beruflicher Tätigkeit,
- finanzieller Absicherung während des Studiums,
- Arbeitsplatzsicherheit,
- Minimierung des Studienrisikos.

Wichtige innovative Entwicklungen im Bildungsbereich sind, wie das auch bei den berufsbegleitenden Studiengängen der Fall ist, von Unternehmen angestoßen worden. Gerade für die wirtschaftsrelevanten Fächer lässt sich beobachten, dass sich der Trend verstärkt, immer mehr Praxiselemente und Praxiserfahrung im Hochschulbereich zu berücksichtigen bzw. zu integrieren.

Zunehmend fördern Arbeitgeber ein berufsbegleitendes Studium ihrer Mitarbeiter, nicht zuletzt durch Gewährung zusätzlicher Freizeit und durch volle oder teilweise Übernahme von Studiengebühren und Arbeitsausfallzeiten.

Da es sich bei den berufsbegleitenden Studiengängen um einen längerfristigen Förderungs- und Entwicklungsprozess handelt, kommt dies auch der **Personalplanung (Nachfolge- und Laufbahnplanung) bzw. der Personalentwicklung insgesamt zugute.**

3. Bachelor- und Masterstudiengänge

3.1 Aufgaben und Ziele der Hochschulausbildung

Die Funktionen der Hochschulausbildung in der Bundesrepublik Deutschland werden durch das Hochschulrahmengesetz (HRG) formuliert und vorgegeben. Dabei dienen die Hochschulen ihrer Aufgabenstellung entsprechend u.a. der „Pflege und der Entwicklung der Wissenschaften und der Künste durch Forschung, Lehre und Weiterbildung". Die Hochschulausbildung soll auf berufliche Tätigkeiten vorbereiten, „die die Anwendung wissenschaftlicher Erkenntnisse und wissenschaftlicher Methoden oder die Fähigkeit zu künstlerischer Gestaltung erfordern" (§ 2 HRG). Ferner sollen die Hochschulen den Wissens- und Technologietransfer fördern.

Zwecksetzung der Forschung in den Hochschulen der Bundesrepublik Deutschland ist, wissenschaftliche Erkenntnisse sowie wissenschaftliche Grundlegung und Weiterentwicklung von Lehre und Studium zu gewährleisten (§ 22 HRG).

Hinsichtlich ihrer Zielsetzung sollen Lehre und Studium den Studierenden auf ein berufliches Tätigkeitsfeld vorbereiten, indem die hierfür „erforderlichen fachlichen Kenntnisse, Fähigkeiten und Methoden dem jeweiligen Studiengang entsprechend" so zu vermitteln sind, dass dieser „zu wissenschaftlicher oder künstlerischer Arbeit und zu verantwortlichem Handeln in einem freiheitlichen, demokratischen und sozialen Rechtstaat befähigt wird" (§ 7 HRG).

Im Zusammenhang mit der Vermittlung fachlicher Kenntnisse, Fähigkeiten und Methoden in der Hochschulausbildung wird seit einigen Jahren der Begriff Vermittlung von „Schlüsselqualifikationen bzw. Schlüsselkompetenzen" diskutiert und dabei sehr unterschiedlich definiert. Empfehlungen nationaler und internationaler Institutionen (z.B. OECD-Referenzrahmen, Kultusministerkonferenz-Qualifikationsrahmen, Akkreditierungsagenturen, Centrum für Hochschulentwicklung) geben hierzu eine Vielzahl von Denkanstößen, welche Schlüsselqualifikationen von den Hochschulen vermittelt werden sollten. Neben der Vermittlung von **fachlichen Kenntnissen,** Fähigkeiten und Methoden des jeweiligen Studienganges, so wie es explizit im HRG steht, können zu den Schlüsselkompetenzen zählen, z.B.:

- **Soziale Kompetenzen** bestehend aus Eigenschaften, wie z. B. Teamfähigkeit, Konfliktfähigkeit, Kommunikation, Gemeinschaftssinn, Bereitschaft zu Toleranz und Solidarität, Moderations- und Führungsfähigkeit, internationale Orientierung
- **Methodenkompetenz** bestehend aus dem Lernen eines strukturierten, zielorientierten und effizienten Vorgehens zur Bearbeitung von Aufgaben- und Problemstellungen mit Kompetenzbausteinen wie Analyse, Abstraktion, Entscheidung, Problemlösung
- **Selbstkompetenz**, d.h. Entwicklung eigener Begabungen und Potenziale. Sie umfasst z. B. Eigenschaften wie Selbständigkeit, Kritikfähigkeit, Konzentrationsfähigkeit, Leistungsbereitschaft, Zuverlässigkeit, persönliche Haltung, Selbstmanagement, Präsentation, Rhetorik.

Dass die Vermittlung dieser Kompetenzfelder auch im internationalen und globalisierten Kontext jeder Hochschulausbildung wichtig ist, ist unbestritten. Es liegt jetzt im Ermessen der jeweiligen Hochschulen mit ihren akkreditierten Studiengängen, zu entscheiden, mit welcher zeitlichen Intensität diese zusätzlichen Schlüsselkompetenzen als eigene Lehrveranstaltungen oder als in die jeweiligen Fächer integrierte Bestandteile (z. B. Gruppenarbeit zur Förderung der Teamfähigkeit in einer Lehrveranstaltung „Grundlagen der Betriebswirtschaft") umgesetzt werden.

3.2 Bologna-Prozess

Die Studienlandschaft hat sich im Laufe der letzten Jahre mit der Einführung der gestuften Bachelor- und Masterstudiengänge deutlich verändert. Bereits im Jahre 1999 wurde in der italienischen Universitätsstadt Bologna ein entsprechender Hochschulreformprozess angestoßen. Zielsetzung dabei war, die internationale Akzeptanz von Abschlüssen zu erhöhen, Studienangebote qualitativ aufzuwerten und die Beschäftigungsfähigkeit, Neudeutsch „Employability", zu verbessern.[1] Gemeinsam mit 45 anderen europäischen Staaten hatte sich Deutschland damals in der sog. Bologna-Erklärung verpflichtet, sich bis 2010 am Aufbau eines Europäischen Hochschulraums zu beteiligen.[2] Dies mündete in der Ablösung der bis dahin typischen deutschen Studienstruktur mit Diplom- und Magisterabschlüssen. Studierende und auch Lehrende sollten mobiler sein können in einer Hochschullandschaft, die – bei aller notwendigen und sinnvollen Diversität – dennoch Äquivalenzen und gemeinsame Strukturen aufweist. Zudem knüpfte man

---

[1] Vgl. http://www.bmbf.de/de/3336.php, Abruf 20. 9. 2011.

[2] Vgl. http://www.hrk.de/bologna/de/home/1916.php, Abruf 20. 9. 2011.

daran die Erwartung, die Attraktivität der europäischen Hochschulen im weltweiten Wettbewerb der Bildungssysteme und der Forschung zu erhöhen. Die Hochschulrektorenkonferenz fasst die Ziele und Motive des Bologna-Prozesses wie folgt zusammen:

- „die Einführung gestufter Studiengänge mit den drei Stufen Bachelor, Master und Promotion
- die Vereinfachung der Anerkennung u. a. durch die Verwendung des Diploma Supplements
- die Einführung des Kreditpunktesystems ECTS
- die Kooperation im Bereich der Qualitätssicherung
- die Förderung der Mobilität der Hochschulangehörigen und
- die Stärkung einer europäischen Dimension der Hochschulbildung.“[3]
  Etwa 11 500 von 14 100 Studiengängen insgesamt und damit ca. 82 Prozent aller Studiengänge waren zum Wintersemester 2011/2012 an deutschen Hochschulen auf die gestufte Studienstruktur der Bachelor- und Masterstudiengänge umgestellt. Vor allem die deutschen Fachhochschulen haben die Umstellung bereits nahezu vollständig abgeschlossen. Die Mehrzahl der noch nicht umgestellten Studiengänge an den Universitäten (knapp 1900) führt zu staatlichen bzw. kirchlichen Abschlüssen. Insbesondere Medizin und Rechtswissenschaft schließen nach wie vor im Normalfall mit dem Staatsexamen ab, was bei der Hälfte der Bundesländer auch für das Lehramt gilt.[4]

3.3 Studium nach Bologna

3.3.1 Studienstruktur/Studienaufbau

3.3.1.1 Bachelor – erster berufsqualifizierender Abschluss

Die Regelstudienzeit der meisten Bachelor-Studiengänge beträgt 6 Semester. Etwa 20 % sind derzeit allerdings auf 7 Semester (insbesondere sog. berufsintegrierende Studiengänge), weitere 7 % auf 8 Semester konzipiert, während das anschließende Master-Studium vorwiegend auf 4 Semester ausgelegt ist. Jedoch gibt es auch Masterstudiengänge von 3 oder gar 2 Semestern Länge. Insgesamt bieten die deutschen Hochschulen etwa 9 100 Bachelor- und 6 200 Masterprogramme an, Tendenz steigend. Vorteil ist, dass jede/r Studierende in der neuen gestuften

---

[3] Vgl. *Allgemeine Zeitung*, Anzeigen-Sonderveröffentlichung vom 9. April 2011, Ausbildung & Beruf. Campus – Studieren 2011, S. 37.

[4] Vgl. *Ebitsch, S.*, Das Uni-Einmaleins. Ob Module oder Credit Points – Studienanfänger müssen sich mit vielem Neuen vertraut machen. Wie der Bachelor funktioniert, in: ZEIT Studienführer 2011/12, S. 102.

Bachelor-Master-Systematik einzelne Studienbausteine individuell zusammenstellen kann, ähnlich wie bei einem modularen Baukastensystem, bei dem man eine große Menge an Bausteinen zu unterschiedlichsten Türmen aufstapelt.[5]

Ein in der Regel sechs- oder siebensemestriges Bachelorstudium führt zu einem ersten berufsqualifizierenden Abschluss, entweder mit dem akademischen Titel „Bachelor of Arts (B.A.) bei einem geistes- oder sozialwissenschaftlichen Studium bzw. mit dem „Bachelor of Science" (B.Sc.) für einen Abschluss in Natur- oder Ingenieurwissenschaften, wobei manche Hochschulen für Ingenieure den „Bachelor of Engineering" (B.Eng.) vergeben.[6] Weitere wichtige Bachelorabschlüsse (B.) werden ebenfalls durch Hinweis auf die jeweilige Fachrichtung ergänzt, so beispielsweise „LL/Laws" für Rechtswissenschaften, „F.A." für Fächer der Freien Kunst, „Mus./Music" für Fächer der Musik und „Ed./ Education" für pädagogische Abschlüsse.[7]

Unterteilt wird das Studium in einzelne Module („Baukastensystem", s.o.), die über die Dauer von einem oder ggf. zwei Semestern jeweils ein übergeordnetes Thema im Rahmen von Lehrveranstaltungen behandeln, die jeweils mit einer studienbegleitenden Prüfung abgeschlossen werden. Ein Student der Betriebswirtschaftslehre belegt z.B. im ersten Semester das Modul „Grundzüge des Rechnungswesens", das Grundlagenwissen auf dem Fachgebiet Rechnungswesen und Kenntnisse über die Einordnung dieses Bereichs in das betriebliche Umfeld vermittelt, in der Regel in einer Lehrveranstaltung aus kombinierter Vorlesung und Übungen im seminaristischen Stil. In der vom Professor gehaltenen Vorlesung erhalten die Studierenden einen thematischen Überblick über ein Thema, das sie in Seminaren mit Diskussionsfragen, Thesen, Referaten (in Einzelarbeit oder in Gruppen) etc. vertiefen.[8] In den Wirtschaftswissenschaften und in Jura werden die Vorlesungen oft von einer Reihe von Übungen begleitet, während in den Sozial- und

---

[5] Vgl. *Soehring, M.*, Gut kombiniert, Studenten können Bachelor und Master so wählen, wie es für sie persönlich am besten passt, in: ZEIT Studienführer 2011/12, S. 114.

[6] Vgl. *Ebitsch, S.*, Das Uni-Einmaleins. Ob Module oder Credit Points – Studienanfänger müssen sich mit vielem Neuen vertraut machen. Wie der Bachelor funktioniert, in: ZEIT Studienführer 2011/12, S. 102.

[7] Vgl. *Allgemeine Zeitung*, Anzeigen-Sonderveröffentlichung vom 9. April 2011, Ausbildung & Beruf. Campus – Studieren 2011, S. 37.

[8] Vgl. *Ebitsch, S.*, So geht's zum Bachelor. Was jeder wissen muss, um sich an der Hochschule zurechtzufinden. Ein Leitfaden für das Studium, in: ZEIT Studienführer 2009/10, S. 106 und 107.

Geisteswissenschaften Seminare als gängige Veranstaltungsform dominieren. Seminare bieten nur einer begrenzten Teilnehmerzahl Zugang, weshalb sich Studierende meist vor Semesterbeginn bereits (meist online) einschreiben sollten. Die Platzvergabe erfolgt dann nach dem sog. „Windhund-Prinzip“: Der zuerst Eingeschriebene bekommt in Kursen mit entsprechendem Andrang den Platz zugewiesen.[9]

3.3.1.2 Master als höher qualifizierender Abschluss

Im Anschluss an den Bachelor- können Studierende einen Masterstudiengang, aus mindestens 2 und maximal 4 Semestern bestehend, anstreben. Hier wird unterschieden zwischen konsekutiven und nichtkonsekutiven Programmen. Ein konsekutiver Master vertieft im Bachelorstudium erworbene Fähigkeiten und Kompetenzen in einer Fachrichtung und baut inhaltlich darauf auf. Nichtkonsekutiv ist ein Master dann, wenn er auch Bachelorabsolventen anderer Fachrichtungen offensteht. So kann sich beispielsweise ein Bachelorabsolvent in Politikwissenschaft in einem politikwissenschaftlichen konsekutiven Masterprogramm interessehalber auf bestimmte Schwerpunkte, etwa Migration, spezialisieren, oder aber abseits der Politikwissenschaften einen wirtschaftswissenschaftlichen Master of Business Administration (MBA) in einem nichtkonsekutiven Masterprogramm anstreben.[10]

Der Master ist ebenso wie der Bachelor in einzelne Module untergliedert, für die die Studierenden sogenannte credit points erhalten (siehe hierzu auch Abschnitt 3.3.1.3). In der Summe ergeben sich meist 300 Punkte, wobei in der Regel 180 in sechs Bachelor- und 120 in vier Mastersemestern erworben werden können. Die Zusammensetzung hängt letzten Endes von der Dauer der Bachelor- und Masterprogramme ab.[11] Auch im Masterstudium gibt es Pflichtbestandteile, wobei hier die Wahlfreiheit häufig größer ist als im Bachelor. Das Masterstudium schließt man mit einer umfangreichen Masterarbeit, für die maximal 30 credits points vergeben werden und für deren Anfertigung eine Zeitspanne von vier bis sechs Monaten gewährt wird.

---

[9] Vgl. *Ebitsch, S.,* Das Uni-Einmaleins. Ob Module oder Credit Points – Studienanfänger müssen sich mit vielem Neuen vertraut machen. Wie der Bachelor funktioniert, in: ZEIT Studienführer 2011/12, S. 103.

[10] Vgl. *Ebitsch, S.,* So geht's zum Bachelor. Was jeder wissen muss, um sich an der Hochschule zurechtzufinden. Ein Leitfaden für das Studium, in: ZEIT Studienführer 2009/10, S. 109.

[11] Vgl. *Soehring, M.,* Gut kombiniert. Studenten können Bachelor und Master so wählen, wie es für sie persönlich am besten passt, in: ZEIT Studienführer 2011/12, S. 115.

Ein sogenannter weiterbildender Masterstudiengang setzt Berufserfahrung voraus und wird teilweise berufsbegleitend angeboten, wobei zwischen forschungs- und anwendungsorientierten Masterprogrammen unterschieden wird.[12] Es wird prognostiziert, dass auch in Deutschland weiterbildende Master an Bedeutung gewinnen werden, indem Berufstätige, oftmals auch bereits erfahrene Manager, wieder an die Hochschule zurückkehren, um in einem vielfach interdisziplinär angelegten Programm weitergehende spezifische Kompetenzen zu erwerben.[13]

3.3.1.3 Anerkennung von Studienleistungen mit Kreditpunkten – ECTS (European Credit Transfer System)

Da in den europäischen Hochschulen unterschiedliche Lernkonzepte zur Anwendung kommen, bedarf es eines Bewertungssystems, das den gesamten studentischen Aufwand („student workload") eines Semesters einschl. vorlesungsfreier Zeit von rechnerisch 900 Stunden Arbeit besser miteinander vergleichbar macht. Im ECTS wird dies für eine Semesterwochenstunde mit 30 Kreditpunkten („credit points") zum Ausdruck gebracht, d. h. eine mit 5 ECTS-Punkten belegte Prüfungsleistung bescheinigt einen studentischen Arbeitsaufwand von etwa 150 Stunden. Diese verteilen sich je nach didaktischem Konzept der Veranstaltung auf Vorlesungen, Übungen und Eigenarbeit in Vor- und Nachbereitung, wobei es beispielsweise 5-ECTS-Module sowohl mit 4 als auch mit 2 wöchentlichen Vorlesungsstunden geben kann.[14] Je nach Anzahl der Lehrveranstaltungen, Lektüreumfang und Lernstoffmenge variiert die Anzahl der credit points je Modul zwischen 2–3 bis hin zu 15 Punkte, deren Erhalt zeitweise nur an eine Teilnahme gekoppelt, in der Regel aber mit einem Leistungsnachweis (z. B. Hausarbeit und/oder Klausur) verbunden ist.[15]

ECTS-Punkte geben keinen Aufschluss über die Note einer Prüfungsleistung. Diese wird bewertet, je nach Thema und Fach in Klausuren,

---

[12] Vgl. *Ebitsch, S.*, So geht's zum Bachelor. Was jeder wissen muss, um sich an der Hochschule zurechtzufinden. Ein Leitfaden für das Studium, in: ZEIT Studienführer 2009/10, S. 109.

[13] Vgl. *Soehring, M.*, Gut kombiniert. Studenten können Bachelor und Master so wählen, wie es für sie persönlich am besten passt, in: ZEIT Studienführer 2011/12, S. 117.

[14] Vgl. Erstsemesterkompass der FH Mainz, Fachbereich Wirtschaft, Berufsintegrierender Bachelor-Studiengang Betriebswirtschaftslehre (BIS)-B.A., S. 20.

[15] Vgl. *Ebitsch, S.*, Das Uni-Einmaleins. Ob Module oder Credit Points – Studienanfänger müssen sich mit vielem Neuen vertraut machen. Wie der Bachelor funktioniert, in: ZEIT Studienführer 2011/12, S. 103.

Haus-, Seminararbeiten, mündlichen Prüfungen oder Projektarbeiten, mit Noten zwischen 1 und 5, wobei alle Leistungen schlechter 4,0 als durchgefallen gelten. Die Ergebnisse aller Module samt Abschlussarbeit (Bachelor- oder Masterarbeit) münden in eine Gesamtnote, die mit den Einzelnoten der Module auf der Bachelorurkunde ausgewiesen wird. Daneben wird nach ECTS eine relative Note zwischen A und F vergeben: A erhalten die besten 10 % der Studierenden eines Jahrgangs, E bekommen die schwächsten 10 %, F gilt als nicht bestanden.[16] Die Zeugnisse werden darüber hinaus ergänzt durch ein detailliertes Diploma Supplement.

Zusammenfassend lässt sich festhalten, dass ECTS-Noten und Credit Points die Leistungen an Hochschulen europaweit vergleichbar machen, was mitunter das Studium im Ausland erheblich vereinfacht und die Mobilität der Studierenden verbessert.

3.3.1.4 Soziale Kompetenzen im Bachelor- und Masterstudiensystem

Neben dem Erwerb von Fachkompetenzen spielt insbesondere die soziale Kompetenz eine entscheidende Rolle sowohl im Bachelor- wie auch im Masterstudium. Soziale Kompetenz ermöglicht situationsangemessenes, zweckrationales Handeln, um tätigkeitsbezogene Interaktionsanforderungen wie beispielsweise Anpassungsbereitschaft, Konfliktfähigkeit, Rollenflexibilität etc. bewältigen zu können. Zu typischen Kennzeichen sozialer Kompetenz zählen Einfühlungsvermögen, Kooperationsbereitschaft, Kommunikationsfähigkeit und Selbstreflexionsvermögen. Studienstruktur und -aufbau bei Bachelor- und Masterstudium begünstigen den Erwerb sozialer Kompetenzen zumeist in einem integrativen Ansatz, indem erworbene Fach- und Methodenkenntnisse in Fallstudien und Lehreinheiten z.B. zum Projektmanagement verknüpft werden. Insbesondere auch in der Gruppe angefertigte und vorgetragene Hausarbeiten bzw. gemeinsame Präsentationen schulen die Interaktionsfähigkeiten der Studierenden genauso wie gemeinsam vor- und nachbereitete Vorlesungseinheiten. Soziale Kompetenz erreichen die Studierenden darüberhinaus im Rahmen ihres Studiums, indem sie die verantwortliche Bearbeitung und Leitung von Projekten über-

---

[16] Vgl. *Ebitsch, S.*, So geht's zum Bachelor. Was jeder wissen muss, um sich an der Hochschule zurechtzufinden. Ein Leitfaden für das Studium, in: ZEIT Studienführer 2009/10, S. 107; vgl. ebenso Erstsemesterkompass der FH Mainz, Fachbereich Wirtschaft, Berufsintegrierender Bachelor-Studiengang Betriebswirtschaftslehre (BIS)-B.A., S. 20.

en,[17] in Kleingruppen zusammenarbeiten, Einzel- und Gruppen-ten verteidigen, Fremdsprachen erlernen und anwenden, interkul-l zusammengesetzte Lerngruppen bilden und Praxisprojekte übernehmen. In Praxisprojekten wird der Anwendungsbezug z.B. zur unternehmerischen Praxis unterstrichen, indem etwa in der Betriebswirtschaftslehre bestimmte Konzepte für ein konkretes Unternehmen erarbeitet, diskutiert, reformiert und ggf. implementiert werden. Studierende der Geoinformatik beispielsweise rekonstruieren in einem Praxisprojekt in Modellen und Karten historische Landschaften für die Denkmalpflege. So wird auch der Bezug zur späteren beruflichen Tätigkeit besonders hervorgehoben und die Anwendungsorientierung von der Theorie zur Praxis unterstrichen.

3.3.2 Zusammenfassung

Einige wichtige Neuheiten des Studiensystems lassen sich kurz wie folgt zusammenfassen[18]:

- **Studienstruktur:**
  Nach Bolognaabkommen soll das Bachelor-Studium mindestens drei, maximal vier Jahre dauern, incl. Masterstudium sind fünf Jahre vorgesehen. Dabei werden nur die besseren Studierenden zum Masterstudium zugelassen. Je nach Hochschule kann dies für einen Bachelor-Abschluss mit der ECTS-Note C oder gar D festgelegt sein.

ECTS
Was ist das? ECTS steht für *European Credit Transfer System* und dient der erleichterten Anerkennung von im europäischen Ausland erbrachten Studienleistungen.
(1) ECTS-Punkte (Kreditpunkte)
Im ECTS wird berücksichtigt, dass in den europäischen Hochschulen unterschiedliche Lernkonzepte zur Anwendung kommen. So ist zum Beispiel in Großbritannien die Zahl der Vorlesungsstunden gering; Studenten sind angehalten, sich viele Themen in „essays“ (Seminararbeiten) selbst zu erarbeiten. In den romanischen Ländern sind hingegen viele Vorlesungsstunden, deren Stoff in Klausuren abgefragt wird, üblich. Im ECTS wird zur besseren Vergleichbarkeit der gesamte studentische Aufwand eines Semesters von 900 Stunden einschl. vorlesungsfreier Zeit *(student workload)*

[17] Vgl. Erstsemesterkompass der FH Mainz, Fachbereich Wirtschaft, Berufsintegrierender Bachelor-Studiengang Betriebswirtschaftslehre (BIS)-B.A., S. 45.

[18] Vgl. *Schüle, U.:* Von Bologna nach Mainz, in: FH Mainz Forum, Heft 2/2005, S. 37–41.

in 30 Kreditpunkten ausgedrückt. Eine Prüfungsleistung mit 5 ECTS-Punkten sagt also aus, dass Sie mit etwa 150 Stunden studentischem Arbeitsaufwand verbunden ist. Wie diese Stunden sich auf Vorlesungen, Übungen und Eigenarbeit aufteilen, hängt vom didaktischen Konzept der Veranstaltung ab. So gibt es sowohl 5-ECTS-Module mit 4 Vorlesungsstunden pro Woche als auch solche mit zwei Stunden pro Woche.
(2) ECTS-Note
Über die Note sagen sie aber nichts aus. Für die Umrechnung von Noten bedarf es zusätzlicher Umrechnungstabellen; in vielen Fällen wird hierfür die ECTS-Notenskala verwendet, die von A bis F reicht. A: Studierende gehören zu den besten 10% des Jahrgangs B: Studierende gehören zu den nächst besten 25% ihres Jahrgangs C: Studierende gehören zu den nächst besten 30% ihres Jahrgangs D: Studierende gehören zu den nächst besten 25% ihres Jahrgans E: Studierende gehören zu den nächst besten 10% ihres Jahrgangs F: nicht bestanden Die Lehrenden verwenden weiterhin das deutsche Notensystem. Der Prüfungsausschuss ermittelt einmal im Jahr die Verteilung der Noten und legt dann die Umrechnung in ECTS-Noten fest. Diese Vorgehensweise entspricht einem Beschluss der Kultusministerkonferenz vom Oktober 2004. Im Zeugnis werden die deutsche und die ECTS-Note ausgewiesen.
(3) Semesterwochenstunde (SWS)
Eine Semesterwochenstunde ist der Zeitanteil für eine Lehrveranstaltung pro Woche. Dabei dauert eine akademische Stunde lediglich 45 Minuten, d. h. eine Vorlesung, die mit wöchentlich 4 SWS angegeben ist, beansprucht 180 Minuten.[19]
(4) Workload
Die Leistungspunkte (ECTS), die Sie für eine Lehrveranstaltung bekommen, beinhalten nicht nur den Zeitanteil für diese Veranstaltung (z. B. 2 SWS), sondern auch der Zeitaufwand für die Vor- und Nachbereitung (z. B. Lesen fachwissenschaftlicher Literatur, Selbststudium generell) dieser Lehrveranstaltung . Zum Workload zählen also nicht nur die Vorlesungszeiten, sondern auch die Zeiten des Selbststudiums. Dieser Workload ist somit die entscheidende Größe für die Bewertung in Credit Points. Dabei soll ein Leistungspunkt (ECTS) einem Zeitaufwand von 25–30 Stunden entsprechen, d.h. für eine Lehrveranstaltung, die mit 5 ECTS-Punkten ausgewiesen ist, beträgt der Arbeitsaufwand für Vorlesung und Selbststudium 125–150 Stunden.[20]

Abb. 2: ECTS

[19] Vgl. Abi-extra bachelor, Heft 2011, S. 10 und S. 12/13.
[20] Vgl. Abi-extra bachelor, Heft 2011, S. 10 und S. 12/13.

Ein europäisches Kreditsystem bestimmt zukünftig die Studienorganisation, verbunden mit der Modularisierung des Studiums, d.h. ein Fach wie z.B. Personalwirtschaft wird nicht mehr nach mehreren Studienjahren zum Abschluss des Studiums geprüft, sondern in einzelne Fachmodule zerlegt (z.B. Personalbeschaffung, Personalentwicklung, Personalbetreuung). Die Prüfung (Leistungsnachweis) erfolgt zeitnah während bzw. zum Abschluss des Semesters. Dieser modulare Aufbau ermöglicht es den Studierenden zukünftig an ausländischen Hochschulen erarbeitete Kreditpunkte problemlos in das inländische Studium zu transferieren. Dies setzt natürlich eine dementsprechende Fremdsprachenkompetenz voraus.

– **Studienziele/-didaktik:**

  Studienziel ist es heute nicht mehr nur, Fachwissen zu vermitteln, sondern ein ganzes Bündel von verschiedenen Kompetenzen wie
  - Fachkenntnisse des jeweiligen Studienfaches/-schwerpunktes (Fachkompetenz)
  - Wissenschaftliche Methoden kennen und fachbezogen anwenden zu können (Methodenkompetenz)
  - Sozialkompetenz wie z.B. Teamfähigkeit, Konfliktfähigkeit, Kommunikationsfähigkeit, Kooperationsbereitschaft
  - Führungskompetenzen aufbauen (z.B. Führungswissen, Führungsverhalten)
  - Sprach- und interkulturelle Kompetenz

  Gerade hier sind pädagogische Instrumente wie der Einsatz von Fallstudien, Planspielen, Rollenspielen, Firmenbesuchen, Auslandssemestern u.v.m. unabdingbar.

– **Studienmethodik, Lehr- und Lernkonzept**

  Für die Studierenden besonders wichtig ist eine Neuerung in der Lehre. Stand zu Diplomstudienzeiten der Lehrende, der Professor/Lehrbeauftragte, auf der Basis von Semesterwochenstunden (Lehrzeit von z.B. 4 Stunden pro Woche) im Vordergrund, steht in den Bologna-Studiengängen die Lernzeit im Focus des Interesses. Der Stellenwert eines Faches wird jetzt auf der Basis vom für einen Studierenden erforderlichen Lernaufwand errechnet, unabhängig von den Semesterwochenstunden eines Faches. Messgröße hierfür ist das europaweit einheitlich festgelegte ECTS-System (siehe Kapitel 3.3.1.3). Wir müssen durch die Umstellung auf Bachelor- und Masterstudiengänge erheblich umdenken.

Beachten Sie die **Akkreditierung:** Auch für Studiengänge gibt es zwischenzeitlich ein Qualitätssiegel. Neue Studiengänge, die von einer

Hochschule entwickelt bzw. angeboten werden, erhalten durch einen Akkreditierungsrat und beauftragte externe Akkreditierungsagenturen eine Art Bildungs-TÜV, die die Zulassung genehmigen. Dabei gilt eine Erstzulassung eines Studienganges 5 Jahre, danach wird eine Reakkreditierung durchgeführt. Achten Sie bei der Wahl eines Studienganges auf dessen Akkreditierung. Dies ist wichtig, wenn Sie die Hochschule wechseln bzw. im Ausland weiterstudieren.[21]

Modularisierung, ECTS-Punkte, erhöhter Selbststudienanteil, Internationale Ausrichtung nicht nur der Studiengänge, sondern auch die Integration fremdsprachlicher Lehrveranstaltungen in die Didaktik der Hochschulausbildung sowie die Einbindung von sozialen Kompetenzmodulen (soft skills) führen dazu, dass wir durch die Umstellung auf Bachelor- und Masterstudiengänge erheblich umdenken müssen.

---

[21] Vgl. Abi-extra bachelor, Heft 2011, S. 10 und S. 12/13.

4. Lehr- und Lernformen in der Hochschulausbildung

4.1 Lehrformentypologie – ein Ansatz

Nachdem Sie im vorigen Kapitel einige an unseren Hochschulen mögliche Studiengänge und Studienformen kennengelernt haben, die sowohl ein Erststudium als auch ein weiterbildendes Studium wie z. B. das Aufbaustudium beinhalten, werden Sie in diesem Kapitel mit den in diesen Studienformen hauptsächlich praktizierten **Lehr- und Lernformen** bekanntgemacht. Einige hiervon, wie z. B. das Lehrgespräch, das fragend-entwickelnd arbeitet, sind Ihnen ja noch aus Ihrer schulischen Zeit positiv in Erinnerung.

Kritisch anzumerken ist allerdings schon eingangs zu diesem Kapitel, dass gerade den hier beschriebenen und von ihrem pädagogischen Gehalt wertvollen Simulationsformen (z. B. Fallstudien, Planspiele) und den sozialen Formen des Lernens (z. B. Gruppenarbeit), die vor allem der Vermittlung sozialer Kompetenz im Sinne von Teamfähigkeit, Kommunikationsfähigkeit usw. dienen, noch zu wenig Bedeutung in der Didaktik unserer Hochschulausbildung geschenkt wird. Dies geschieht oftmals aufgrund des selbstauferlegten Zwanges, der Stofffülle Herr zu werden und auch aufgrund struktureller Bedingungen an unseren Hochschulen. Doch dazu zum Abschluss dieses Kapitels noch einige Anregungen. In der Pädagogik wird die Lehrform bzw. Lehrmethode als ein **pädagogisches Verfahren** (einschließlich der Mittel/Medien) charakterisiert, das der Dozent wählt, um erfolgreiches Lernen zu ermöglichen und dazu anzuregen. Als Einteilungskriterium für die Lehrformen wird hier die **Aktivität**[1], d. h. das gegenseitige Verhalten von Lehrenden und Lernenden im Lernprozess herangezogen.

Dieses **Aktivitätsprinzip** kann als pädagogisch und didaktisch so bedeutsamer Grundsatz bezeichnet werden, da die Selbständigkeit und die Selbsttätigkeit des Lernenden zu einem wesentlichen Faktor der Unter-

---

[1] Diese Kategorisierung in der pädagogischen Literatur wurde erstmals von *E. Weber:* Didaktik und Theorie des Unterrichts, Ansbach 1925, vorgenommen.

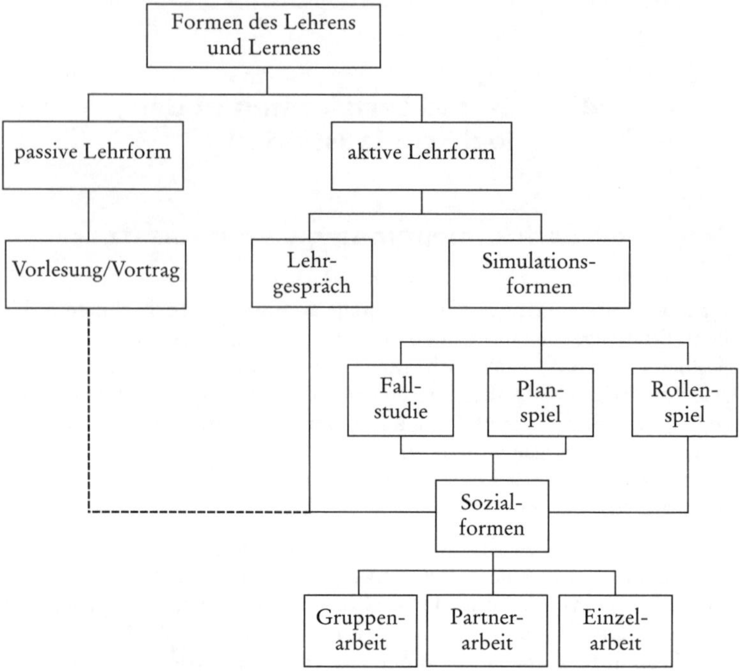

Abb. 3: Ein lehrformentypologischer Ansatz[2]

richtsgestaltung gemacht wird. Als **„aktive" Lehrformen** können Unterrichtsformen bezeichnet werden, die die Lernenden von der rezeptiven Haltung zur Aktivität, zur Mitarbeit anregen und auffordern. Hierzu zählen fragend-entwickelnder Unterricht **(Lehrgespräch)** sowie die Simulationsformen **(Fallstudie, Rollenspiel, Planspiel)** und die Formen sozialen Lernens (z. B. **Gruppenarbeit**).

4.2 Passives Lernen – Vorlesung/Vortrag

Die traditionellen Lehrmethoden in der Hochschulausbildung, wie Vorlesung und Vortrag, dienen hauptsächlich der Wissensvermittlung und -vertiefung.

---

[2] Vgl. *Koeder, K.:* Berufsbegleitendes Studium, S. 206 und: Aktivieren Sie Ihre Zuhörer, in: Personal, Heft 4/1988, S. 140 ff.

Die **Vorlesung** bzw. der **Vortrag** wird in diesem Zusammenhang als **„passive Lehrform"** definiert, bei der die Aktivitäten ausschließlich bei der Person des Lehrenden liegen und nur informell kommunikative Prozesse zwischen Lehr- und Lernpersonen stattfinden. Durch eine unausgesetzte Stoffaufnahme wird dabei der Lernende fortlaufend in eine passive, rezeptive, konsumierende Haltung zurückgedrängt, wobei für die Aufnahme, die geistige Verarbeitung und die Umsetzung des Gehörten wenig Spielraum bleibt. Die Folgen beim Lernenden können dabei in einem geringen Ausmaß selbständigen, kritischen Überdenkens des Vorgetragenen, einer gewissen Starrheit hinsichtlich vorgefasster oder überkommener Urteile/Vorurteile im Verbund mit geringer Fähigkeit, eine eigene Meinung bilden zu können sowie in schnellem Vergessen des in einem ungünstigen sozialen Klima gehörten Lernstoffes liegen. Diese Form der Inhaltsvermittlung wird insbesondere in den Lehrveranstaltungen des Grundstudiums/der ersten Semester praktiziert.

Aus **pädagogischer Sicht** sprechen folgende Vorteile für diese Lehrform:

- Die Inhalte können systematisch und vollständig vorgetragen und entwickelt werden bei zügiger Vorgehensweise.
- Die Zuhörer können auf ein klar strukturiertes Konzept zurückgreifen (selten Abweichen vom „roten Faden").
- Die vortragende Lehrform bietet die Möglichkeit, den Zuhörern das inhaltlich Essentielle zu vermitteln und eine Darstellung im Gesamtzusammenhang zu gewährleisten.
- Der Vortrag stellt die zeitsparendste Lehrform dar. Er bietet am ehesten die Gewähr, die Inhaltsfülle bewältigen zu können. Diesbezügliche Erfahrungen zeigen, dass mindestens die doppelte Inhaltsmenge im Vergleich zu anderen Lehrformen bewältigt werden kann.

Gegen den Einsatz dieser Form der Vermittlung von Inhalten, insbesondere im Rahmen von langfristigen Bildungsmaßnahmen, können aus pädagogischer Sicht diese Punkte angeführt werden:

- Der Zuhörer wird zu rezeptiver und reaktiver Haltung ohne aktives Mitdenken erzogen.
- Die passive Aufnahme von Stoffinhalten erfordert ein hohes Maß an Konzentration und führt frühzeitig zu Ermüdungserscheinungen. Die hieraus resultierende Überbeanspruchung der Aufmerksamkeit lässt auf eine geringe Lerneffizienz schließen.
- Durch fehlendes Feedback werden Lernschwierigkeiten beim Einzelnen nicht erkannt.

- Die Dominanz des Vortragenden und die damit verbundene Abhängigkeit von dieser Person ist der Förderung selbständigen problemlösenden Denkens beim Lernenden sehr abträglich.
- Durch die einseitige Kommunikation (sprachliche Einbahnstraße, Sprachdominanz des Vortragenden) erhält der Lernende nicht die Möglichkeit, Dialogfähigkeit zu üben.
- Die monologische Lehrform erzieht die Lernenden zu einer „Konsumenten"-Haltung, wodurch die Eigentätigkeit sehr vernachlässigt wird. Sie trägt damit der Forderung nach Selbständigkeit, Kreativität und Entscheidungsmündigkeit nur wenig Rechnung.
- Die vortragende Lehrform geht ferner von der Annahme aus, dass es sich um eine leistungshomogene Lerngruppe handelt. Die Erfahrung zeigt jedoch, dass die Lernbedingungen wie Lernbereitschaft und Lernfähigkeit der einzelnen Studierenden sehr stark divergieren können. Die Gefahr, über die Köpfe des Lernenden hinweg zu reden, ist daher sehr groß, allein schon dadurch bedingt, dass der Lehrende mangelhafte Kontrollmöglichkeiten des Lernfortschritts besitzt.
- Die Vorlesung als klassische Hochschulveranstaltung Ihres Studiums bietet in aller Regel einen Überblick über den Erkenntnisstand eines bestimmten Faches. Die „Mitarbeit" der Studierenden erstreckt sich dabei in erster Linie auf das Zuhören, Mitschreiben und anschließende Nacharbeiten der Inhalte im Rahmen des Selbststudiums. Eine Möglichkeit, durch Fragen, Kritik oder Anregungen einzuwirken, besteht aufgrund der überfüllten Hörsäle meist selten.

4.3 Aktives Lernen

4.3.1 Lehrgespräch

Das Lehrgespräch, eine Form **aktiven Lernens,** ist charakterisiert durch die gemeinsame Erarbeitung der Stoffinhalte in fragend-entwickelnder Form. Zwar liegen die Leitung und Lenkung dieser Form der Stoffvermittlung ebenfalls in der Hand des Lehrenden, aber durch die Möglichkeit, Fragen stellen, Meinungen äußern und Ansichten vertreten zu können, findet größtenteils ein ständig kommunikativer Prozess zwischen Zuhörer und Lehrendem statt. Getragen wird diese Form der Stoffvermittlung von der Impulsgebung[3], d.h. der Lehrende gibt einen Anstoß, z.B. in Form einer Frage, mit der Intention, die Mitarbeit/

[3] Vgl. *Köck, P.:* Moderne Unterrichtsführung durch Impuls und Appell, Donauwörth 1971, S. 10ff.

Zusammenarbeit zu fördern. Diese Impulse sollen dab… gisch und motivational günstiges Verhältnis zwischen dem Zu… dem Eigengehalt der gestellten Aufgabe schaffen.

Diese Impulse, die eine Kontaktebene zwischen Lehrendem, Zuhörer und Inhalt herstellen, können dabei in verschiedenen Formen wie Fragen und Aufforderungen sowie auf der nonverbalen Kommunikationsebene (z.B. Gestik, Mimik) auftreten.

Impulsgeber kann dabei sowohl der Lehrende als auch der Lernende sein (Zuhörerfrage). So sind gerade die vom Lernenden ausgehenden Impulse pädagogisch und motivational sehr wertvoll, da sie ihren Ursprung in der Interessenhaltung und dem Informationsbedürfnis der Zuhörer haben. Im Vergleich zur passiven Lehrform „reiner Vortrag" lassen sich mit dem Lehrgespräch, das Interaktionen der Lernenden untereinander und mit dem Lehrenden sowie intensive Kommunikation zwischen den am Lehrprozess Beteiligten ermöglicht und fördert, folgende pädagogisch sehr wertvollen Ziele verwirklichen:

Das Lehrgespräch, das hauptsächlich in den Studienschwerpunkten/ Optionen mit ca. dreißig Seminarteilnehmern eingesetzt wird,

- fördert in besonderem Maße die Kommunikation zwischen Lehrenden und Lernenden, wobei durch diese Kommunikation fachliche Interessentenschwerpunkte erkennbar werden, die sich motivationsfördernd nutzen lassen;
- ermöglicht und fördert fachliche verbale Auseinandersetzung;
- zwingt zum Aussprechen von Standpunkten und zur Diskussion;
- fördert die sprachliche Entwicklung des Lernenden in puncto Sprachform, Gedankenführung, Ausdruckskraft und Sprachbeherrschung;
- zwingt zu produktiver Denkleistung.

Von den Lehrenden als **nachteilig** empfunden wird häufig das Missverhältnis zwischen vermittelten Stoffinhalten und Zeitaufwand. Ferner gleitet der Lehrende bei dieser Lehrform sehr häufig vom „roten Faden" ab, obwohl Zuhörerfragen den Lernprozess auflockern.

Diese Form des Lernens findet während des Studiums insbesondere in den Seminaren/Studienschwerpunkten Einsatz. Hierbei bietet sich die Möglichkeit, mit den Professoren und Kommilitonen zu diskutieren, Gemeinsames zu erarbeiten und Anregungen sowie Kritik einzubringen. Häufig zählen auch Referate und Hausarbeiten der Studierenden zum inhaltlichen Bestandteil. Dabei werden zum Beispiel verschiedene wissenschaftliche oder praxisbezogene Positionen dargestellt und von den Teilnehmern diskutiert. Die Anzahl der Teilnehmer in Seminaren/ Studienschwerpunkten/Optionen ist meist begrenzt (15–35 Studieren-

…nkeiten der Studierenden untereinander so-
…alisieren zu können. Ferner werden gerade in
…en soziale Formen des Lernens (z.B. Gruppen-
…sformen des Lernens (z.B. Fallstudienbearbei-
…kt eingesetzt.

…sformen

4.3.2.1 In… …che Ziele und Formen

Fallstudien, Planspiele und Rollenspiele werden unter dem Begriff **„Simulationsformen"** zusammengefasst, wobei unter Simulation die abstrahierende Nachahmung der Realität in einem Modell verstanden wird, um die zu untersuchende Situation besser verstehen zu können.

Die Entwicklung solcher Simulationsformen setzte in den Ursprungsländern, den Vereinigten Staaten und auch in Großbritannien unterschiedliche inhaltliche Akzente. So reden die Amerikaner von „Games", konzipiert von Unternehmen mit dem Ziel, die Spieler in Wettbewerbssituationen mit anderen zu erproben. „There seems to be an need to declare a winner"[4]. Im Gegensatz hierzu legen britische Pädagogen mehr Wert auf die Kooperation. „Simulations need not be competitive"[5]. In der Bundesrepublik Deutschland wird die Entwicklung von Simulationen als Lernform eng verknüpft mit der Historie des kaufmännischen Bildungswesens, mit Begriffen wie Lernbüro, Übungsfirma, etc.[6].

Der Einsatz von Simulationsformen wie Fallstudien, Planspiele und Rollenspiele auch in der Hochschulausbildung bedarf einer sorgfältigen Planung und Vorbereitung sowie klar formulierter Lernziele. In der Lehrpraxis sind dabei diese Formen des simulierten Lernens kaum voneinander zu trennen, z.B. sind in Planspielen auch Elemente des Rollenspiels enthalten. Die nachfolgend vorgenommene Differenzierung der Simulationsformen in Fallstudien, Plan- und Rollenspiele soll Ihnen einige methodisch-didaktische Aufgabenfelder dieser aktiven Formen des Lehrens und Lernens verdeutlichen und Sie dazu auffordern, insbe-

---

4 *Tansey, P.* (Hg.): Educational Aspects of Simulation, London 1971, S. 11.

5 *Whitehead, D.:* Learning Processes and Teaching Strategies in Economics Education, in: Economics, No.: 84/1983, S. 145.

6 Vgl. *Hopf, B.:* Wirtschaftssimulation – Simulationsbüro, in: *Berke, R.* u.a. (Hg.): Handbuch für das kaufmännische Bildungswesen, Darmstadt 1985, S. 508 ff.

sondere an Planspielen, die des öfteren außerhalb der Lehrveranstaltungen z.B. in Arbeitsgemeinschaften angeboten werden, teilzunehmen.

4.3.2.2 Fallstudien/-methode

Die **Fallmethode** definiert *Kosiol*, der seine Forschungsarbeit zu dieser Simulationsform schon sehr frühzeitig auf den Hochschulbereich abstellte, als „methodische Entscheidungsübung aufgrund selbständiger Gruppendiskussion am realen Beispiel einer konkreten Situation"[7]. Bei dieser aktiven Lehrform steht, aufgrund der Vorgabe eines der wirtschaftlichen Praxis entnommenen Sachverhaltes, die Entwicklung von Lösungsstrategien im Vordergrund, während die Vermittlung von theoretischem Wissen dieser Form des Lernens vor- oder nachgelagert sein kann. Hierbei wird z.B. eine Unterscheidung vorgenommen zwischen der **Case-Study-Method,** die den Lernenden alle zur Lösung des Falles benötigten Informationen mitliefert, und der **Incident-Method,** bei der zusätzliche Informationen durch eigene Untersuchungen selbst zu beschaffen sind.

Einen inhaltlichen Überblick zu Falltypen bietet *Paul*[8]:

Falltyp	**Inhalt**	**Analyse und Problem-definition**	**Synthese (Lösungsal-ternativen)**	**Evaluation und Ent-scheidung**
Fallstudie (Case Study)	Umfangreiche und komplexe Beschreibung einer Unter-nehmens-situation	Erkennen und definieren von Problemen	Entwickeln von alter-nativen Lösungs-ansätzen	Bewerten des Nutzens von Alternativen, entscheiden und planen der Um-setzung
Fallsituation (Case Incident)	Lückenhafte, knappe Schil-derung der Ausgangslage	Fokus auf der Problem-identifikation und -definition	Nur teilweise geeignet	Nicht geeignet

[7] *Vgl. Kosiol, E.:* Die Behandlung praktischer Fälle im betriebswirtschaftlichen Hochschulunterricht, Berlin 1957, S. 36.

[8] *Paul, H.:* Fallstudien. Plädoyer für einen stärkeren Einsatz in der betriebswirtschaftlichen Lehre und Ausbildung, in: WiSt Heft 6/2005, S. 350.

Falltyp	Inhalt	Analyse und Problem-definition	Synthese (Lösungsal-ternativen)	Evaluation und Ent-scheidung
Fallproblem (Case Problem)	Beschreibung der Ausgangs-lage mit Vorgabe der Problem-definition	Nicht geeignet	Fokus auf der Entwicklung von Lösungs-alternativen	Nur teilweise geeignet
Fallbeispiel (Case Example)	Umfassende Beschreibung eines Fall-beispiels mit Problemen und Lösungs-ansätzen	Nicht geeignet	Nicht geeignet	Fokus auf der kritischen Beurteilung der Lösungen bzw. der Voraus-setzungen zur Umsetzung

Abb. 4: Verschiedene Falltypen

Fallbeispiele bzw. Fallstudien zeichnen sich durch eine sehr starke **Sach- und Problembezogenheit** aus. Sie zielen auf Fähigkeiten, wie Erkennen und Analysieren von Problemen, Sammeln und Auswerten von Informationen, Treffen von Entscheidungen, Entwurf alternativer Lösungsmöglichkeiten usw. ab.[9]

Aus **pädagogischer Sicht** sprechen folgende Punkte für den Fallstudieneinsatz in der Hochschulausbildung:

- Möglichkeit der kritischen Analyse von Problemen auch unter Berücksichtigung interdisziplinärer fachübergreifender Gesichtspunkte;
- Förderung der Kooperationsbereitschaft und sozialer Interaktionen in der Gruppe;
- Anwendung und Intensivierung des Gelernten bei gleichzeitiger Förderung der Entscheidungsfähigkeit und des Entscheidungsverhaltens;
- Übung in der Anwendung und Beherrschung z.B. unternehmerischer Instrumentarien (Managementtechniken);
- Möglichkeit der Intensivierung des Anwendungs- und Praxisbezuges im Bereich der Aus- und Weiterbildung;

---

[9] Vgl. hierzu *Grochla, E./Thom, N.:* Fallmethode und Gruppenarbeit in der betriebswirtschaftlichen Hochschulausbildung, Hamburg 1978; *Kaiser, F.-J.* (Hg.): Die Fallstudie. Theorie und Praxis der Fallstudiendidaktik, Bad Heilbrunn 1983.

- Erleichtert die Beurteilung von Anwendungsmöglichkeiten theoretischer Erkenntnisse;
- Fördert neben selbständiger Arbeit auch das Arbeiten in der Gruppe. Dadurch werden die Studierenden in der Diskussion, in der Zusammenarbeit und im Vertreten wichtiger Standpunkte für die Lösungsfindung geschult;
- Entwicklungsmöglichkeit einer integrativen Managementperspektive für Studierende, zur Erkennung und Veränderung von Beziehungen zwischen Unternehmen/Institutionen und seiner Umwelt;
- der Fallstudieneinsatz lockert Lehrveranstaltungen auf, weckt die Motivation, das Interesse und das Engagement der Studierenden am Transfer und der praxisorientierten Anwendung theoretischen Wissens.

Diese positiven Wirkungen des Fallstudieneinsatzes in Studienveranstaltungen können nur erzielt werden, wenn bestimmte Voraussetzungen insbesondere im Vorfeld des Einsatzes erfüllt sind, so z. B.[10]:

- der Fallstudieneinsatz erfordert das Vorhandensein fundierter theoretischer Kenntnisse des jeweiligen Fach- bzw. Themengebietes;
- die Lösung vieler entscheidungsorientierter Fallstudien macht vorab die Behandlung spezieller theoretischer Lösungsansätze notwendig zwecks Gewährleistung spezieller Wissensvermittlung und -anwendung;
- die Arbeit mit Fallstudien setzt oftmals gewisse praktische Erfahrungen darin voraus, Probleme erkennen, gewichten und beurteilen zu können.

Mit den im Zuge des Bologna-Prozesses neu konzipierten Bachelor-/Masterstudiengängen wird in besonderem Maße eine Berufsqualifizierung und starke Praxis- und Anwendungsorientierung angestrebt. Die Fallmethode kann als aktive Lehr- und Lernmethode dazu beitragen, die Ziele dieser Studienreform anzustreben. Die Gründe für den noch nicht so ausgeprägten Einsatz von Fallstudien in der Didaktik der Hochschulen sind meist in folgendem zu sehen[11]:

- unzureichendes Angebot aktueller, problem- und praxisorientierter Fallstudien in deutscher Sprache,

---

[10] Vgl. *Alewell, K., Bleicher, K.* und *Hahn, D.:* Entscheidungsfälle aus der Unternehmenspraxis, Wiesbaden 1971, S. 17f. und *Eschenbach, R.* u.a. (Hg.): Fallstudien zur Unternehmensführung, Stuttgart 1994.

[11] Vgl. *Paul, H.:* Fallstudien, ein Plädoyer für einen stärkeren Einsatz in der betriebswirtschaftlichen Lehre und Ausbildung, in: WiSt, Heft 6/2005, S. 349/350.

- fehlende Erfahrungen von Professoren/Lehrbeauftragten in der Erarbeitung und im Umgang mit Fallstudien,
- sehr zeitintensive Planung und Durchführung von Fallstudien.

Im Sinne einer ganzheitlichen Problemlösungsmethodik[12] sollte folgende Methodik zur Fallbearbeitung eingehalten werden: Probleme erkennen und identifizieren, Zusammenhänge und Spannungsfelder verstehen, Alternativen entwickeln, Alternativen beurteilen, Umsetzung planen.

4.3.2.3 Rollenspiele

Während bei Fallstudien mehr die Sach- und Problembezogenheit im Vordergrund steht, sind **Rollenspiele** stärker personenbezogen, der Spielcharakter rückt mehr in den Vordergrund. Bei dieser Simulationsform werden den Spielenden reale Problemstellungen beschrieben. Die einzelnen Spielteilnehmer sind nun aufgefordert, sich in die Rolle einer Person zu versetzen, die in die Spielsituation involviert ist. Der Rollenträger spielt dabei eine thematisch umrissene Rolle, und er verhält sich in der Spielsituation so, wie sich die betreffende Person in der Realität verhalten könnte.

Daher eignet sich diese Simulationsform[13] ganz besonders dazu, zu verdeutlichen, wie Personen in bestimmten Situationen reagieren (Verhaltenstraining), wie diese sich im Konfliktfall auf die Argumentationsweise des anderen einstellen sowie zur Hinterfragung und Veränderung von Rollen und Kommunikationsmodi.

Zum **pädagogischen Gehalt** von Rollenspielen lässt sich folgendes anführen:

- Rollenspiele lockern die Lernsituation und den Lernprozess auf,
- sie lösen Betroffenheit bei den Beteiligten aus, verbunden mit der Gefahr einer zu starken Rollenidentifikation,
- emotionale Anforderungen werden erlebbar,
- Lernen erfolgt durch eigenes Handeln und Agieren,
- sie fördern gleichzeitig motorische, soziale und emotionale Fähigkeiten des Lernenden,
- sie bieten die Möglichkeit der Überprüfung, Verteidigung und Änderung von Wertvorstellungen,
- sie fördern in besonderem Maße Interaktionen untereinander,

---

[12] Vgl. *Gomez, P./Probst, G.:* Die Praxis des ganzheitlichen Problemlösens, Bern 2007, S. 29.

[13] Vgl. *Kaiser, F.-J.:* Entscheidungstraining, Bad Heilbrunn 1993, S. 71 ff.

- sie dienen der Befähigung zur Kommunikation und Schulung der sprachlichen und nonverbalen Ausdrucksfähigkeit.

4.3.2.4 Planspiele

Als Methode aktiven Lernens mit Praxissimulation sind Unternehmensplanspiele unverzichtbare Bestandteile gerade in wirtschaftswissenschaftlichen Studiengängen geworden. Das Planspiel erstreckt sich über einen bestimmten Zeitraum. Es basiert auf einem Modell mit festgeschriebenen **Verhaltensregeln (Spielregeln),** nach denen die Simulationen durchgeführt werden. Im Laufe des Spieles, das den Teilnehmern die Möglichkeit bietet, Entscheidungen zu treffen und auf Entscheidungen und Ereignisse (Konkurrenz, Markt) zu reagieren, wird das ursprünglich statische Modell dynamisiert.

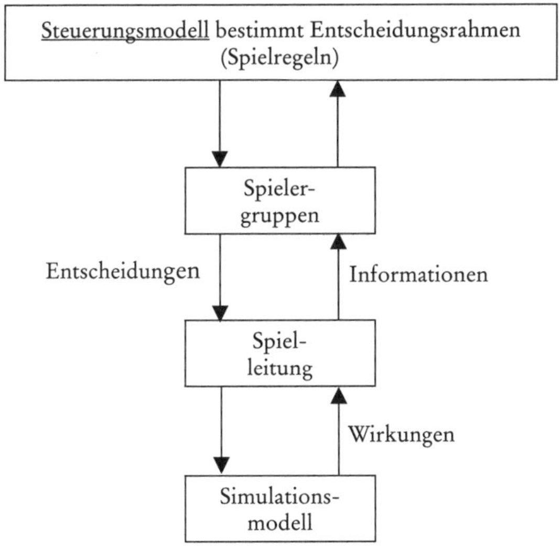

Abb. 5: Aufbau eines Planspiels

Die Spieler können sich mit Rollen identifizieren und simulieren somit Konkurrenz, Kooperation oder Konfliktsituationen.[14]

Aufgrund der Vielfalt der Spiele für die verschiedensten Wissenschaftsdisziplinen und ihrer sehr unterschiedlichen zeitlichen Inanspruchnah-

[14] Vgl. *Graf, J.* (Hg.): Planspiele, simulierte Realitäten für den Chef von morgen, Speyer 1992.

me können mit dieser aktiven Lernform ebenso unterschiedliche Lerneffekte erzielt werden, z. B.:

- Schulung der Entscheidungsfähigkeit und Entscheidungsfreude,
- Festigung, Integration und Koordination von Wissen,
- Erkennen von und Einsicht in bestehende berufspraktische Strukturen,
- Förderung von Interaktion und Kooperation,
- verstärkte Lernmotivation über die Ausnutzung des Spieltriebes,
- Erkennen von Gesamtzusammenhängen/Transferwissen.

Ferner werden von den Spielteilnehmern eine Menge voneinander differierender Arbeitsverfahren, z. B. Planungs- und Entscheidungstechniken, abverlangt und im jeweiligen Spielverlauf entsprechende Verhaltensweisen angestrebt.

Neben den positiven Lerneffekten sind Planspiele auch unter **kritischen Aspekten** zu betrachten wie:

- Gefahr zu starker Rollenidentifikation,
- Verliererresignation,
- negatives Konkurrenzverhalten,
- mögliche Verschlechterung des Gesamtgruppenklimas.

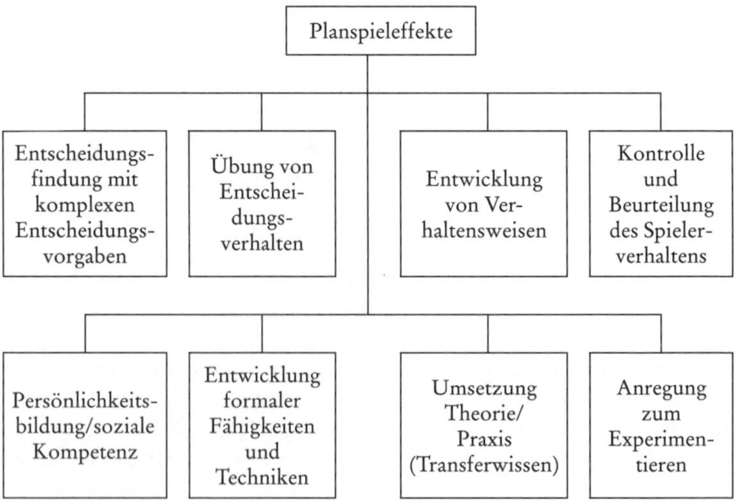

Abb. 6: Planspielzwecke

Zusammenfassend lassen sich **Differenzierungskriterien** dieser drei Simulationsformen in formaler Hinsicht wie folgt aufführen:

- Fallstudien und Planspiele arbeiten sehr stark sach- und problembezogen, wobei beim Planspiel noch der personelle Bezug hinzukommt.
- Rollenspiele sind stärker personen- und zeitpunktbezogen, Planspiele mehr zeitraumbezogen.
- Im Planspiel und in der Fallstudie fungieren die Teilnehmer als Mitglied einer Gruppe, im Rollenspiel übernehmen einzelne Spieler die Rolle des Individuums.
- Gemeinsam sind Plan- und Rollenspiel der Spielcharakter und die damit verbundene Handlungsbezogenheit.

In der Hochschulausbildung tragen diese Lernformen in besonderem Maße zur Realisierung und Intensivierung des Anwendungs- und Praxisbezuges bei. Ferner trägt der Einsatz von Unternehmensplanspielen im Studium zur Vermittlung und Intensivierung sozialer Kompetenzen (z. B. Teamfähigkeit, Konfliktfähigkeit) bei.

Diese Schlüsselqualifikationen, auch soft kills genannt, gelten im Arbeitsleben als überfachliche Kompetenz eines Mitarbeiters, aufgeteilt in Handlungs- und Methodenkompetenz, in personale und soziale Kompetenz.

4.3.3 Sozialformen

Gruppen-, Partner- und Einzelarbeit werden in der Pädagogik unter dem Begriff **„Sozialformen des Lernens"** subsumiert. Diese Lernformen zeigen insbesondere auf, inwieweit die Beziehungen der Lernenden zueinander und zum Lehrenden begründet werden. Ziel des Einsatzes der Sozialformen ist es, Interdependenzen zwischen den am Lehrprozess beteiligten Personen zu erfassen, auszuwerten und begünstigende Wirkungen in die methodische und didaktische Aufbereitung und Vermittlung von Lehrinhalten mit einzubeziehen. Im Gegensatz zu den ursprünglichen Formen der Lehre (z. B. Vortrag, Lehrgespräche), bei denen von einem geschlossenen Seminarverband ausgegangen wird, wird jetzt dieser Seminarverband in wechselnde Gruppen aufgelöst, die ihrerseits die Träger des Lehrprozesses bilden. Wird dabei ein Arbeitsauftrag dem einzelnen Seminarteilnehmer/Zuhörer zur individuellen Bearbeitung zugeordnet, bedeutet dies Einzelarbeit. Wird von zwei oder mehreren Teilnehmern in gemeinschaftlicher Arbeit die Lernleistung erbracht, so liegt Partner- oder Gruppenarbeit vor. Gerade die partnerschaftliche Zusammenarbeit mit dem Sitznachbarn stellt eine wichtige Vorform der Gruppenarbeit dar (vgl. Kapitel 6).

Aus pädagogischer Sicht sprechen die thesenhaft genannten Einzelpunkte für bzw. gegen den Einsatz von Partner- und Gruppenarbeit.

Vorteile	Nachteile
• Förderung der Teamfähigkeit, • entspricht den Gegebenheiten in der betrieblichen Praxis, • breite Stoffvermittlung auf breiter Kommunikationsebene, • bietet die Möglichkeit des Lernens voneinander und der Hilfestellung bei Nichtverstehen (Partizipationseffekt), • zur Lösung schwieriger und umfassender Probleme liegen größere Wissensreserven vor (konvergierendes Denken), • bietet die Möglichkeit der wissenschaftlichen Vertiefung in kooperativem Bezug, • fördert soziale Verhaltensweisen und formt die Persönlichkeit, • Motivationswirkung der Gruppe, bei auftretenden Problemen zeigt die Gruppe größeres Durchhaltevermögen, • erleichtert Prüfungsvorbereitung durch gegenseitiges Abfragen und hilft Prüfungsängste abbauen (Prüfungssimulation).	• sehr zeitintensive Form des Lernens, • Nichtbeteiligung Einzelner und Einseitigkeit bei Arbeitsteilung, • Lernerfolgskontrolle beim Einzelnen kaum möglich (individuelle Leistung nicht erkennbar), • fördert die Unselbstständigkeit, • führt oftmals zu einer Fehleinschätzung der eigenen Leistungsfähigkeit, Kenntnislücken können unerkannt bleiben, • Dominanz einzelner Gruppenmitglieder, • Erwartungshaltung der einzelnen unterschiedlich.

Mit dem Einsatz von Gruppenarbeit, z.B. in den Seminarveranstaltungen/Optionen der Hochschulausbildung, wird insbesondere dem **Teamgedanken** der betrieblichen Praxis Rechnung getragen.

4.4 Einige Begründungsansätze für den Einsatz aktiver Lehrformen in der Hochschulausbildung

Gerade die vortragende Stoffvermittlungsform, die Vorlesung, ist auch heute noch insbesondere in den Großveranstaltungen des Grundstudiums bzw. der ersten Semester bei der Grundlagenvermittlung die vorherrschende Lehrform an den Hochschulen und Universitäten. An dieser Tatsache hat sich in den letzten Jahren trotz intensiv geführter hochschuldidaktischer Diskussionen in den siebziger Jahren[15], die die Nachteile dieser Lehrform immer wieder herausgearbeitet haben, nichts geändert.

Die Lehrform **„Vorlesung"**, die die Arbeit der Studierenden auf passives Zuhören und aktives Mitschreiben beschränkt und eine rezeptive Haltung vom Lernenden erwartet, entspricht hierdurch nur einer einseitigen Betonung kognitiver Lernziele (Wissen). Wird darüber hinaus die Verwirklichung affektiver (gefühlsbezogener) und psychomotorischer Lernziele angestrebt, die als ebenbürtig für didaktische Entscheidungen in der wissenschaftlichen Ausbildung anerkannt werden müssen[16], setzt dies ein Überdenken und Reformieren der einseitigen Lehrformen in der Hochschulausbildung voraus. Dies müsste aber zur Folge haben, dass z.B. die Großraumvorlesungen in den ersten Studiensemestern mit bis zu 1200 Hörern in Vorlesungsgruppen mit einer Stärke von ca. 50 Studierenden aufgelöst werden, so wie dies in den Studiengängen der Fachhochschulen praktiziert wird; denn dort finden wir eine Organisation in „Klassenform/Studiengruppenform", die auch den Einsatz von Simulationsformen und sozialen Formen des Lernens schon frühzeitig ermöglicht.

Unter Berücksichtigung dieses hochschulorganisatorischen und somit hochschuldidaktischen Aspektes, der an den wissenschaftlichen Hochschulen (mit gewissen Ausnahmen an den privaten Hochschulen) meist erst in den Schwerpunktfächern höherer Semester zum Tragen kommt, rücken jetzt aktive Lehr- und Lernformen in den Vordergrund, die einen ständig kommunikativen Prozess zwischen Lehrendem, Studierenden und Sachinhalten initiieren und aufrechterhalten. Neben der Verfolgung kognitiver Lernziele (Wissensvermittlung), kann jetzt auch der Herausbildung **prozessunspezifischer Qualifikationen** (soziale Kompetenz/soft skills) wie Teamfähigkeit, Kooperations- und Kommunikationsfähigkeit, Schulung von Entscheidungs- und Entschlussfreudigkeit usw. Rechnung getragen werden. Darüber hinaus finden sich Verhaltensziele, die auf die Entwicklung von Handlungskompetenz und Persönlichkeitsbildung im beruflichen und gesellschaftlichen Rahmen abstellen.

---

[15] Vgl. hierzu z.B.: *Prior, H.:* Formen des Hochschulunterrichts – Ergebnisse einer Umfrage –. Blickpunkt Hochschuldidaktik 2., 1969; *Huber, L.:* Hochschuldidaktik, in: *v. Hentig, H.* u.a. (Hg.): Wissenschaftsdidaktik. Neue Sammlung 5. Sonderheft, Göttingen 1970, S. 41 ff.; *Kienapfl, D.:* Vorlesung und Vorlesungskritik. Hochschuldidaktische Materialen Nr. 27, Hamburg 1971; *Metz-Göckel, S.:* Theorie und Praxis der Hochschuldidaktik, Frankfurt 1975.

[16] Vgl. *Huber, L.:* Hochschuldidaktik, S. 52.

Für alle wissenschaftlichen Disziplinen sind auch Lernziele zu berücksichtigen, die den Ansprüchen der späteren Berufspraxis gerecht werden. So gilt es, im Zusammenhang mit Schlagworten wie „Manager" und „Leader" auch für die Hochschulen, sich neben der Vermittlung von Fachwissen didaktisch an beruflichen Anforderungen wie der Vermittlung **sozialer Kompetenz** (z.B. Führungswissen, Führungsverhalten, Kommunikationsfähigkeit, Teamfähigkeit) sowie im Vorgriff auf wirtschaftlich wichtige Entwicklungen wie Globalisierung, die Vermittlung **interkultureller Kompetenz** (z.B. Wirtschafts- und Kulturpolitik anderer Länder, verstärkte Sprachenausbildung) zu orientieren.

Diesen hochschuldidaktischen Anspruch formulierte *Henkel,* ehemaliger Vorsitzender der Geschäftsleitung der IBM Deutschland und ehemaliger BDI-Präsident, bereits 1989 wie folgt:[17]

„Wir brauchen nicht das Auswendiglernen von Detailwissen – das ja immer rascher veraltet –, dafür aber eine stärkere Konzentration auf **Schlüssel-Qualifikationen,** also Fähigkeiten, die das Erlernen von wechselndem Spezialwissen erleichtern: Training von Denken, Verstehen und Anwenden."

… „Wir brauchen eine Basis von Grundfakten, das Verständnis der Grundzusammenhänge, die Fähigkeit zum logischen, systematischen Denken und die Fähigkeit zum sprachlichen Ausdruck und Verstehen.

Schließlich brauchen wir **Persönlichkeitsbildung** als vielleicht wichtigste Voraussetzung, um sich in der heutigen Arbeitswelt zu bewähren. Zum Beispiel die Fähigkeit, erlerntes Wissen auch auf praktische Probleme und immer neue Aufgaben anzuwenden – ohne den Schülerreflex: ‚Dieses Problem haben wir noch nicht durchgenommen'. Ferner die Fähigkeit zur Zusammenarbeit und zur Kommunikation … Und nicht zuletzt die Fähigkeit, Entscheidungen zu treffen und Verantwortung in einem Umfeld zu übernehmen, in dem es immer weniger Routine und immer mehr Ausnahmen gibt.

Nun könnte man meinen (so *Henkel* wörtlich weiter), dass man diese Fähigkeiten nur oder am besten in der beruflichen Praxis lernt. Aber ich bin davon überzeugt, dass auch die Hochschulen einen solchen Beitrag zur Persönlichkeitsentwicklung leisten können und müssen. Zum Beispiel durch stärkere Betonung der Anwendung des Wissens, durch das Trainieren von Problemlösungen in Projektgruppen …"

---

[17] *Henkel, H.-O.:* Studienzeiten – aus der Sicht der Industrie, in: IBM-Nachrichten, September 1989, Nr. 298, S. 18f.

Zur Realisierung dieses hochschuldidaktischen Anspruchs sind natürlich alle aufgefordert, Hochschulen, Studenten, Unternehmen und sonstige Institutionen. Dabei darf, so *Henkel*[18], dem exponentiellen Wachstum des Wissens einerseits und der Studentenflut anderseits nicht weiter mit quantitativen Rezepten wie z.B. der Erweiterung und Ausdehnung der Lerninhalte und einer Verlängerung der Studienzeiten begegnet werden. Qualität ist unsere einzige Chance.

Diesen qualitativen Anspruch sieht er u.a. realisiert in einer Befähigung der Studenten zum Weiterlernen schon während des Studiums **(lebenslanges Lernen),** in einer stärkeren **Kooperation von Wirtschaft und Hochschulen** sowie in Ansätzen für **strukturelle Verbesserungen** an den Hochschulen selbst, wie neuen Konzeptionen für die Organisation des Studiums (z.B. den Einsatz effektiverer Methoden des Lernens). In Zukunft sind **neue Fähigkeiten** gefragt, so auch der St. Gallener Hochschullehrer *F. Malik,* wie Sensibilität gegenüber Problemen, die Kunst, die richtigen Fragen zu stellen, Kommunikations- und Teamfähigkeit, Chaoskompatibilität und Flüssigkeit des Denkens, d.h. möglichst viele Ideen, Bilder, Assoziationen und Aspekte auf ein Stichwort hin zu produzieren. Kommunikation, Kreativität und Intuition werden zum wichtigsten Kapital.

Durch ihre bisher meist rein kognitive (wissensbezogene) Lernzielorientierung kann die Vorlesung nur einem Teil der später geforderten Qualifikationen gerecht werden. Was sie zukünftig in Bachelor- und Masterstudiengängen auch leisten muss, ist die Vermittlung sozialer Kompetenz und die methodische Vorbereitung auf Entscheidungen in komplexen Situationen, was im Wirtschafts- und Berufsleben zur alltäglichen Praxis zählt.[19]

Eine derartige anwendungs- und praxisorientierte Ausbildung kann mitunter durch verstärkten wechselnden Einsatz gesprächsorientierter Lehrformen, Simulationsformen und sozialer Formen des Lernens bereits während des Grundstudiums der Hochschulausbildung erreicht werden **(Methodenvielfalt statt Methodenmonismus).** So zeigen viele Gespräche und Diskussionen mit Studierenden, dass die Art der Vermittlung von Lehrinhalten nicht unwesentlichen Einfluss auf die Studienmotivation, den Studienerfolg und auch die Studiendauer hat, wie aus dem Folgekapitel ersichtlich wird.

---

[18] Vgl. *Henkel, H.-O.:* Studienzeiten – aus der Sicht der Industrie, S. 19f.

[19] Vgl. *Bleicher, K.:* Unternehmungsspiele. Entscheidungsmodelle zur Ausbildung und Strategie in der Wirtschaft, Betriebswirtschaftliche Probleme 2, Zürich 1975, S. 73.

„... und gib mir bitte Teamgeist, Kommunikationsfähigkeit, soziale Verträglichkeit, Flexibilität und Stressresistenz."

Abb. 7: Soziale Kompetenz

4.5 Praktikum

Das Praktikum ist in vielen Bereichen, so auch im Studium, ein sehr nützliches und effizientes Instrument, das auch in Bachelorstudiengängen oftmals integraler Bestandteil des Studiums ist. Wie aus dem Namen schon ableitbar, dient ein Praktikum insbesondere dazu, sich beruflich zu orientieren und Berufserfahrungen zu sammeln, also praktische Erfahrungen in den verschiedensten Tätigkeitsfeldern. Im Studium selbst kann dies dann im Rahmen der vorlesungsfreien Zeit durchgeführt werden oder aber zusammenhängend über ein ganzes Semester. Ohne Praxiserfahrung ist es heute meist sehr schwer, einen Arbeitsplatz zu finden, denn von vielen Arbeitgebern werden bei der Einstellung von Vollzeitstudierenden Praktika – wenn möglich, mehrere – in den unterschiedlichsten funktionalen Bereichen eines Unternehmens und Branchen vorausgesetzt.

Der große Vorteil eines Praktikums ist, dass diese Form des sich Orientierens und Lernens sehr flexibel gestaltbar ist. In fast jeder Branche, jeder Stadt und auch fast jedem Land kann zu nahezu jeder Zeit ein Praktikum absolviert werden, sei es über einen Zeitraum von zwei

Wochen oder gar 6 Monaten. Dabei profitieren sowohl die Arbeitgeber als auch die Praktikanten. Ein Unternehmen erhält für eine gewisse Zeit eine häufig kostengünstige Arbeitskraft, die zumindest anfangs einfachere Tätigkeiten ohne große Vorkenntnisse bewältigen kann. Dabei können die Unternehmen, wenn sie Praktika ernst nehmen, talentierte, junge Mitarbeiter entdecken und prüfen, inwieweit diese gut ins Team passen, was dann zu einem Werkstudentenvertrag (10–12 Stunden Arbeit pro Woche während des Studiums) über ein Bachelorarbeitsthema zu einer möglichen Festanstellung führen kann. Ferner profitiert ein Unternehmen oftmals vom frischen Wind, neuen Schwung und dem Kreativitätsreichtum vieler junger Leute. Ein Praktikant kann sich an ein Tätigkeitsfeld näher heranarbeiten und praktische Fähigkeiten erwerben. Praktika verbessern für den Einzelnen auch die Chancen auf eine Anstellung nach dem Studium. Durch Praktika lassen sich auch Netzwerke aufbauen, es werden Kontakte geknüpft zu anderen Praktikanten, zu Mitarbeitern und zu potenziellen Arbeitgebern. Der Praktikant erkennt sehr schnell seine persönlichen Stärken und Schwächen sowie fachliche Interessen. Praktika vermitteln Schlüsselkompetenzen und Werte wie Teamfähigkeit, Umgang mit Konflikten, Präsentation und rhetorische Fähigkeiten.

Gerade in der heutigen Zeit ist es aufgrund der Globalisierung und Internationalisierung wichtiger denn je, fremde Sprachen zu beherrschen sowie Berufserfahrung im Ausland und interkulturelle Kompetenz zu sammeln. Denn für viele Arbeitgeber ist ein Praktikum im Ausland/Auslandserfahrung und der Umgang mit anderen Kulturen u. v. m. ein entscheidendes Einstellungskriterium. Neben dem Praktikum haben Sie dabei meist auch genügend Zeit, das jeweilige Land kennenzulernen, fremde Kulturen zu entdecken, Sehenswürdigkeiten zu besuchen und mit den Menschen dort in intensiveren Kontakt zu kommen.

Durch ein Praktikum im Ausland werten Sie Ihren Lebenslauf auf, Sie lernen neue Arbeits-, Denk- sowie Lebensweisen kennen und entwickeln sich somit selbst weiter. Anlaufstation an jeder Hochschule ist das akademische Auslandsamt. Wer sich vorab über Möglichkeiten im Ausland informieren möchte, wird auf go.out.de fündig. Die Website bietet einen interessanten Überblick über das Auslandsangebot des Deutschen Akademischen Austauschdienstes (DAAD). Hier sind auch viele Informationen über Erasmus und zahlreiche andere Förderprogramme zu finden.

5. Studienerfolgsabhängige Faktoren – ein Überblick

Welche Faktoren sind nun für die Aufnahme eines Studiums (Studienwahlmotive) und letztendlich für den Studienerfolg ausschlaggebend?

Das Studienverhalten und damit der Studienerfolg wird – und dies zeigen verschiedene empirische Untersuchungen sowie zahlreiche Diskussionen mit Studierenden in den letzten Jahren – von der **Leistungsfähigkeit (intrinsische Faktoren)** bestimmt, die die unterschiedlichen Eigenschaften des Studierenden zum Ausdruck (z.B. Interesse, Neigung und Eignung) bringt, und von der **Leistungsbereitschaft (extrinsische Faktoren)**, deren Ursprung primär im Umfeld des Studierenden liegt.[1]

Intrinisische Faktoren sind von Ihnen als Studierende eingebrachte Faktoren, die vor allem auf Kenntnisse, Fähigkeiten und Fertigkeiten zurückzuführen sind, auf Faktoren, die sich während der Sozialisationsphase entwickelt haben und angeboren sind **(Erbfaktoren).** Der Studienerfolg ist aber auch determiniert durch Faktoren, die „äußerer Art“ sind, wie z.B. die Art und Komplexität der im Studium zu erfüllenden Aufgaben, die arbeits- und lernmethodische Vorgehensweise, die Professoren, die Studienverwertbarkeit und vieles mehr (siehe *Abb. 8*).

Nicht zu unterschätzen ist in diesem Zusammenhang auch die **Hochschulatmosphäre** und das dort herrschende **Studien- und Lernklima.** Studierende brauchen ein Klima geistiger Leidenschaft, intellektuelle Anstrengung sollte als positiv empfunden werden. Zum Bildungsauftrag der Hochschulen muss auch zählen, Grübler zu fördern, unorthodoxe Denker zu unterstützen und mentale Quertreiber zu belobigen. Studienfördernd wirken eine produktive, anstachelnde geistige Atmosphäre und ein kreatives Umfeld. Da die Hochschulen keine planbaren Karrieren bieten können, sollte den jungen Leuten vor allem der Glaube an ihre geistigen Kräfte mitgegeben werden, das Vertrauen in selbstkritische Vernunft, die Lust am Denken. Treffend bezeichnete eine Harvard-Studentin in ihrer jugendlichen Ausdrucksweise den Geist von Cambridge: **Wer klug ist, der ist cool, und Nachdenken ist sexy.**

---

1 Vgl. hierzu auch: *Schiefele, U./Köller, O.:* Intrinsische und extrinsische Motivation, in: Handwörterbuch Pädagogische Psychologie, Weinheim 2001 S. 304–310.

Einige Bestimmungsfaktoren des Studienerfolges

Leistungsfähigkeit (intrinsische Faktoren)

z. B.

- Erbfaktoren
- Kenntnisse (z. B. schulische Vorbildung, Berufserfahrung, Sprachkenntnisse)
- Fähigkeiten z. B.
  - geistige (logisches Denken, Kreativität, Konzentrationsfähigkeit)
  - soziale (z. B. Teamfähigkeit)
- Fertigkeiten (z. B. handwerkliches Geschick)
- Erfolgswille, Ehrgeiz, Durchhaltevermögen, Ausdauer
- Flow-Erlebnisse (Erfolg)

Leistungsbereitschaft (extrinsische Faktoren)

z. B.

- Art und Komplexität der Studienaufgaben und des Studienfaches
- Arbeits- und Lernmethodik, Studienmethodik
- Identifikation mit dem Studienfach und dem Hochschulort (z. B. Nähe/Ferne zum Heimatort, landschaftlich attraktiv mit interessanten Freizeitmöglichkeiten, günstige Lebensbedingungen)
- Dozent/in (Lehrstil, Lehrform)
- Verwertbarkeit des Studiums
- Hochschulatmosphäre und -klima
- familiäre Unterstützung und finanzielle Sicherheit
- Freunde, Bekannte, soziales/gesellschaftliches Umfeld
- Studieneinstellung (Wertsystem), Image eines Studiums (akademische Ausbildung)

Abb. 8: Determinanten des Studienverhaltens

Zu den studienerfolgsabhängigen Faktoren zählt auch die Realisierung von **Hochschulwahlmotiven** wie z.B. Nähe der Hochschule zum Heimatort, landschaftlich attraktiver Hochschulort mit interessanten Freizeitmöglichkeiten, günstige Lebensbedingungen am Hochschulort. Wichtig sein können in diesem Zusammenhang auch vorhandene private Bindungen und Beziehungen (Familie, Freunde, Bekannte) sowie ein intaktes gesellschaftliches Umfeld (z.B. Vereine).

Ein Hauptproblem besteht bei Studierenden im Studium oft darin, die Lernarbeit so zu koordinieren, dass sich ein entsprechender Erfolg (bestandene Klausur, Prüfung) einstellen kann. Betrachten wir nun diese Situation näher, so fällt auf, wie defizitär das studentische Wissen ist, die eigene Lernarbeit zu systematisieren und zu koordinieren, um somit zu effektiverem Studieren/Lernen zu kommen.

Aus diesem Grund ist es wichtig, im Folgekapitel einige lernpsychologische Anregungen und lernstrategische Denk- und Handlungsweisen anzusprechen, die Sie in die Lage versetzen, mehr Kraft, Zeit und Motivation beim Lernen/Studieren zu gewinnen, um erfolgreich zu sein. Wie sagt schon ein altes Sprichwort **„Der beste Lehrmeister ist der Erfolg, der schlechteste die Angst.“**

Effektiveres Lernen stellt sich immer dann ein, wenn die vorhandene menschliche Lernenergie in vollem Maße genutzt und für anstehende Lernprozesse gewonnen wird. Die aus lernwissenschaftlichen Forschungsarbeiten gewonnenen Erkenntnisse[2] belegen, dass es darauf ankommt, lernstrategisch sinnvolles Lernverhalten zu entwickeln und zu praktizieren. Dabei stellt sich eine effektive Lernstrategie als grundsätzliche Verhaltensweise dar, in der lernbiologische Erkenntnisse unter Einbeziehung lernpsychologischer, lernfördernder Faktoren für die eigene Lernarbeit genutzt werden. Das Studieren/Lernen fällt daher leichter, und die Lernergebnisse werden durch optimale Nutzung der Lernenergien entscheidend besser. So sorgte *F. Vester,* Biochemiker und Mediziner, bereits in den 70er und 80er Jahren mit dem Begriff des **„vernetzten Denkens“**[3] für Aufsehen. Vernetztes Denken bedeutet für ihn eine Absage an das lineare Denken in den Kategorien von Ursache und Wirkung. Dieses kann zwar technische Probleme lösen, beachtet aber nicht Nebenwirkungen, die aus den Problemlösungen resultieren können. Um komplexe Systeme zu begreifen und auch zu

---

[2] Vgl. *Vester, F.:* Denken, lernen, vergessen, München 2009, S. 13ff.

[3] Vgl. *Vester, F.:* Das kybernetische Zeitalter. Neue Dimensionen des Denkens, Frankfurt 1974 und Neuland des Denkens. Vom technokratischen zum kybernetischen Zeitalter, München 1997.

gestalten, wird ein Denken und somit ein Lernen gefordert, das die Wechselwirkungen und Regelkreise innerhalb derartiger Systeme mitreflektiert.

6. Einige lernpsychologische Gesetzmäßigkeiten und Bedingungen

6.1 Lernen und Lernprozess

Um den Lernprozess, die eigene Lernstrategie effektiver zu gestalten, ist es vorteilhaft, sich vorab mit einigen dieser **lernpsychologischen und lernbiologischen** Erkenntnissen und Methoden in kurzer Form vertraut zu machen.

Die **Lernpsychologie,** im wesentlichen eine empirische Wissenschaft, untersucht experimentell u.a. die Bedingungen des Lernens, des Behaltens und des Vergessens. Dabei stellen Lernen, Behalten und Vergessen nichtbeobachtbare Prozesse dar, die aus Leistungsveränderungen erschlossen werden.

Im vorwissenschaftlichen Sprachgebrauch wird Lernen als Aneignung von Fähigkeiten, Kenntnissen, Fertigkeiten und Wissen definiert. Diese Deutung des Begriffes unterstellt, „dass sich mit dem Lernen immer auch eine Leistungssteigerung einstellt; bleibt dieses erwartete Ergebnis aus, so ist eben nicht gelernt worden."[1] Diese Definition des Begriffes Lernen ist nicht falsch, aber für unsere Betrachtungsweise doch zu einseitig und irreführend – und dies aus mehreren Gründen. Der Mensch erwirbt durch Lernen nicht nur Kenntnisse und Handlungsautomatismen, sondern auch Charaktereigenschaften, Überzeugungen, Motivationen usw., die als Persönlichkeitseigenschaften auf Wissensinhalten und Handlungsgewohnheiten beruhen, aber doch von Kenntnissen und Fertigkeiten zu unterscheiden sind. Die Lerntätigkeit ist daher mehr als der Erwerb von Kenntnissen und Fertigkeiten. Sie befähigt den Lernenden, sein Handeln bewusst zu steuern, orientiert an selbstgesetzten Zielen unter Berücksichtigung gesellschaftlicher und individueller Norm- und Wertesysteme.

Die wissenschaftliche, auf lernpsychologischen Erkenntnissen aufbauende Definition ist daher weiter gespannt und bedeutet Aufnahme, Verarbeitung und Übertragung von Kenntnissen sowie Aneignung und Anwendung von Fertigkeiten oder – anders formuliert – den Erwerb und die Generalisierung von Leistungs- und Wertmustern. Unabhängig

---

[1] *Weinert, F. E.* u.a.: Pädagogische Psychologie 2, Frankfurt a.M. 1981, S. 609.

von den verschiedenen Richtungen in der Lernpsychologie lässt sich Lernen zusammenfassen als jede überdauernde **Verhaltensänderung**[2], die durch Übung oder Beobachtung – allgemein aufgrund von Erfahrungen – entstanden ist. Der Mensch verfügt über eine fast unbegrenzte Lernfähigkeit. Lernen ist ein Prozess, der in einer Änderung des Verhaltens oder des Verhaltenspotenzials resultiert, basierend auf Erfahrung. Dabei unterscheiden wir drei Bestimmungslücken[3]:

- eine Veränderung im Verhalten/Verhaltenspotenzial: Gemeint ist dabei, dass Sie in der Lage sind, Ergebnisse vorzuweisen. Lernen zeigt sich aber nicht nur in der Leistung, sondern auch in allgemeinen Haltungen wie Wertschätzung oder Verständnis für z.B. ein Fach wie Kunst oder Philosophie. In diesem Falle haben Sie ein Verhaltenspotenzial erworben, da Sie Haltungen und Werte gelernt haben, die z.B. die Art der Bücher, die Sie lesen, beeinflussen können.
- um als gelernt zu gelten, muss eine Änderung des Verhaltens konsistent auftreten, wenn möglich, überdauernd auftreten. Haben Sie einmal für eine Klausur gut gelernt, sollte es Ihnen leichter fallen, dies auch für ein zweites Mal zu lernen. Dies fällt umso leichter, je stärker Ihre Motivation, Ihre Liebe zu diesem Fach ist.
- Lernen findet nur durch Erfahrung statt, d.h. Informationen aufnehmen, bewerten, transformieren sowie Reaktionen zu zeigen. Lernen besteht hauptsächlich darin, dass die Reaktionen durch Erfahrungen, abgespeichert im Gedächtnis, beeinflusst werden.

Die Menschen untereinander unterscheiden sich allerdings darin, wie sie ihre geistigen Potenziale ausschöpfen, wie sie „Möglichkeit" in „Realität" überführen. Es gibt dabei eine Vielzahl individueller Unterschiede des Lernens/Studierens, d.h. jeder Mensch lernt auf seine individuelle Weise. Lernen ist dabei keine isolierte, geistig-eigenständige Funktion, sondern integrierender Bestandteil bewussten Handelns und abhängig von bestimmten Zielsetzungen und Perspektiven (z.B. Verwertbarkeit). Ob jemand beim Lernen gründlich oder ordentlich vorgeht, ob er freiwillig, aus eigenem Antrieb lernt oder dazu eine Aufforderung, äußere Anstöße, autoritativen Druck oder Zwang braucht, ob er Studienaufgaben planmäßig und zielbezogen löst oder unsystematisch, ob er sich um Verständnis bemüht oder mit mechanischem Einprägen oder Probieren zufrieden gibt, das alles hängt von seiner Persönlichkeit ab sowie von der Bedeutung, die er spezifischen Lernhandlungen und ihren Resultaten zumisst.

---

[2] Vgl. *Corell, W.:* Lernpsychologie, Donauwörth 1993, S. 20f.

[3] Vgl. *Zimbardo, Ph./Gerrig, R.:* Psychologie, München 2008, S. 248.

Zusammenfassend beinhaltet **„Lernen“** also den Erwerb von Können, die Änderung von Verhalten und den Erwerb von Wissen. Erwerb von Können heißt dabei, wir erwerben bestimmte Fertigkeiten und Fähigkeiten wie z.B. das effektive Mitschreiben bei Vorlesungen und Vorträgen. Aufgrund dessen, was wir gelernt haben, ändern wir unser Verhalten oder unsere Einstellung gegenüber anderen Menschen oder gegenüber bestimmten Situationen, z.B. Abbau von Vorurteilen. Erwerb von Wissen bedeutet, wir eignen uns neues Wissen an oder ergänzen unser vorhandenes Wissen, so z.B. Wissensaneignung über die Nutzung von arbeitsmethodischen Techniken und lernpsychologischen Bedingungen.

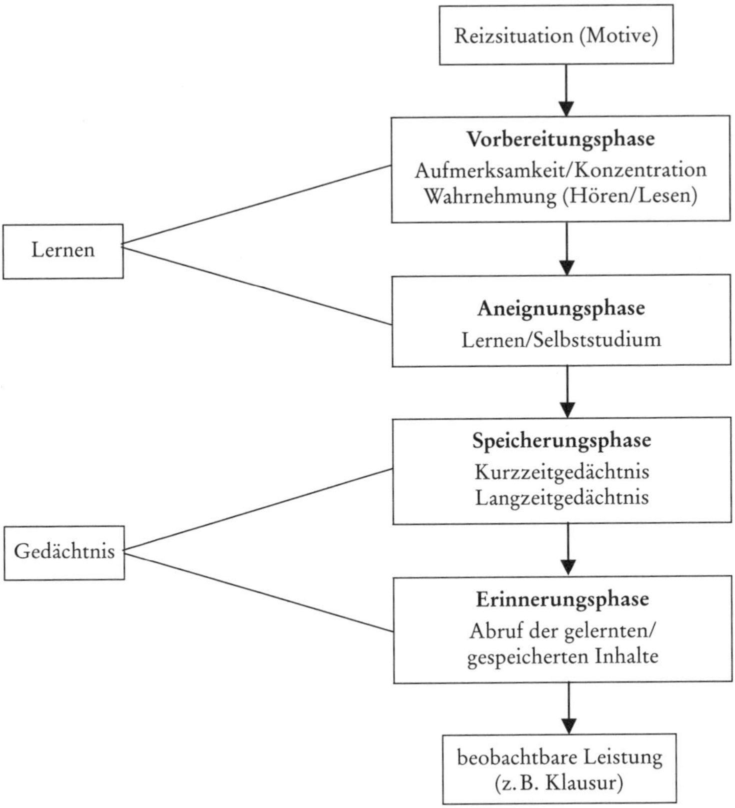

Abb. 9: Lernprozess-Modell

Der **Lernprozess** selbst ist nicht beobachtbar, lediglich die Auswirkung dieses Prozesses auf das Verhalten kann beobachtet werden. Dass ein Lernprozess stattgefunden hat, ist die Schlussfolgerung aus einer bestimmten überdauernden Verhaltensänderung, z. B. bestandene Klausuren und Prüfungen.

Der zeitliche **Ablauf des Lernprozesses** lässt sich dabei modellhaft in vier Phasen charakterisieren[4]; die **Vorbereitungs-, Aneignungs-, Speicherungs- und Erinnerungsphase.** Die beiden ersten Phasen können unter dem Begriff „Lernen“ zusammengefasst werden, die beiden letzten Phasen, das Behalten und Erinnern, unter dem Begriff „Gedächtnis“.

Ausgehend von diesem Prozessmodell sollen in den Folgekapiteln einige grundlegende Anregungen für die Intensivierung des Lernprozesses gegeben werden.

6.2 Studien- bzw. Lernmotivation

Die Entscheidung, ein Studium aufzunehmen, wird sehr stark von Motiven, die den Reiz eines Studiums ausmachen, determiniert. Dabei lernen wir, um unseren Informationsbedarf zu decken und Wissensdefizite abzubauen. Wir lernen aber nur, wenn wir ein entsprechendes Motiv, also einen Anreiz hierfür haben. Diese Lernmotive sind aktuelle Beweggründe bzw. Handlungsantriebe für das Lernen, die zu den psychischen Komponenten der Regulierung von Lernhandlungen gehören und für die Aufnahme, Durchführung und Beendigung dieser Handlungen bedeutsam sind. Jede Handlung, auch jede Lernhandlung, wird von verschiedenen Motiven veranlasst, die zusammen eine Motivstruktur, d. h. eine Motivation bilden, die in ihrer Einheit wirksam ist.

Unter Motivation versteht *Schiefele*[5] einen **Verhaltensanstoß,** der den Lernprozess steuert und insgesamt bestimmt. *Corell*[6], der sich auf *Skinner* stützt, versteht unter Motivation „... einen **Zustand des Angetriebenseins,** in welchem Motive sich manifestieren, die auf die Reduktion einer Bedürfnisspannung abzielen ...“.

Die Motivation gibt uns also den Grund für die Aktivität eines Menschen an, die Antriebskräfte (geistig-psychische Leistungsbereitschaft)

---

4 Vgl. *Weinert, F. E.:* Pädagogische, S. 616.

5 Vgl. *Schiefele, H.:* Lernmotivation und Motivlernen, München 1974, S. 30 ff.; *Schiefele, U./Wild, K.-P.:* Interesse und Lernmotivation, Münster 2000, S. 95 ff.

6 *Skinner, B. F.* und *Corell, W.:* Denken und Lernen, Braunschweig 1976, S. 85 f.

für ein bestimmtes Handeln, in diesem Falle das Lernen bzw. Studieren. Unter Motivation verstehen wir einen Zustand aktiver Verhaltensbereitschaft. Der Ursprung dieses Wortes kommt aus dem Lateinischen „in motivum ire“, das soviel heißt wie „in das einsteigen, was (in diesem Falle Sie als Studierende) bewegt“.

Motivationen haben demnach **zwei Funktionen:** Einmal erzeugen sie Aktivität, veranlassen Handlungen, und zum anderen werden durch ihre Stabilisierung Eigenschaften und Charakterzüge der Persönlichkeit entwickelt. Die Lernmotive können dabei stark oder schwach, habituell (d.h. wesenseigen) oder aktuell sein.

Im Prozess der Bildung müssen Lernmotivationen angestrebt werden, die den Interessen des Einzelnen entsprechen. In diesem Falle sprechen wir von **intrinsischer Motivation,** einer Motivation, die vom Inneren des Menschen ausgeht (z.B. Neigung, Interesse, Neugierde, Problemlösungsfreude, Freude an der Sache selbst, Freude an der wachsenden Einsicht in inhaltliche Zusammenhänge, am Wachstum der Erkenntnisse, Fähigkeiten und Handlungsmöglichkeiten, Reiz des Unbekannten) und die die Eigensteuerung des Individuums (Selbstmotivation) bezeichnet.

Daneben kommen noch eine Reihe anderer, aus dem sozialen Umfeld des Studierenden resultierende Motive **(extrinsische Motivation)** für die Aufnahme und Durchführung eines Studiums zum Tragen. Diese Motivation kann als absichtsvolles Handeln, z.B. eines Freundes, eines Hochschullehrers oder als Funktionieren von Anreizsystemen, als Fremdsteuerung, bezeichnet werden. Derartige zweckgebundene Beweggründe (Fremdmotivation) können sein:

- Lernen/Studieren unter dem Aspekt persönlicher Vorteile (materieller Gewinn, soziale Vorzugsstellung, besser sein als andere),
- Studieren unter gedanklicher Vorwegnahme des Erfolges (Image),
- Studieren zur Freude sozial nahestehender Personen (Vorbildwirkung),
- Studieren aufgrund lebenspraktischer Zielsetzungen,
- Studieren aus Gewissenszwang (verinnerlichte Gebotsnormen).

Während sich die **intrinsische Motivation** durch ihren **Sachbezug** kennzeichnet, ist bei **extrinsischer Motivation** das Studieren nur **Mittel zum Zweck.** Die Art des Motiviertseins ist besonders wichtig für das Behalten von Lerninhalten und die Konzentration in den Lehrveranstaltungen. Allen Motiven liegt die Erkenntnis zugrunde, dass wir als Ziel einen Lernnutzen deutlich erkennen, denn dieser löst Lernmotivation aus. Sicher haben Sie selbst schon festgestellt, dass Ihnen alles leichter von der Hand geht, wenn „Lust und Liebe“ bei der Sache sind.

Gehen Sie unlustig bzw. unmotiviert an eine Aufgabe, müssen Sie sich jeden Schritt abquälen. Hier trifft ein altes Sprichwort des Volksmundes zu: **„Was man mit Freude tut, das geht nochmal so gut."**

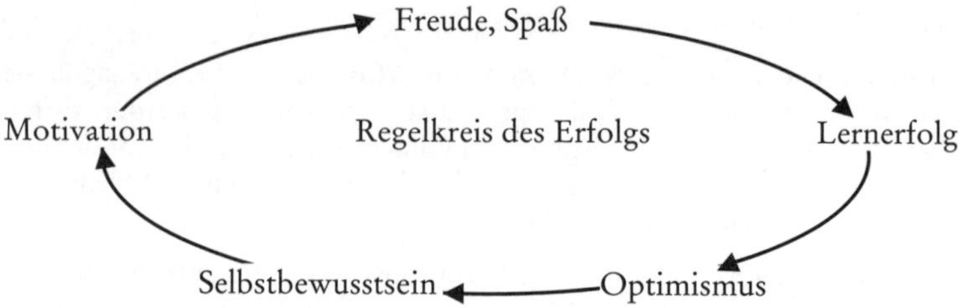

Die Motivation ist daher sehr eng verbunden mit dem Verlauf des Studierens (z.B. Studiendauer) und dem Studienerfolg. Angesichts dieser besonderen Bedeutung der Studienmotivation ist es für den Einzelnen wichtig zu wissen, warum er lernt/studiert und welche Möglichkeiten der Selbstmotivation bestehen (siehe studienpraktische Hinweise). Merken Sie sich: Gerade für Ihr Studium ist die Selbstmotivation, die Eigenmotivation besonders wichtig. Fremdmotivation durch die Hochschullehrer selbst – bekannt aus der betrieblichen Führungspraxis – wie z.B. menschliche Zuwendung, Anerkennung, Lob, persönliche Beachtung, Aufmerksamkeit, persönliches Feedback[7] ist meist aufgrund der Vielzahl der Studierenden und dem seltenen Kontakt (2-stündige Vorlesung pro Woche) wenig gegeben. Schaffen Sie sich daher Ihr eigenes Anreizsystem.

6.3 Grundfunktionen geistiger Arbeit

6.3.1 Aufmerksamkeit und Konzentration

Die **Aufmerksamkeit** bzw. **Konzentration** als Grundfunktion geistiger Arbeit stellt einen wichtigen Faktor für den Ablauf und Erfolg des Lernprozesses dar, der intensiviert wird, wenn wir uns, wenn möglich, nur auf einen Lerngegenstand (z.B. Studieneinzelfach) konzentrieren und nicht versuchen, mehreres gleichzeitig zu tun. Dieses Aufmerksamsein ist ein Ausdruck zielgerichteter Aktivität.

---

[7] Vgl. *Maccoby, M.:* Warum wir arbeiten, Frankfurt am Main 1989; *Sprenger, R.K.:* Mythos Motivation, Frankfurt am Main 2010.

Ein Hauptfaktor für mangelnde Aufmerksamkeit bzw. Konzentration ist oft in der fehlenden Motivation zu sehen. Wer keinen Sinn im Studium einer bestimmten Fachwissenschaft sieht, keine Ziele mit dem Besuch einer Hochschule verbindet, wird den Studienaufgaben wenig Aufmerksamkeit und Konzentration entgegenbringen.

Die Intensität und die Dauer konzentrierten Aufmerksamseins stehen auch in engem Zusammenhang mit **physischen Faktoren.** Gerade Ermüdungserscheinungen treten um so häufiger und stärker auf, je einförmiger und monotoner gelernt/studiert wird.

Insbesondere das abendliche Lernen in einem Zustand erhöhter Müdigkeit macht sehr anfällig für jeden ablenkenden Reiz. Ermüdung und Ablenkung beeinflussen möglichen Lernzuwachs und drücken das Lernresultat. Mögliche Folgen könnten Versprechen, Verrechnen, Verwechseln, Vergessen, schlechtes Formulieren etc. sein. Einem Menschen sieht man den Grad der Aufmerksamkeit bzw. fehlende Konzentration meist anhand nonverbaler Kommunikationsmerkmale wie Gestik, Mimik, Haltung, Atmung an, da mit der Aufmerksamkeit bestimmte körperliche Reaktionen gekoppelt sind (z.B. gespannte/entspannte Haltung; Fixierung des Blickes gegenstandsbezogen, nach innen gerichtet oder ins Leere starrend).

Ein aufmerksamer Mensch zeichnet sich durch die Fähigkeit aus, sich zu sammeln und seine Gedanken zusammenzuhalten. Unaufmerksamkeit entsteht durch das Aufdrängen störender Gedanken und Bilder. Dies führt zur Zerstreuung und geringem Lernresultat. Ohne Konzentration arbeitet der Mensch unökonomisch. Geistiges Arbeiten leidet, wenn das Erregungs- bzw. Reizfeld im Gehirn durch störende Reize von außen (Umwelt) oder von innen überflutet wird.

Störungen von außen, wie z.B. Lärm, geschwätziger Nachbar in der Vorlesung, unbequemer Platz im Seminar, können z.B. durch organisatorische Maßnahmen reduziert werden. Zwar lassen sich derartige Ablenkungen nicht gänzlich ausschalten, aber hohe Motivation und bewusste Studieneinstellung können die Aufmerksamkeit und Konzentration nicht gefährden.

Insbesondere **Störungen von innen,** wie Sorgen, Nöte und Probleme im privaten Lebensbereich, drängen sich oftmals beim Lesen von Fachliteratur oder während eines Vorlesungsbesuches dazwischen. Diese äußeren und inneren Lernbarrieren behindern den Lernvorgang und somit den Lernfortschritt. Voraussetzung für effektives Lernen ist die Beseitigung bzw. Vermeidung dieser Widerstände. Zur Lösung bzw. Linderung derartiger Konflikte hilft oftmals eine Aussprache mit einem

Kommilitonen, ein Gespräch mit der psychologischen Studentenberatung oder bei länger andauernden Aufmerksamkeits- und Konzentrationsstörungen autogenes Training, mentales Training etc.

Selbsterziehung zu konzentrativer Aufmerksamkeit ist für das Lernen bzw. Studieren nötig. Achten Sie auf störende Reize, und unterbinden Sie diese. Werden Sie dabei aber nicht weltfremd und blind für das, was auch sonst noch zum Studium bzw. Leben gehört.

6.3.2 Konzentrationstraining – einige Übungen

Die Fähigkeit, die geistigen Kräfte auf eine bestimmte Sache, in diesem Falle auf das Lernen bzw. Studieren zu richten, ohne sich ablenken zu lassen, lässt sich systematisch üben. Einige Anregungen sollen uns im folgenden hierzu dienlich sein.

(1) **Rückschauende Konzentrationsübungen:**

- Betrachten Sie eine Abbildung in einem Fachbuch oder in einer Fachzeitschrift etwa drei Minuten lang ganz ruhig! Schließen Sie dann die Augen und versuchen Sie, sich das Bild vorzustellen! Öffnen Sie die Augen wieder! Jetzt können Sie prüfen, ob Ihre Vorstellung richtig gewesen ist.
- Glauben Sie einen Textteil erfasst zu haben, dann schließen Sie das Buch! Erarbeiten Sie sich regelmäßig eine Zusammenfassung mit der Absicht, den Inhalt zu rekonstruieren! Das ist ein sehr zweckmäßiges geistiges Training. Vielleicht mag es Ihnen anfangs schwierig erscheinen. Jedoch lohnt sich die Mühe. Die Konzentrationsschulung kommt Ihrem Gedächtnis und Ihrem Denken zugute. Sie lernen dabei, das Wesentliche jederzeit prägnant zu formulieren.
- Betrachten Sie z.B. die Nachrichten im Fernsehen. Erinnern Sie sich danach an die Bilder und Meldungen und notieren Sie diese aus dem Gedächtnis in kurzen Worten. Durch eine Aufzeichnung können Sie sich kontrollieren.

(2) **Prospektive Konzentrationsübungen und -hinweise:**

- Neben diesen „rückschauenden" Konzentrationsübungen gibt es auch eine Konzentration auf das Kommende. Verweilen Sie beim Lesen einer Überschrift einen Augenblick und fragen Sie sich z.B.: Was weiß ich bereits über dieses Problem? Damit stimmen Sie sich auf effektives, konzentriertes Lesen ein und gehen nun besonders gespannt an den Text heran.

Der Vergleich des Erwarteten mit dem Gebotenen wird für Sie zum Lehrgespräch, zur ersten Diskussion mit dem Verfasser.

- Bilden Sie kurze Sätze! Schreiben Sie knapp und dennoch verständlich! Einfachheit ist ein Kennzeichen guter Stilisten. So zu schreiben ist weit schwieriger, als sich in verschachtelten Satzungeheuern zu ergeben.
- Intensivieren und aktivieren Sie Ihre Konzentrationsfähigkeit durch ständige Selbsterziehung auch außerhalb der eigentlichen Lernzeiten!
- Beachten Sie mehr als bisher hygienische Maßnahmen, weil Ihre Konzentrationsfähigkeit weitgehend von Ihrem körperlichen Zustand abhängt! Gewöhnen Sie sich an Dinge, die die Tätigkeit ihres Gehirns und Ihrer Nerven verbessern: Ausgleichssport, Atemübungen, nötige Zufuhr von Sauerstoff, Bewegung in frischer Luft, zweckmäßige und richtige Ernährung (z.B. mehrmals am Tag kleinere Portionen).
- Gewöhnen Sie sich daran, Ihre Lernzeiten zu bestimmten Terminen nach einem festgelegten Plan zu beginnen! Halten Sie sich an Vorlesungsdispositionen (Stoffpläne).
- Legen Sie nach jeder Arbeitsstunde eine kurze Arbeitspause ein! Wenige Minuten in frischer Luft führen neue Energie zu.
- Üben Sie ständig Ihre Konzentrationskraft! Durch rein mechanisches Lernen – Pauken, Auswendiglernen – schulen Sie weder Ihr Denken, noch gewinnen Sie lebendiges Wissen. Eine Anstrengung beim Lernen ist niemals vergeblich, auch wenn der Erfolg nicht sofort sichtbar wird.

6.4 Gedächtnis und Lernen/Studieren

6.4.1 Funktionen des Gedächtnisses

Das Gedächtnis übernimmt so wichtige Funktionen wie die Speicherung (Gehirnarbeit) und das sich Erinnern bzw. Abrufen der gelernten Inhalte. Aus diesem Grunde interessiert uns die Arbeit des Gedächtnisses und auf welche Weise evtl. die Leistung des Gedächtnisses erhöht werden kann[8]. So unterliegt der Gedächtnisprozess verschiedenen Phasen, wobei diese wechselseitig zusammenwirken:

---

[8] Vgl. hierzu: *Minninger, J.:* Gedächtnistraining, Herrsching 1989; *Reichel, G.:* Der sichere Weg zum überdurchschnittlichen Gedächtnis, Kissing 1984; *Pukas, D.:* Lernmanagement, Rinteln 2005; *Vester, F.,* Denken, Lernen, Vergessen, München 2009.

1. Phase: Aufnehmen,
2. Phase: Erinnern, Vergleichen, Bewerten,
3. Phase: Aufbewahren,
4. Phase: Wiedergeben bzw. Wiedererkennen.

Gedächtnis können wir dabei als einen komplexen Bewusstseinsvorgang interpretieren, bei dem Eindrücke (Vorstellungen, Wahrnehmungen) erfasst werden, indem das früher Aufgenommene so aufbewahrt wird, dass es später wieder zur Verfügung steht, und bei dem schon Bekanntes wieder erkannt und mit Neuem verknüpft wird, auch **„Erinnerungsbilder“** genannt. Für das Erlöschen dieser Erinnerungsbilder, also die Umkehr des Lernprozesses, haben wir den Ausdruck „Vergessen“. Es ist also das Entschwinden früherer Bewusstseinsinhalte aus dem Gedächtnis, an die wir uns nicht mehr erinnern können. Die Gedächtniswirkung vermindert sich um so mehr, je größer der zeitliche Abstand vom Zeitpunkt des Aneignens der Lerninhalte ist. Vollständiges Vergessen wie vollständiges Behalten sind Grenzfälle, die selten ganz erreicht werden.

6.4.2 Arbeitsweise des Gehirns

Das Gehirn zählt als wichtigstes Organ des Menschen. Oft wird es nur als Denkmaschine bezeichnet, es ist aber mehr. Vom Gehirn aus wird das Zusammenspiel der Körperteile und der Organe sinnvoll geleitet, das Gehirn ist der Sitz der Gefühle. Dabei zeigt unser Gehirn einen dreiteiligen Aufbau.

Das **Stammhirn** steuert die Körperfunktionen, wie das Atmen, die Herztätigkeit, den Kreislauf und die Reflexe. Das **Kleinhirn** sorgt für die zielgerichtete Bewegung der Muskeln und für den aufrechten Gang. Der Sitz der Gefühle, der Gedanken und Wahrnehmungen sowie des Willens ist das **Großhirn,** genauer gesagt, seine graue Rindenschicht. Daher spricht man auch im Zusammenhang mit der Intelligenz sehr häufig von den „kleinen grauen Gehirnzellen“.

Alle drei Hirnteile sind miteinander verbunden, damit sie auch aufeinander Einfluss nehmen können. Daher ist es auch zu erklären, warum uns unangenehme Empfindungen (mündliche Prüfungssituation) „auf den Magen schlagen“ oder schöne und angenehme Gefühle (Note sehr gut in einer Klausur) unser „Herz hüpfen lassen“. Das Gehirn ist somit in seiner Gesamtheit ein Organ, das Umweltreize empfängt und darauf reagiert oder anders ausgedrückt: Das Fühlen führt zu Gedanken, die Gedanken zu Handlungen. Bereits einmal Gefühltes, Gedachtes und

Ausgeführtes wird als „Erfahrung" abgespeichert und diesen Vorgang nennen wir dann Gedächtnis.

Die Funktionsweise[9] unseres Gehirns lässt sich am besten und leichtesten mit der Arbeit eines Computers vergleichen. Dabei kommt es darauf an, was ihm eingegeben wird, denn nur sinnvolle Informationen von außen führen zu sinnvollen Vorgängen im Inneren des Gehirns. Da auf uns tagtäglich, auch im Studienalltag, eine Flut von Informationen einströmt, gilt es insbesondere auch im Verlauf eines Studiums, Informationen herauszufiltern, die wichtig sind. Diese müssen erkannt, eingeordnet, mit bereits vorhandenen verglichen und gespeichert werden. Gerade die Speicherung ist eine Funktion, die einen besonders großen Teil der Gehirnleistung ausmacht: das Gedächtnis. Auch hier gilt wieder die Einteilung nach der Bedeutung. Dies kennen wir aus dem täglichen Leben. Vieles erscheint zunächst schön, interessant und aufhebenswert („Sammlertrieb"). Nach einer Weile wird dann vieles weggeworfen, insbesondere aus Platzgründen. Dieses Sammeln und Wegwerfen wiederholt sich ständig, so dass wir nur noch wenige Stücke behalten. Auch in unserem Gehirn kommt es zu einer derartigen Auslese, vorstellbar wie ein Sortieren in verschiedenen Körben oder Schubladen. In die ersten kommt zunächst einmal alles, hier sprechen wir vom **Sekundengedächtnis.** Ist dies voll, wird aussortiert. Was dabei nicht dem Vergessen zum Opfer fällt, wandert in den zweiten Korb, das **Kurzzeitgedächtnis.** Dort lagern die Informationen Stunden oder gar Tage. Ist die Kapazität dieses Korbes bzw. dieser Schublade erschöpft, wird erneut umgeräumt. Vieles wird gelöscht, Wichtiges aber in den dritten Korb, das **Langzeitgedächtnis** übernommen. Dort lagern die Informationen dann für Wochen, Monate oder gar ein ganzes Leben. Dabei ist aber nicht nur das Behalten, sondern auch das Vergessen lebenswichtig.

Die einfach beschriebenen Gedächtnisstufen erlauben dem Gehirn, ökonomisch zu arbeiten sowie eine Überfrachtung seiner Speicher durch Unwichtiges zu vermeiden. Dabei hat jeder Speicher seine Berechtigung und ist den anderen gleichwertig.

Ein sinnvolles Beispiel hierfür, insbesondere für Studierende, ist das Lesen eines Buches. Ohne das **Sekundengedächtnis** hätten wir den Anfang eines Satzes schon wieder vergessen, bevor das Ende erreicht ist. So jedoch können die Worte nach und nach mit den schon vorher gespeicherten in Beziehung treten. Ist der gesamte Satz „eingelesen", kann der

---

[9] Vgl. *Holler, J.:* Das neue Gehirn, Möglichkeiten moderner Gehirnforschung, Paderborn 1996, S. 33 ff.

Computer „Gehirn“ aus der Aneinanderreihung von Worten die Bedeutung erfassen. Diese geht dann anschließend in das Kurzzeitgedächtnis über. So werden im Sekundengedächtnis aus Worten Sätze und im Kurzzeitgedächtnis aus Sätzen Abschnitte und ganze Kapitel. Wozu das Kurzzeitgedächtnis nützlich ist, merken Sie als Studierende dann, wenn keine Zeit dafür besteht, ein Buch oder einen umfangreicheren Zeitschriftenartikel in einem Zug durchzulesen. Dann nämlich ist es wichtig, die gelesenen Inhalte zu behalten, bis es in ein paar Stunden oder Tagen zu einer Fortsetzung kommt.

Ist dann das ganze Buch gelesen, entscheidet es sich, ob die Inhalte in das Langzeitgedächtnis aufgenommen werden. Dabei geschieht die **Speicherung** umso leichter, je positiver die Gefühle und je einsichtiger die Inhalte beim Lesen waren. Sachverhalte, die gut gefallen haben, werden länger und besser behalten als solche, die abgelehnt bzw. nicht verstanden wurden. Wie im Alltag, werden negative Erlebnisse verdrängt, d. h. möglichst schnell vergessen. Meist ist dieser Prozess unbewusst.

Die dritte Leistung, die unser Gehirn kennzeichnet, ist das **logische Denken.** Es ergibt sich aus neuen Eindrücken, die zu gespeicherten Informationen in Beziehung gesetzt werden. Ein schönes Beispiel bietet uns hier die Mathematik mit dem Satz: „Wenn A gleich B ist und B gleich C, so muss auch A gleich C sein“.

Betrachten wir diese These genauer, zeigt sich, dass hier eine alte, bereits gespeicherte Erfahrung (nämlich „A ist gleich B“) und eine neue Erfahrung („B ist gleich C“) vorliegen. Der Vergleich beider Informationen liefert dann den logischen Schluss („A ist gleich C“). So arbeitet das Gehirn. Die Anknüpfung an schon gespeicherte Eindrücke befähigt, auch mit unbekannten Situationen fertig zu werden.

Unser Gedächtnis befähigt uns, Informationen zu empfangen, Assoziationen herzustellen, Informationen aufzunehmen, zu speichern, aufzubewahren, auf spezielle Reize hin zu aktualisieren und zu reproduzieren. Dabei sind die schlimmsten Feinde unseres Gedächtnisses negative Gefühle wie Angst, Zweifel oder Abwehr, feindliche Haltungen oder Denkblockaden. Zu den besten Freunden der Gedächtnisarbeit zählen positive Gefühle wie Freude, Begeisterung, Spaß, Lust, Faszination, Neugier, Sympathie, Selbstvertrauen und natürlich Erfolgserlebnisse.

Wie die moderne Gehirnforschung zeigt, verfügen wir nicht nur über zwei Augen, zwei Ohren und zwei Hände, sondern auch über einen zweigeteilten Geist. Während die **linke Gehirnhälfte** vorwiegend in sprachlichen und mathematischen Symbolen operiert, denkt ihr **rechtes Gegenstück** eher in Bildern. Entsprechend unterschiedlich ist die Auf-

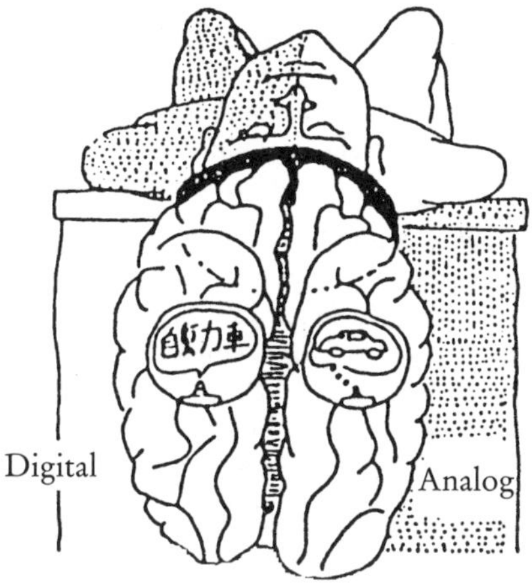

verbal Sprache	non-verbal Körpersprache
Ratio/Logik	Intuition/Gefühl
Regeln/Gesetze	Kreativität
Analyse ——▸ Detail	Synthese ——▸ Überblick
Wissenschaft	Kunst, Musik, Tanz
linear, Schritt für Schritt	non-linear + ganzheitlich
Zeit	Raum

Überblick: Zwei Hemisphären L + R

Abb. 10: Funktionen des Gehirns[10]

gabenverteilung. Sprechen, Lesen und Schreiben, Analysieren, logisches Schließen und Abstrahieren sind Sache der linken Gehirnhälfte. Mit der rechten Hirnhälfte dagegen erfassen wir komplexe Zusammenhänge intuitiv und bildhaft, denken wir ganzheitlich und nicht-linear[11]. Visionen,

[10] *Birkenbihl, V.:* Stroh im Kopf – Oder: Gebrauchsanweisung fürs Gehirn, Speyer 2006, S. 32.

[11] Vgl. *Herrmann, N.:* Kreativität und Kompetenz: Das einmalige Gehirn, Fulda 1991; *Ullmann, F.* und *Bierbaum, G.:* Nichts vergessen – mehr behalten, München 1984.

Geistesblitze, Eingebungen entstehen unter der Dominanz der für alles intuitive Erfassen zuständigen rechten Hälfte, während die rationale und kritische Prüfung, die Auswertung, Umsetzung und Durchführung der so gewonnenen Einsichten vorwiegend Aufgaben der linken Gehirnhälfte sind. Das synthetische, bildhafte Denken geht daher dem analystischen, abstrakten Denken zeitlich und logisch voraus.

Die Betonung der **Wichtigkeit dieses rechtslastigen Denkens** wird schon von *Max Planck*, dem Schöpfer der Quantentheorie präferiert. Er führte die herausragenden Arbeiten der Naturwissenschaftler nicht so sehr auf die Deduktion und stringente Beweisführung zurück, sondern mehr auf die kreative Phantasie der Forschenden. Auch der griechische Philosoph *Aristoteles*, der mit seinem Organon die abendländische Logik begründete, soll einmal gesagt haben: **„Es ist unmöglich zu denken, ohne ein geistiges Bild vor Augen zu haben“**[12].

Leider leidet unsere Kultur an einer starken Linkslastigkeit des Denkens. Ich erinnere bereits in der Kindererziehung an den Stolz der Eltern, wenn ihre Kleinen im Kindergartenalter die ersten Worte lesen und sogar schreiben können. Wichtig für das Lernen ist daher, dass wir die Potenziale der rechten Gehirnhälfte nicht ignorieren oder gar unterdrücken, sondern fördern. Voraussetzung hierfür ist allerdings, dass Sie die Bereitschaft zeigen, „wildes“ Denken und Querdenken zu akzeptieren.[13]

Optimal wäre, wenn wir zwischen den Funktionen beider Gehirnhälften schnell und effizient hin- und herschalten könnten, um so ihre unterschiedlichen geistigen Potenziale zu einer synergetischen Einheit zusammenzufügen. Synthese und Analyse, Intuition und Logik, Gefühl und Vernunft, wenn diese Gegensätze, die in der Struktur unseres Denkens angelegt sind und in einem bzw. in mehreren Individuen zusammenfinden (z. B. Teamarbeit, Projektarbeit), fördert dies Kreativität, Innovation und Visionen.

Da unser Gehirn ein ganz normales Organ wie alle anderen Körperorgane ist, braucht es, wie diese, und daran sollten Sie als Lernende immer wieder denken, wichtige Dinge zum Leben und Funktionieren. Sie pflegen Ihre „Denkfabrik“ durch z. B.

- Eine **gute Durchblutung** (d. h. vor allem Bewegung als Ausgleich zu unserer meist trägen und bewegungsarmen Lebensweise, z. B. Jogging, Schwimmen, Radfahren, Gymnastik): Eine Faustregel besagt,

---

[12] Zitiert nach: *LeBoeuf, M.:* Imagination – Inspiration – Innovation. Kreative Kräfte nutzen, München 1991, S. 18.

[13] Vgl. *Magyar, K. M.* und *Prange, P.:* Zukunft im Kopf, Freiburg 1993, S. 210.

einmal täglich sollte der Puls auf 180 minus Lebensalter gebracht werden.

- Eine ausreichende **Sauerstoffversorgung:** Diese hängt ebenfalls mit der Bewegung zusammen, zum Einen durch die gesteigerte Durchblutung, zum Anderen aufgrund der tieferen Atmung, die durch Bewegung in Gang gesetzt wird.
- Eine optimale Lieferung aller notwendigen **Nährstoffe** (d.h. eine ausgewogene Ernährung, die Eiweiß, Fette, Kohlenhydrate, Ballaststoffe, Vitamine, Mineralstoffe und Spurenelemente als wichtige Bestandteile enthält).
- Das **Training** unserer Denkfabrik, das Lernen als „Gymnastik für das Gehirn".

Zum guten Funktionieren des Gehirns können Sie also selbst viel beitragen. So steigert Bewegung die Durchblutung, vernünftige Ernährung liefert die nötigen Nährstoffe und die aktive Teilnahme am Leben sowie das Üben, das Trainieren, verhindern ein „Rosten".

Merken Sie sich allerdings: Ein **perfektes Gedächtnis** soll kein erstrebenswertes Ziel sein. In einem Zeitalter der Reizüberflutung ist es besser, zwischen wichtigen und unwichtigen Informationen zu unterscheiden. Um sich in einer schnell verändernden Welt zurechtzufinden, sollten Sie veraltetes Wissen auch vergessen können. Wer Sklave seiner Erinnerungen ist, kann sich keinen neuen Situationen mehr stellen. Dies werden Sie später im beruflichen Alltag noch des öfteren spüren. Ein „perfektes Gedächtnis", also eines, das alles speichert und behält, ist ein schlechtes Gedächtnis.

Und noch etwas ist wichtig für Ihre „Gedächtnisarbeit": Studieren bzw. Lernen wird leichter, wenn man gerne lernt. Erzwungenes Lernen (initiiert durch Außenstehende oder aufgrund von Zeitnot) ist mit keinerlei oder nur wenig Lernzuwachs verbunden. Die innere Anteilnahme, die Begeisterung für Inhaltliches, etc., kurz die emotionale Motivation, die sich u.a. auch in der Tiefe des Erlebens und der Intensität der Aufmerksamkeit niederschlägt, ist von großem Einfluss auf das Erfassen, Verstehen und Behalten und die Lernergebnisse.

6.4.3 Behaltensbeeinflussende Faktoren – ein Überblick

Abschließend hierzu noch einige Faktoren, die das Behalten von Stoffinhalten maßgeblich beeinflussen. Der Empfänglichkeit für einzelne dieser behaltensbeeinflussenden Faktoren sollten Sie sich beim Lernen/Studieren bewusst sein, damit sie – eben durch dieses Bewusstmachen – minimiert, vielleicht sogar vermieden bzw. ausgeschaltet werden können.

(1) **Arbeitshaltung**
- geistige Bequemlichkeit,
- Konsumentenverhalten,
- Neigung, notwendige Anstrengungen aufzuschieben,
- Hoffnung, alles später nachholen zu können,
- Hoffnung, den Lernstoff von anderen erklärt zu bekommen.

(2) **Psychische Ursachen**
- Motivationsmängel,
- Konzentrationsprobleme,
- seelische Belastung,
- Misserfolgstrauma/Erfolgszwang.

(3) **Fachkenntnisse**
- Unkenntnis der Stoffproblematik,
- Wissenslücken und Wissensrückstände,
- fehlender Überblick und Durchblick,
- schlechte Vorbereitung,
- fehlende Übung,
- Überforderung/Unterforderung (Informationsgehalt ist größer/kleiner als Aufnahmekapazität).

(4) **Persönlichkeitsfaktoren**
- überwiegend visueller Lerntyp,
- überwiegend motorischer Lerntyp,
- überwiegend auditiver Lerntyp.

(5) **Lehrinhalte/Lernmaterial**
- sinnvoll/sinnlos,
- einfach/schwierig,
- strukturiert/unstrukturiert.

(6) **Person des Lehrenden**
- Auftreten, Haltung, Erscheinungsbild,
- Sprache und Betonung/Tonlage,
- Lehrmethode (Vortrag, fragen-entwickelnd, Fallstudie ...),
- Eingehen auf und Behandlung von Fragen,
- Abschweifen vom Thema,
- Ersichtlichkeit des „roten Fadens“,
- Methodik (z.B. Einsatz von PowerPoint, Flipchart, Projektor, Tafel).

(7) **Sonstige Ursachen/Störfaktoren**
- Lärmpegel in der Gruppe,
- Lichtverhältnisse, Temperatur, Lüftung,
- Raumgröße,

- Raumunter-/-überbesetzung,
- Sitzanordnung,
- Sitzbequemlichkeit,
- unzureichender Arbeitsplatz/Arbeitsfläche,
- plaudernde Nachbarn/unsympathische Nachbarn.

6.5 Gedächtnis- bzw. Lerntypen und Lernarten

6.5.1 Lerntypen

Jeder Mensch hat verschiedene **Denkmuster** und individuelle **Wahrnehmungsfelder.** Daraus resultieren die unterschiedlichen Gedächtnis- bzw. Lerntypen.

Hierzu einige Beispiele:

- Der **visuelle** Lerntyp lernt durch das Sehen, er muss ein Bild vor Augen haben.
- Der **auditive** Typ kann sich einen bestimmten Sachverhalt durch bloßes Hören merken.
- Der **audio-visuelle** Typ lernt durch Sehen und Hören.
- Dem **einsichtanstrebenden** Typ genügt nicht eine mathematische Formel, er benötigt unbedingt den Beweis.
- Der **kontakt- bzw. personenorientierte** Lerntyp benötigt eine Bezugsperson, den Lehrer/Dozenten oder einen Mitkommilitonen.
- Der **medienorientierte** Lerntyp arbeitet am liebsten z. B. mit dem Computer (motorisches Lernen).

Obwohl diese Lerntypen meist gemischt auftreten, überwiegt im Allgemeinen bei jedem Menschen ein Lerntyp. Insofern sollten Sie durch Selbstbeobachtung feststellen, zu welchem Lerntyp Sie hinneigen, mit dem Ziel, auf den präferierten Lerntyp hin die Lernarbeit abzustellen.

Schon aus lernökonomischen Gründen arbeitet jeder Mensch, wenn auch oft unbewusst, mit dem Sinnesgebiet seines Typs. Während der Vollzeitstudent (Präsenzstudium) auditiven Typs bei der Vorlesung im Vorteil ist, weil dort das akustische Element überwiegt, ist der Fernstudent visuellen oder motorischen Typs beim Selbststudium der Stoffinhalte dem auditiven überlegen.

Aber auch hier lassen sich Möglichkeiten praktizieren, die **das Lernen fördern,** z. B.:

- Lernen in Arbeitsgruppen (soziales Lernen).
- Der motorische Typ erleichtert sich das Lernen durch Bewegung, durch Unterstreichen wichtiger Textstellen, durch Herausschreiben von Kernsätzen, durch Auf- und Abgehen im Zimmer.

- Der visuelle Lerntyp sollte sich die Lehrinhalte in übersichtlicher Form (Tabellen, Abbildungen) vor Augen halten. Bei der Anfertigung von Schaubildern schafft er sich durch Verbindungslinien (Argumentationspfeile) sichtbare Beziehungen zwischen wichtigen Kernbegriffen und Inhalten. Beim Wiederholen tauchen diese Bilder wieder im Gedächtnis auf. Vielleicht erkennen Sie jetzt die so wichtige Bedeutung einprägsamer Tafelbilder, Folien oder PowerPointCharts des Dozenten für den Lernerfolg.

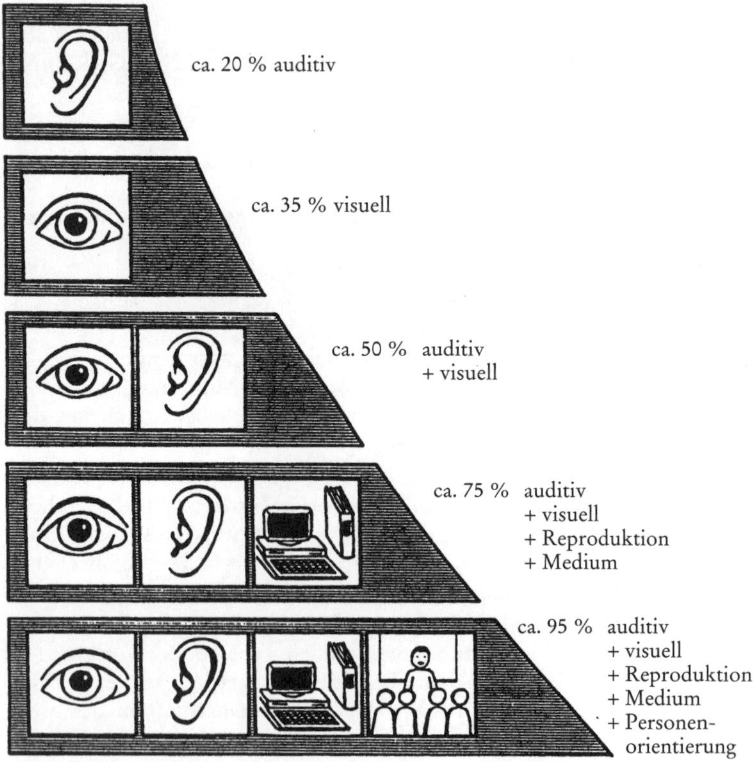

Abb. 11: Lerntypen und Eingangskanäle mit ihrer kumulativen (anhäufenden) Wirkung[14]

[14] *Hüholdt, J.:* Wunderland des Lernens – Lernbiologie, Lernmethodik, Lerntechnik, Bochum 1995, S. 240.

Wichtig für das Lernen/Studieren ist die konsequente Ansprache möglichst vieler dieser **Lernkanäle,** denn dadurch lässt sich die Lernwahrscheinlichkeit (z.B. das Verstehen) erheblich verbessern und die Verarbeitungstiefe (z.B. Abrufschnelligkeit) merklich erhöhen. In *Abb. 11* verdeutlicht *Hüholdt* sehr anschaulich die einzelnen Lernkanäle und deren kumulative Lernwirkung. So nimmt der Mensch etwa 20% der Informationen über das Hören (auditiv) auf und rd. 35% durch Sehen (visuell).

Auch um die Frage der Aneignung von Lerninhalten hat sich die pädagogische Psychologie bemüht, um sogenannte Lernarten, die je nach Person und Situation zur Anwendung kommen.

Die Vielfalt der unterschiedlich individuell geprägten Lernvorgänge lässt sich nach bestimmten Gesichtspunkten ordnen und zu Lernarten zusammenfassen, die die Art der Aneignung von Wissen charakterisieren.

Folgende **Lernarten** lassen sich dabei unterscheiden:

- intentionales (beabsichtigtes)–funktionales (unbeabsichtigtes) Lernen;
- bewusstes – unbewusstes Lernen,
- aktives – passives Lernen,
- reproduktives (rezeptives) – produktives Lernen,
- individuelles – soziales (Gruppe) Lernen etc.

In der Lerntheorie, die das Lerngeschehen wissenschaftlich erklären will, unterscheidet man u.a. zwischen folgenden Lernarten:

- Lernen durch bedingte Reaktion (klassisches Konditionieren, Signallernen),
- Lernen durch Bekräftigung (operantes oder instrumentelles Konditionieren, Versuch und Irrtum),
- Lernen durch Beobachtung und Nachahmung (Beobachtungslernen),
- Lernen durch Einsicht.[15]

Zum besseren Verständnis werden einige dieser Lernarten kurz vorgestellt.

6.5.2 Lernarten, einige Beispiele

6.5.2.1 Lernen als bedingte Reaktion: Klassisches Konditionieren

Vom ersten Augenblick seines Lebens unterliegt der Mensch Einflüssen seiner Umgebung, nämlich

---

[15] Vgl. hierzu: Pädagogische Psychologie des Lernens und Lehrens, Göttingen 2001; *Zimbardo, Phl./Gerrig, R.:* Psychologie, München 2004; *Spitzer, M.*, Lernen, Heidelberg 2002.

- des Raumes, in den er geboren wird,
- des Kulturkreises, in dem er aufwächst,
- der Mitmenschen, mit denen er ständig in Kontakt kommt.

Er wird in Kommunikationsprozesse einbezogen, die sich permanent weiterentwickeln, zwischen ihm als Individuum und der sozial-kulturellen Umgebung, in die er geboren wird, in der er aufwächst, die ihn prägt und verändert, und die er prägen und verändern kann.

Diese Wechselwirkung zwischen Individuum und Umwelt stellt einen lebenslangen Prozess des Lernens, Anpassens, Handelns, Denkens und Umdenkens dar. Anfangs vollzieht er sich undifferenziert und unkontrolliert (beim Kleinkind durch Schreien, durch Lachen, durch eine zufällige Handbewegung, die eine unbewusst gewünschte Reaktion der Umwelt zur Folge haben kann). Dieses Agieren des Kindes führt zu einem Reagieren seiner Umweltpartner. Das Kleinkind wird sich in einer ähnlichen Situation erneut so verhalten wie in der vorhergehenden; jetzt jedoch, um eine bestimmte Reaktion auszulösen. Führt ein solches Verhalten zu einem unbewusst gewünschten Erfolg, so sprechen wir von einer bedingten Reaktion, die durch eine zufällige Übung zustandegekommen ist und Erfolg hatte.

In dieser Phase ist das Lernen gekennzeichnet als eine bedingte Reaktion; wobei diese bedingte Reaktion durch Übung/Wiederholung zustandekommt und durch Übung erhalten bleibt **(Konditionierung).**

Bei Erwachsenen dürfte diese Bedingtheit (Konditionierung) des Lernens hauptsächlich auf emotionale Reaktionen, Vorlieben (Lernen zu festgelegten Zeiten, an einem bestimmten Arbeitsplatz, allein oder mit Kommilitonen), Abneigungen, Desinteressen zurückzuführen sein. So ist nicht nur bei Schülern, sondern auch Studenten oft feststellbar, dass das Interesse an einem Fachgebiet sehr stark von der Person des Lehrenden (Sympathie/Antipathie, mitreißend/langweilig) abhängig ist.

6.5.2.2 Lernen durch Versuch – Irrtum und Erfolg: Operantes Konditionieren

Eine andere Art des Lernens ist der Versuch des einzelnen, durch **Probieren** sein Wissen zu erweitern. Dieser Lernprozess ist stark abhängig vom Ergebnis. Bringt der Versuch den gewünschten Erfolg, so wird der Lernende angespornt, weiter zu machen, und die Ansprüche, die er an sich selbst stellt, nehmen zu. Diese Erkenntnisse führten schon vor langer Zeit zur Entwicklung von z.B. Lehrprogrammen, programmierten Unterweisungen, computerunterstütztem Lernen. Die Lehrinhalte werden in kleine Einheiten proportioniert und die gewünschte Verhaltensweise, die richtige Antwort, wird am Ende der Lerneinheit durch Fragen gelenkt. Die korrekte Antwort (z.B. auf der Rückseite oder wenige Sekunden später auf dem Bildschirm) und damit der Lernfortschritt (Erfolg/Misserfolg) wird sofort bestätigt. Dieser lerntechnologische Ansatz weist darauf hin, wie wichtig die Informationen über die Lernfortschritte für die Verhaltensänderungen sind. Gerade in Großraumvorlesungen an den Hochschulen gibt es kaum Möglichkeiten, durch ständiges Fragen das Verständnis der neuen Lehrinhalte, die eigenen Lernfortschritte zu kontrollieren. Wichtige Hilfestellung leistet hier das **soziale Lernen,** d.h. das Lernen in Gruppen und die Diskussion mit Kommilitonen.

6.5.2.3 Einsichtiges Lernen

Eine weitere Art des Lernens geht davon aus, dass der einzelne systematisch beim Lernen vorgeht. Durch einsichtiges Verhalten ist der Student in der Lage, Situationen zu überschauen, so dass ihm Strukturen des Problems auffallen und Verbindungen zu anderen Problembereichen hergestellt werden können. Durch **Strukturieren** und **Analysieren** ordnet und löst er fachliche Probleme. Wir sprechen hier von „Einsichtigem Lernen“.

Der Vorteil dieser Lernart wird erkennbar, wenn man berücksichtigt, dass das Üben hierbei stark eingeschränkt wird und zeitaufwendige Fehlversuche weitgehend vermieden werden.

Das einsichtig Gelernte lässt sich – einmal strukturiert, geordnet und durchdacht – leichter auf andere Wissensgebiete übertragen und kann als Lösungsansatz für ähnlich geartete Probleme verwendet werden. Diese Lösungen lassen sich um so leichter finden, je ähnlicher die Situationen sind.

Während die erste Art des Lernens gekennzeichnet ist durch Reagieren und Üben, die zweite durch Versuch, Irrtum und Erfolg, hebt sich die dritte Art von diesen durch Strukturieren, Ordnen und Denken ab.

6.6 Soziales Lernen – Lerngruppe im Studium

6.6.1 Vorteile des Gruppenlernens

Wie schon mehrfach erwähnt, berücksichtigt in Bachelor- und Masterstudiengängen der Workload einer Lehrveranstaltung nicht nur die Zeit der Anwesenheit in einer Lehrveranstaltung (Vorlesung), sondern den gesamten studentischen Arbeitsaufwand. Es werden Zeiten der selbstständigen Vor- und Nachbereitung mit einbezogen. Das Selbststudium wird sehr häufig auch in Form von Lerngruppen, dem Studieren gemeinsam mit Kommilitonen, gestaltet.

In der Vorbereitung auf die Erarbeitung neuer Stoffinhalte sowie in der Nachbereitung von Lehrveranstaltungen oder in der Wiederholung des bereits Gelernten (Klausur- und Examenvorbereitung) hat die Gruppenarbeit mehr Vorteile als das individuelle Arbeiten in Bibliotheken und im häuslichen Arbeitszimmer. Alle Gruppenmitglieder verfolgen die gleichen Ziele, arbeiten an der gleichen Aufgabe und bringen unterschiedliche Erfahrungen/Ergebnisse ein. Gerade in der Wechselrede, in Einwänden und Ergänzungen, werden wichtige Erkenntnisse und Anschauungen dauerhaft erworben und Zusammenhänge eher erkannt. Individualphasen sind im Rahmen der Selbststudienphase zwar unabdingbar, insbesondere um sich auch wissensmäßig auf eine Teamphase vorzubereiten, orientieren Sie sich aber im Rahmen ihres Selbststudiums nicht an dem in *Goethe's* Faust beschriebenen Kriterien für das Idealbild eines Wissenschaftlers:

- allein im Studienzimmer um die Wahrheit ringen,
- alle Disziplinen beherrschen,
- sich selbst genügen,
- Wert in der einsam und ohne fremde Hilfe erbrachten Leistung,
- eifersüchtig die eigenen Gedanken hüten,
- sich höchstens in Buchform der Kritik der Welt aussetzen.

Der umfassende Gedankenaustausch, der Begegnung des Widerspruchs und das gemeinsame, partnerschaftliche Bemühen repräsentieren produktive Elemente schöpferischer Arbeit. In diesem Zusammenhang lassen sich stichwortartig folgende Vorteile des Lernens/Studierens in der Gruppe festhalten:[16]

- **Kontakt** wirkt der Isolierung entgegen
  → Erarbeitung fachlicher Ziele
  → Gedankenaustausch, Erfahrungsaustausch, Problembesprechung;
- **Überprüfung** des eigenen Leistungsstandes durch gegenseitige Kontrolle (Evaluation);
- **Motivationswirkung** der Gruppe
  → bei Problemen zeigt die Gruppe stärkeres Durchhaltevermögen;

---

[16] Vgl. hierzu auch: *Dahmer, H.* und *I.:* Effektives Lernen. Didaktische Anleitung zum Selbststudium und zur Gruppenarbeit, Stuttgart 1998, S. 71 ff. und *Stumpf, S.* und *Alexander, Th.* (Hg.): Teamarbeit und Teamentwicklung, Göttingen 2003.

- Gruppenarbeit setzt mehr **eigene Aktivität** frei
  → Ziele, Fragen und Antworten werden von Gruppenteilnehmern formuliert;
- Wissensverarbeitung, Beseitigung von Unklarheiten usw. in **Diskussionen;**
- Gruppe hat eher den **Überblick** über große, komplexe Inhaltsgebiete
  → Transferwissen;
- erleichtert **Klausurvorbereitung** (gegenseitiges Abfragen) und hilft Prüfungsängste abbauen (Prüfungssimulation);
- **Optimierung** der Lösungsfindung
  → konvergierendes Denken;
- qualitativ und quantitativ höheres **Lernergebnis;**
- der **Kontakt** mit anderen trägt zur Beibehaltung der psychischen Gesundheit bei, z. B. über das Gefühl der Zugehörigkeit zur Gruppe; das Wissen um die Bedeutung der eigenen Aktivität für andere; Anregung, Bestätigung, soziale Bedürfnisbefriedigung;
- Lernen in der Gruppe ist meist anregender und motivierender als das Lernen allein, letztlich auch bedingt durch die unterschiedlichen Vorkenntnisse, Ideen und Ansichten der Gruppenmitglieder, dadurch können auch Synergien entstehen;
- aktive Beteiligung an der Gruppenarbeit bedeutet, Lernen zu argumentieren, zu diskutieren, sein Wissen verständlich und strukturiert vorzutragen; Wissenslücken/Verständnisprobleme werden ersichtlich;
- Möglichkeit des sozialen Lernens, z. B. tolerante Haltung gegenüber den Standpunkten anderer, Klärung von Missverständnissen und Konflikten;
- Gruppenlernen kann Lern-, Studien- und Durchhaltemotivation steigern; soziale Unterstützung durch andere;
- Gruppenarbeit befriedigt das menschliche Bedürfnis nach Anerkennung, Respekt und Kommunikation mit anderen.

Soziales Lernen in der Gruppe bietet gegenüber dem Selbststudium viele Vorteile. Die Dynamik des Arbeitens in der Gruppe steigert meist die eigene Lernmotivation und hilft über Motivationstiefs hinweg. Lernlücken lassen sich schnell erkennen und durch die Diskussion verschiedenster Problemlösungsansätze wird der Lernstoff meist intensiver gelernt. Zusätzlich wird durch diese Diskussion und Interaktion neben dem Verständnis von Inhalten auch das Erinnern an die Lerninhalte gefördert. Daneben bietet das Arbeiten in einem Lernteam auch die Möglichkeit des wechselseitigen Abfragens von Inhalten. Diese Vorteile kommen aber nur zum Tragen, wenn das Arbeiten in einer

Lerngruppe auch dementsprechend vorbereitet wird hinsichtlich Gruppengröße, Gruppentreffen, Arbeitsaufteilung, Vorbereitung auf die Gruppentreffen (zu lösende Aufgaben, zu lesende Seiten usw.), Aufgabenbearbeitung, Ergebnissicherung am Ende der einzelnen Lernphasen.

6.6.2 Nachteile sozialen Lernens in der Gruppe

Neben dieser Vielzahl positiver, motivierender und den Lernzuwachs fördernder Effekte, birgt das soziale Lernen/Studieren in der Gruppe auch Probleme und demotivierende Aspekte in sich, derer Sie sich bei der Konstituierung einer Lerngruppe und während der gemeinsamen Lernphasen bewusst sein sollten, denn nur so kann einem frühzeitigen Zerfall der Lerngruppe entgegengewirkt werden. Problembereiche sind z. B.:

- Gruppenkoordination
  → Arbeitseifer ist oftmals nach dem Vorsatz, gemeinsam zu lernen, erschöpft;
- in der Gruppe: Lerninhalte diskutieren, nicht Freizeitaktivitäten/-Erlebnisse;
- **Erwartungshaltung** der Einzelnen unterschiedlich: Kontakt – gemütliches Beisammensein – fachliche Diskussion;
- **Dominanz** einzelner Gruppenmitglieder;
- **Gruppengröße** (max. drei bis fünf Mitglieder);
- **Heterogenität** der Lerngruppe hinsichtlich Wissensstand, Interessen, Einsatzfreude;
- **mangelhafte Vorbereitung:** Kein Thema, keine Zielsetzung, keine Vorbereitung des Einzelnen (z. B. Bearbeitung von vorher vereinbarten Themen durch Fachliteratur vor der Gruppenarbeit – einheitlicher Lernstand/identische Lernausgangslage);
- bei manchen Lernarbeiten stört die Gegenwart anderer, z. B. bei erster Auseinandersetzung mit Wissensstoff;
- **Rivalisierungstendenz;**
- Verbesserung der eigenen Position auf Kosten der anderen Gruppenmitglieder;
- Lerngruppenteilnehmer nehmen bestimmte Rolle ein, z. B. Passive sind passiv, Aktive sind aktiv;
- Gute bzw. schlechte Gruppenmitglieder klinken sich frühzeitig aus
- Trittbrettfahrer, d. h. Inaktivität in Erwartung der Aktivitäten anderer;
- Ineffizienz durch Ablenkung: Lerngruppe kann sich zu freundschaftlichen Treffen entwickeln, bei denen die eigentliche Zielsetzung in den Hintergrund tritt („Kaffeekränzchen“);

- Persönlicher, individueller Nutzen kann verloren gehen: Profitabilität der Lerngruppe ständig für sich selbst überprüfen.

Wesentliche Funktionen gemeinsamen Lernens können im gemeinsamen Vor- und Nacharbeiten, im Aufarbeiten von Inhalten, im Lösen von Problemen, im Ausräumen von Unverstandenem, in der kritischen Auseinandersetzung mit Lehrmeinung, Literatur usw. liegen. Der hierbei stattfindende Gedanken- und Wissensaustausch findet in diskutierender Form statt. Diese Form der Kommunikation kann dabei mit folgenden Problemen behaftet sein:

- der Dominanz einiger weniger Teilnehmer,
- weniger das Thema, sondern das „sich selbst reden hören" steht bei vielen im Vordergrund (endloses Abschweifen vom Thema),
- Diskussion nicht gleich Kampf (Sieger/Besiegter) → intolerantes Verhalten.

6.6.3 Einige Spielregeln für das Gruppenlernen

Viele dieser Nachteile des Lernens in einer Gruppe können vermieden werden, wenn sich die Gruppenmitglieder vorher das Gefährdungspotenzial bewusst machen, gewisse Regeln festlegen, sich Disziplin auferlegen und dies in der Lerngruppe besprechen. Ohne den Anspruch auf Vollständigkeit zu erheben, wären folgende Regeln überlegenswert:

- Diskussion muss vorbereitet sein (Unterlagen, Thema, Thesenpapier, Ausschnitte);
- Gruppe sollte nicht zu groß/zu klein sein (ziel- und themenabhängig);
- alle Teilnehmer sind gleichberechtigt (freie Meinungsäußerung/Ernsthaftigkeit der Person);
- kurz sprechen und beim Thema bleiben (vorher denken, dann sprechen);
- Höflichkeit erleichtert die Diskussion (Sprachmodus unterschiedlich – Rhetorik –, Verzicht auf spöttisch/abwertende Zwischenrufe);
- Respekt vor anderen Meinungen;
- Diskussionsleiter kontrolliert die Einhaltung der Spielregeln;
- zum Sprechen wird keiner gezwungen (Freiwilligkeit);
- Thematik muss im Mittelpunkt stehen;
- kritisch bleiben (sowohl mit mündlichen als auch schriftlichen Informationen);
- Kritik ertragen können, denn diese führt zu Selbstkritik (Selbsteinschätzung);
- gemeinsame Ziele, die zusammen erreicht werden sollen, daher Bereitschaft zur Kooperation mit anderen;

- Arbeits- und Lernziele festlegen;
- Lerngruppe sollte leistungsmäßig einigermaßen gleich zusammengesetzt sein, keine Dominanz eines Einzelnen;
- Arbeitsprogramm der Lerngruppe festlegen hinsichtlich Ziele, Umfang und Anspruchsniveau;
- Aufgaben in der Gruppe von Sitzung zu Sitzung klar verteilen (Wer macht was?);
- Frühzeitiges Erkennen und Beheben von Störungen der Gruppe (z.B. Dominanz einzelner Gruppenmitglieder oder Trittbrettfahrer, die nichts vorbereiten);
- Gegenseitige Motivation der Gruppenmitglieder, insbesondere bei unterschiedlichem Leistungsstand, aufmunternde Worte helfen häufig.

Spoun/Domnik führen für erfolgreiches Lernen im Team folgende vereinfachte Orientierungs- und Strukturierungshilfen an: Zeitliche Begrenzung, Vertrauen untereinander, gemeinsame Ziele und Werte, Verhaltensregeln, Kommunikation und Feedback, Aufgabenanalyse und -verteilung, Rollenverteilung, Engagement und Verantwortung.[17]

Nutzen Sie dieses Lernen in der Gruppe, da hierdurch insbesondere außerfachliche Kriterien wie Kommunikations-, Konflikt-, Kooperations- und Führungsqualifikation, sprich **sozial-teambezogene Kompetenzen,** gefördert werden. Darüber hinaus trägt Teamarbeit auch zur Erlangung intellektueller Kompetenz wie Kreativität, Problemlösungsfähigkeit usw. bei.

6.7 Physiologische Bedingungen effektiven Studierens – Gesunde Lebensführung

Der Erfolg eines Studiums ist, wie bereits beschrieben, maßgeblich von der Lernfähigkeit und Lernbereitschaft des Studierenden abhängig. Diese Faktoren werden wiederum beeinflusst von der körperlichen Verfassung, von der Lebensführung, vom Wohlbefinden des Lernenden; denn Körper und Geist arbeiten sehr eng zusammen. *Rousseau* formulierte dies folgendermaßen: **Körperliche und geistige Übungen sollen sich gegenseitig zur Erholung dienen.“** Einige dieser Bedingungen **gesunder Lebensführung**[18] sollen hier stichwortartig aufgeführt werden:

---

[17] Vgl. *Spoun S.* und *Domnik, D.:* Erfolgreich Studieren, München 2004, S. 194.

[18] Vgl. auch *Spitzer, M.:* Lernen. Gehirnforschung und die Schule des Lebens, Darmstadt 2002, S. 133 ff.

Erhalten Sie sich gesund durch z. B.

(1) **Sporthygiene** (sportliche Aktivitäten, Bewegung in den Lernpausen etc.);

(2) **Hygiene** am häuslichen Arbeitsplatz (Sauberkeit, frische Luft, augenfreundliche Beleuchtung);

(3) **Ernährung** (von wenigen, sehr üppigen Mahlzeiten hin zu einer Dosierung des Essverhaltens, einer Verteilung auf mehrere kleine, ohne Hektik eingenommene Mahlzeiten unter Berücksichtigung benötigter Nährstoffe, Flüssigkeiten, Schutzstoffe etc. Bei z. B. fünf kleineren Mahlzeiten täglich schwankt das Energieangebot nicht so sehr zwischen einmal „zuviel" und einmal „zuwenig". So können Sie dem Heißhunger und unkontrolliertem Essen vorbeugen. Ihre Leistungskurve bleibt eher stabil, Sie sind länger fit, können sich somit besser konzentrieren. Auch die üblichen Hochs und Tiefs während eines Tages bekommen Sie mit richtig ausgewählten Mahlzeiten besser in den Griff.)

(4) **Wasser und Luft** (z. B. Schwimmen, Saunieren, Atemgymnastik, Spaziergänge);

(5) **Schlaf** als wichtigste Regenerationsphase (6 bis 8-stündige Schlafzeit beachten), denn die Ermüdung und die dabei auftretenden Symptome wie

- Minderung der Konzentrationsfähigkeit,
- Fähigkeit des Aufnehmens und Behaltens nimmt ab,
- Kombinations- und Denkvermögen wird herabgesetzt,
- Einschränkung der Kritikfähigkeit,
- Wendigkeit und Schlaffähigkeit geht verloren usw.

behindern das Lernen/Studieren.

(6) **Entspannung und Lockerung,** z. B. durch eine Dosierung der Lernzeiten (Lerneinheiten von sechzig Minuten) und eine Auflockerung durch häufige Pausen.

Die Erhaltung der Gesundheit und das Wohlbefinden tragen zu einer Verbesserung der Lernfähigkeit und -bereitschaft bei. Insofern sollte eine gesunde Lebensführung zu einem wichtigen Studienprinzip werden.

6.8 Einige studienpraktische Hinweise

Somit ergibt sich aus unseren bisherigen Betrachtungen:

(1) Schnelleres Erlernen und besseres Behalten sind von der Aufeinanderfolge der **Wiederholungen** abhängig. Sie erhöhen den Lerneffekt,

indem Wiederholungen auf verschiedene Zeiten verteilt werden. Effektvoll ist die Wiederholung der Mitschriften aus Vorlesungen und Seminaren innerhalb der nächsten 48 Stunden. Was verstanden worden ist (einsichtig war), häufig wiederholt und geübt wird, bleibt haften.

(2) Der Lernzuwachs ist auch von einer Vielzahl von äußeren Faktoren **(Umweltfaktoren)** abhängig, die Sie teilweise beeinflussen können. Die Lebensweise, die Freunde und Kommilitonen/innen, die Lerngruppe, der Lebenspartner/in etc. bestimmen das Lernklima und damit den Lernprozess und den Studienerfolg. Schaffen Sie sich ein optimales Lernklima. Im Wechsel der einzelnen Lernsituationen, des Für-sich-Studierens und des Studierens in der Gruppe, dürfte eine erfolgreiche Lernmethode liegen. Passen Sie die Lernsituation den zu bewältigenden Lernaufgaben an.

(3) Studieren Sie mit Freude und Interesse, zeigen Sie sich motiviert, so lernen Sie besser. Steigern Sie Ihre **Motivation** z. B. durch

- die Festlegung für Sie wirksamer **Erfolgserlebnisse** (Essengehen nach bestandener Klausur, Kurzreise nach bestandenen Semesterleistungen etc.);
- die **Einteilung/Dosierung** der Lernphasen und umfangreicher Lerninhalte in übersichtliche bewältigbare, kleinere Lerneinheiten (häufigere und kürzere Lernphasen); wechseln Sie auch regelmäßig die Fachinhalte, um Ermüdungserscheinungen entgegenzuwirken;
- den sinnvoll rationalen **Abbau von Abneigungen** gegen Wissensgebiete und von Antipathien gegen den Dozenten;
- das Lernen mit Kommilitonen/innen in **Arbeitsgruppen;**
- das **rechtzeitige Beenden** der Selbststudien-Lernphase; überschüssiges Lernen am Vortage erschwert den Lerneinstieg am Folgetag;
- **aktives Studieren,** d. h. stellen Sie Fragen an sich selbst, an Kommilitonen, an Dozenten; passives Verhalten in Lehrveranstaltungen führt frühzeitig zum Abschalten;
- die **praktische Anwendung,** auch noch so trockener Lehrinhalte, wo irgend möglich; suchen Sie nach Zusammenhängen, Affinitäten, Querverbindungen zu anderen Studienfächern (Interdisziplinarität);
- das **Herantasten** an neue fachliche Gebiete nach dem Prinzip „vom Leichteren zum Schwereren", „vom Einfacheren zum Komplizierteren"; verschaffen Sie sich also zuerst einen Überblick durch sprachlich einfach formulierte Literatur, denn das frühzeitige Erkennen von Sinnzusammenhängen motiviert und erleichtert das Behalten, bevor Sie mit sprachlich anspruchsvolleren und ter-

minologisch hoch angesiedelten Werken und Fachbeiträgen in Zeitschriften arbeiten; Prinzipien: Vom Einfachen zum Schwierigen, vom dünnen zum dickeren/umfangreichen Buch;
- die **Planung** nicht nur der Lern-, sondern auch der Erholungsphasen; Entspannung und Erholung sind wesentliche Voraussetzungen für motiviertes und konzentriertes Arbeiten;
- bestimmte **Gewohnheiten, Marotten, Rituale** und **Stimulanzien;** sie können sich lernmotivierend auswirken (z.B. Studieren und Essen, Auf-und-Abgehen beim Lernen, musikalische Untermalung im Hintergrund, Lernen mit Kopfbedeckung, Lernen im Wechsel Schreibtisch und Stehpult).

> So ist von *Schiller* bekannt, dass ihn der Geruch fauler Äpfel stimulierte. Er sammelte sie sogar in seinem Schreibtisch und ließ Odeurs auf sich wirken, wenn er die Inspiration suchte. *Hauptmann* und *Goethe* („sitzend bin ich zu nichts aufgelegt") brauchten viel Bewegung (ausgedehnte Spaziergänge). *Churchill* arbeitete täglich sechzehn Stunden und mehr – zum größten Teil im Bett. Ein fast perfekter Schlafrhythmus machte die nötigen Höchstleistungen möglich.

(4) Planen Sie den **Lernprozess** (Arbeiten nach Lernplan/Lerntagebuch)

Organisieren Sie Ihr Lernen zeitlich, sowohl für den Tag, als auch für die Woche und den Monat, ansonsten besteht sehr frühzeitig die Gefahr des „Verschiebens" bzw. des „Vor-sich-her-Schiebens" von Studien- und Lernaufgaben und dies so lange, bis das Lernvolumen derart umfangreich geworden ist, dass Sie unter Stress geraten und völlig demotiviert an das Lernen herangehen. Dann wird Lernen zum Stress. Arbeiten Sie daher mit einem Lernplan, der folgende Punkte enthalten sollte:

- Setzen Sie sich **Lernziele,** die erreichbar sind und den Gesamtumfang der Lernaufgabe berücksichtigen (z.B. für die Klausur zum Semesterende).
- **Gliedern** Sie das Lernvolumen (z.B. das Lesen eines Fachbuches) auf, indem Sie den Lernumfang abstecken (Was muss ich alles lernen?), diesen Lernumfang zerlegen (Was lerne ich wann?) und dann den jeweiligen Lernumfang für die geplante Lerneinheit festlegen (Was lerne ich alles heute und in dieser Woche?).
- Planen Sie **Wiederholungsphasen** ein, um das Gelernte im Gedächtnis zu festigen.
- **Kontrollieren** Sie die Einhaltung Ihres Lernplanes (Lernzielkontrolle), indem Sie sich zwischendurch selbst kontrollieren bzw.

überprüfen durch z.B. Beantwortung von Kontrollfragen, das Gelernte in eigenen Worten mündlich oder schriftlich wiedergeben. Hier bietet sich auch die Fremdkontrolle an, indem Sie sich von einem Mitglied Ihrer Lerngruppe abfragen lassen bzw. Übungsergebnisse mit diesen gemeinsam erarbeiten und diskutieren.

- Vermeiden Sie das Lernen einer großen Stoffmenge kurz vor den Prüfungen und das sofortige Vergessen des Gelernten nach den Prüfungen. Hier sind aber nicht nur die Studierenden gefragt. Auch die Professoren müssten lernen, Aufgaben fürs Selbststudium richtig zustellen und Rückmeldung zu geben.

(5) Stärken Sie **Gedächtnis und Konzentration**

- durch die **Strukturierung** des Lernstoffes mit Hilfe von Kategorien, Oberbegriffen etc., und schaffen Sie Strukturzusammenhänge;
- durch **stressfreies Arbeiten** und eine **positive Lernatmosphäre;** schließen Sie dabei auch Störfaktoren während der Selbststudienphase aus;
- indem Sie sich **gezielt** einer Aufgabe/Fachgebiet zuwenden;
- durch das Arbeiten an einem festen Arbeitsplatz, der so gestaltet ist, dass konzentriertes Studieren möglich ist (Ablenkungen vermeiden/ausschalten);
- durch das **Nutzen von arbeitsorganisatorischen** Hilfsmitteln wie Ordner, Lernkarten, Notebook usw.;
- indem Sie sich zunächst einen **Überblick** über die Lerninhalte verschaffen, denn Sinnzusammenhänge erleichtern das Behalten;
- durch Benutzung verschiedener **Lernkanäle** bei der Aufnahme von Lehrinhalten; arbeiten Sie visualisierend mit Skizzen und Abbildungen; lesen Sie Unverstandenes auch mal laut; durch häufigeren Wechsel der Lernwege erhöht sich die Konzentrationsfähigkeit und somit der Lernerfolg.

(6) Um aufkommender Demotivation zu begegnen und „Durchhängezeiten“ zu überwinden, halten Sie sich immer wieder den Sinn und Zweck Ihrer Studienbemühungen vor Augen, indem Sie sich folgende Fragen stellen und neu beantworten:

- **Wozu lerne ich?**
  Die Beantwortung dieser Frage soll Ihnen Auskunft über Ihre Studienziele geben, die Sie erreichen möchten (z.B. Befriedigung des Informationsbedarfes, Abbau von Wissenslücken oder „Karriere machen wollen“).
- **Was lerne ich?**
  Diese Frage soll Ihnen Auskunft über die Lerninhalte geben.

- **Wie lerne ich?**
  Die Beantwortung dieser Frage gibt Ihnen Auskunft über die Lernmethodik, z.B. allein durch Selbststudium, gemeinsam in der Lerngruppe, unter Anwendung bestimmter Lern- und Arbeitstechniken.
- **Womit lerne ich?**
  Diese Frage gibt Ihnen Auskunft über den Mitteleinsatz beim Lernen, z.B. Lernen mit selbsterstellten Skripten, Büchern, Zeitschriftenbeiträgen, audiovisuellen Medien, Handout.
- **Wo lerne ich?**
  Diese Frage versucht zu klären, in welchem Rahmen bzw. an welchem Ort Sie lernen z.B. am Schreibtisch, in der Bibliothek, im Garten, im Bett, auf der Parkbank am Rhein etc.
- **Wann lerne ich?**
  Die Frage gibt Antwort darauf, zu welchen Zeiten Sie Lernen, sei es abends, morgens, nachmittags oder am Wochenende.
- **Warum lerne ich?**
  Diese abschließende Frage soll Ihnen nochmals Auskunft darüber geben, was Sie durch die Realisierung der gesetzten Lern- und Studienziele erreichen wollen, z.B. Verbesserung der beruflichen Einstiegschancen.

Diese lernpsychologischen Gesetzmäßigkeiten und studienpraktischen Hinweise sollen nicht dazu beitragen, dass Sie **einseitig** werden, gewissermaßen nur noch Lernen bzw. Studieren. Produktives geistiges Arbeiten und damit der Studienerfolg ist nicht nur ein Produkt eisernen Lernens/Studierens. Nutzen Sie natürlich auch als Ausgleich die durch ein Studium gewährleisteten großzügigen Spielräume (z.B. mehrere Monate jährlich vorlesungsfreie Zeit, freie Studientage die Semesterwoche über) für die Aufnahme und Verarbeitung von Dingen, die nicht unbedingt zu Ihrem Studienfach gehören, ohne sich jedoch darin gänzlich zu verlieren. Eine offene Aufnahmebereitschaft für die schönen und interessanten Dinge des Studienlebens wie Kulturelles, soziale Kontakte, soziales Engagement, Urlaub, gemütliches Beisammensein mit Gleichgesinnten etc. gehört einfach dazu. Vergessen Sie daher nicht aufgrund des Eingespanntseins in Ihrem Studium, dass es auch noch so etwas wie Lebensart, Besinnung, Muße, Nichtstun, Spiel und Entspannung gibt. Erst die Einheit von Bildung, Weiterbildung, Erholung und sozialen Kontakten sowie Engagement und die vielfältigen Beziehungen dieser Komponenten untereinander, bedingen im Zeitablauf des Studiums eine Fülle von Denkinhalten, deren Zusammenwirken wesentliche Grundlage für schöpferisch-innovatives Arbeiten und Handeln eines positiv denkenden und weltoffenen Menschen darstellt.

7. Studien- und Arbeitsmethodik

7.1 Einordnung und Definition

Neben der **Lernfähigkeit**, charakterisiert durch Begriffe wie Konzentrations- und Denkvermögen, analytische Fähigkeiten usw. und der **Lernbereitschaft**, hauptsächlich symbolisiert durch Schlagwörter wie Motivation, Studieneinstellung, Erwartungshaltung etc. gehören ein gewisses arbeitsmethodisches Vorgehen und Arbeitstechniken zu den wesentlichsten, den Studienerfolg bestimmenden Faktoren. Die Vernachlässigung von Fragen der Ordnung, der Organisation und Planung kann auch im Studium zu Misserfolgen führen. Daher soll das nun folgende Kapitel insbesondere Studienanfängern helfen, punktuelle Anfangsschwierigkeiten fachbezogenen Lernens bei Studienaufnahme, bzw. in den ersten Semestern, zu beseitigen helfen und **„studienhandwerkliche"** Methoden aufzuzeigen, die die Auseinandersetzung mit den unterschiedlichsten Fachdisziplinen und die Studienorganisation und -planung erleichtern können. Greifen Sie sich dabei die Hinweise und Anregungen dieses Büchleins heraus und beherzigen das, was Ihnen für Ihr Studium wichtig erscheint.

Der Begriff **„Arbeitsmethodik"** hat nicht nur im beruflichen Alltag, sondern auch im Bereich des Lernens und des Studierens große Bedeutung. Gerade im Bezug auf geistige Arbeit wird dieser Begriff determiniert durch Methoden, die der sinnvollen Planung und Organisation des Studiums sowie der effektiven und rationellen Erarbeitung der mit einem Studium verbundenen Aufgaben dienen (z.B. Organisation des Selbststudiums, Aufnahme und Vorarbeitung von Wissensinhalten aus Literatur, Vorlesung und Seminar).

7.2 Studienorganisation und -planung – Bausteine eines Selbstmanagementsystems für Studierende

7.2.1 Vorbemerkung

Etwas zu managen heißt, etwas zu leiten, zustandebringen oder zu organisieren. Bezogen auf den Begriff **„Selbstmanagement"** bedeutet dies, sich zu führen, sich selbst zu organisieren, um etwas zu meistern, um Erfolg zu haben. Dazu bedarf es eines Orientierungsrahmens. Wie will sich der Einzelne irgendwo hinführen, wenn er nicht weiß, wohin es gehen soll. Daher beinhaltet Selbstmanagement auch, dass ich mir Gedanken darüber mache, was ich möchte und wie ich es erreichen will.

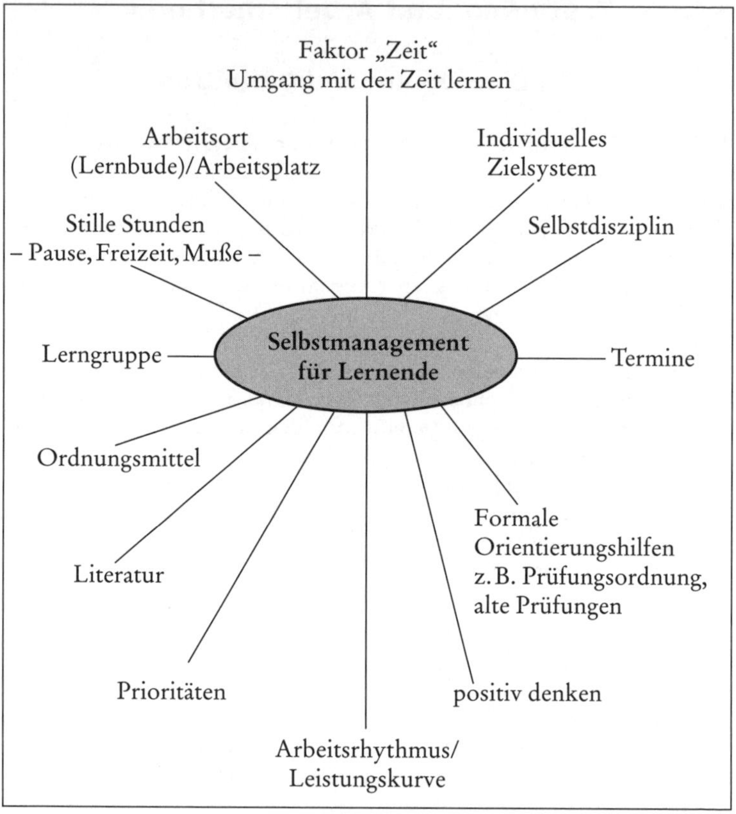

Abb. 12: Selbstmanagementsystem für Studienanfänger[1]

Selbstmanagement ist dabei auch die konsequente und zielorientierte Anwendung von Arbeitstechniken für das Studium, um sich selbst sowie die eigenen Lebensbereiche so zu führen und zu organisieren, dass die zur Verfügung stehende Zeit optimal genutzt werden kann. Zeitmanagement ist dabei ein Teil des Selbstmanagement.

---

[1] Vgl. hierzu auch: *Koeder, K.:* Studienorganisation und -planung. Einige Handreichungen für Studienanfänger, in: Steuer und Studium, Heft 9/1993, S. 351 ff.

Ein zentraler Aspekt eines Selbstmanagementsystems ist die Selbststeuerung, die äußere und innere Steuerung der Lern-/Studienaktivitäten. Selbstmanagement beinhaltet dabei eine Vielzahl von Aspekten, so z.B. die Kenntnis von Studientechniken, -methoden und -strategien, ein angemessener Umgang mit ihren eigenen Gegebenheiten und Fähigkeiten, die Entwicklung und Umsetzung eines persönlichen Arbeitsstils, die in ihrem Zusammenspiel zu effizientem Lernen und Studieren führen.

Dieses Kapitel soll Ihnen, in Anlehnung an Literatur[2] zum Thema „Selbstmanagement“ für Berufstätige, für Ihr Studium einige Wege und Möglichkeiten offerieren, Ihr Studienziel zu erreichen, nämlich Zeit für das Wesentliche, für kreatives Schaffen und konzentriertes Arbeiten, Zeit für Ihr Privatleben zur Verfügung zu haben.

7.2.2 Arbeitsraum „Studentenbude"

Meist können Sie aufgrund der Wohnraumknappheit an Ihrem Studienort die örtliche Lage, die Größe, Teile des Mobiliars, usw. Ihrer Studentenbude nicht selbst bestimmen, sondern müssen sich mit Angebotenem begnügen. Verleihen Sie trotzdem auch der kleinsten Studentenbude einen Akzent **persönlicher Ordnung** durch z.B. eine zweckmäßige Einrichtung wie Schreibtisch, Regale, Bilder, Bücher, Computer/Laptop etc. Auf diese Weise schaffen Sie eine engere Beziehung zu Ihrem neuen Lebens- und Arbeitsraum, zu Ihrem **Lernplatz.** Dies ist nicht ohne Bedeutung für Ihr Wohlbefinden, verbringen Sie doch während Ihres Studiums einen hohen Zeitanteil am Schreibtisch. **„In einem aufgeräumten Zimmer ist auch die Seele aufgeräumt“** *(Feuchtersleben).* Achten Sie also auf eine zweckmäßig eingerichtete Studentenbude, bei der das Persönliche nicht fehlen darf. Erleben Sie Ihr Zimmer als zu Ihnen gehörend, dann geht auch von diesem eine lernmotivierende Wirkung aus.

Zweckmäßig ist Ihre Studentenbude dann, wenn sie all das griffbereit hält, was u.a. für Ihr Selbststudium notwendig ist. Wählen Sie dabei

---

2 Vgl. *Seiwert, L. D.:* Mehr Zeit für das Wesentliche, Landsberg 2006; derselbe: Selbstmanagement – Persönlicher Erfolg, Zielbewußtsein, Zukunftsgestaltung, Arbeitstechniken für Führungskräfte, Offenbach 2001; *Seiwert, L. D.,* Noch mehr Zeit für das Wesentliche: Zeitmanagement neu entdecken, München 2009; *Schräder-Naef, R.:* Keine Zeit? Ein Ratgeber für sinnvolle Zeiteinteilung im Alltag, Weinheim 1984; *Wagner, H.:* Persönliche Arbeitstechniken, Speyer 1992; *Cooper, J. D.:* So schafft man mehr in weniger Zeit, München 1990; *Mackenzie, R. A.:* Die Zeitfalle. Sinnvolle Zeiteinteilung – Zeitnutzung, Heidelberg 1991; *Bischof, A./Bischof K.:* Selbstmanagement, Freiburg 2001.

Arbeitsbedingungen bzw. ein Arbeitssystem aus, das Ihrer persönlichen Ordnung und Ihrem Anspruch am weitesten entgegenkommt. Dies ist natürlich heute, aufgrund des Massenandrangs an den Hochschulen und der meist begrenzten Zimmer- bzw. Wohnraumsituation für die Studierenden nicht immer bzw. selten möglich.

Achten Sie auch auf **sachliche Arbeitsbedingungen** in Ihrem Studienzimmer, so z. B. auf die Beleuchtung, Belüftung, Beheizung, Geräuschpegel, Farbgebung des Zimmers u. a.

Das Lernen während längerer Selbststudienphasen sollte auch in verschiedenen **Körperhaltungen** durchgeführt werden können, denn medizinische Untersuchungen zeigen doch sehr deutlich, dass das Resultat permanenten Sitzens ein ständiger Rückgang der Vitalität, Energie und der allgemeinen körperlichen Verfassung ist.

Denken Sie ferner daran, dass der Mensch auch **Schutzzonen** (Individualzonen) benötigt, dies muss nicht ein zusätzliches Zimmer sein, sondern kann aus einer anderen bequemeren Sitzgelegenheit (Sessel, Couch) als der am Schreibtisch bestehen, um von der geistigen Arbeit abschalten zu können.

7.2.3 Arbeitsplatz

Nichts gedeiht in Unordnung. Lernen bzw. Studieren schafft und fordert Ordnung, Ordnung der Gedanken, der Arbeit, des Studiums, der Freizeit, im Rahmen der Gruppenarbeit usw. Der Anblick von Unordentlichkeit gerade am Arbeitsplatz bzw. Schreibtisch lenkt vom Wesentlichen ab, erzeugt Demotivation, Lustlosigkeit, Nervosität usw.[3]

Unordnung wird gerne für etwas Geniales gehalten. Unordnung sei das Zeichen großer Geister, hören wir oft und folgern daraus: Wer unordentlich ist, muss ein großer Geist sein.

Es ist zwar nicht unwahrscheinlich, dass ein genialer Mensch so etwas wie ein Chaos mit sich herumträgt, aber genial ist der Mensch, der die Fähigkeit besitzt aus diesem Ungeordneten, dem Chaotischen, das Geordnete zu gestalten. Halten Sie es mit *J. Lorenz,* der hierzu meint: **„Wissen ohne Ordnung ist Hausrat auf einem Leiterwagen".**

Zeitsparendes, zweckmäßiges Studieren beginnt bereits mit der Beachtung simpler **arbeitsorganisatorischer Grundregeln.** Überprüfen Sie daher Ihren Arbeitsplatz auf seine Ordnung, denn dieser repräsentiert einen Ort der Konzentration. Somit sollten Ihre täglich immer wieder

---

[3] Vgl. hierzu *Roth, S.:* Einfach aufgeräumt, Frankfurt 2007.

benötigten Arbeitsmittel, wie z.B. Lexika, Papier, Stifte, Terminkalender, Karteien, Notebook, Fachbücher ihren zweckmäßigen Platz haben. Ordnen Sie auch Ihre Bücher nach fachlichen Gesichtspunkten im Regal sowie die Vielzahl von gesammelten Fachzeitschriften, die meist zu Semesterbeginn und in den laufenden Semestern von den Verlagen teils kostenfrei ausgelegt werden. Praktizieren Sie dabei aber keine Stapelorganisation, denn auch Studenten neigen sehr stark zum Sammeln, ohne vorher bzw. nachher zu sichten.

Diese Erkenntnisse sollten am Anfang Ihres Studiums stehen und nicht am Ende. Denken Sie dabei daran, dass Ihr Studium wesentlich durch den Faktor „Zeit“ bestimmt wird, daher planen Sie dieses Vorhaben „Studium“ rechtzeitig, rationell und effizient. Gewöhnen Sie sich an Tages-, Wochen-, Monats- und Semesterpläne. Daher ist es nützlich, die Faktoren Raum (z.B. häuslicher Arbeitsplatz) und Zeit, die eigene Lebensführung und die Studienmethodik/Arbeitsmethoden im Zusammenhang zu sehen. Die komplexe und ganzheitliche Beachtung dieser Faktoren zusammengenommen, gewährleistet schon frühzeitig Studierfreude und Studienerfolge.

7.2.4 Faktor „Zeit" und Umgang mit der Zeit

Zeit ist ein kostenloses Gut, von dem jedem die gleiche Menge zur Verfügung steht. Die Zeit gehört aber auch zu den kostbarsten Gütern, die wir haben. Sie lässt sich nicht ersetzen, sie ist nicht vermehrbar und sie ist unwiederbringlich, wenn sie falsch und gar nicht genutzt wird. Für das Studieren ist es wichtig, dass es uns gelingt, die zur Verfügung stehende Zeit optimal zu gestalten und effektiv zu nutzen, um uns in die Lage zu versetzen

- mehr Übersicht über anstehende Aktivitäten zu gewinnen,
- mehr kreativen Freiraum zu erhalten,
- Stress und Hektik abzubauen bzw. zu vermeiden,
- mehr Freizeit für Freunde, Bekannte, Kommilitonen und für sich selbst zu gewinnen,

um so einen effektiven Studienstil zu entwickeln. Dies kann erreicht werden durch eine effektive Studien- und Arbeitsmethodik und eine konsequente Zeitplanung.

Lernen Sie daher, mit Ihrer Zeit umzugehen und diese mögliche Lücke im Studium zu schließen. Fassen Sie daher **Zeitdiebe** (unproduktive Zeiten), indem Sie sich Kenntnis darüber verschaffen, wohin Ihre knappe Zeit geht, was Sie im Einzelnen tun und wie Sie dies erledigen.

Möglich wäre hier die Durchführung einer **Selbstanalyse** bzw. **Zeitinventur** über mehrere Studientage zwecks Analyse des bisherigen Arbeitsstils und Ermittlung der Ursachen auftretender Mängel. Gehen Sie mögliche **„Zeitfresser"** an und bekämpfen Sie diese, z. B. könnten dies sein:

- keine Studienprioritäten,
- Versuch, zuviel auf einmal zu tun,
- fehlende Übersicht über Studienaufgaben und -aktivitäten,
- schlechte Studienplanung,
- individuelle Desorganisation (z. B. überhäufter Schreibtisch, schlechtes Ablagesystem, Suche nach Notizen, Mitschriften, Merkblätter),
- mangelnde Koordination/Gruppenarbeit,
- unangemeldete Besucher während einer Selbststudienphase,
- Unfähigkeit/Nichtwollen, nein zu sagen,
- empfänglich für jede Art von Ablenkung,
- Aufschieberitis.

Zeitmanagement bedeutet **bewusste Steuerung der eigenen Aktivitäten.** Dabei kommt es im wesentlichen darauf an, nicht nur tätigkeitsorientiert zu handeln („Dinge richtig zu tun"), sondern auch darauf, zielorientiert zu agieren („die richtigen Dinge zu tun"). Die bewusste und systematische Nutzung des Faktors „Zeit" zur Erreichung Ihres gesteckten Studienzieles bringt Ihnen im wesentlichen diese Vorteile:

- Aufgabenerledigung mit weniger Aufwand
- effektivere Organisation der eigenen Studienarbeit
- bessere Arbeitsergebnisse
- weniger Hektik und Stress
- größere Studienfreude und -zufriedenheit
- Qualifikation auch für höhere Aufgaben
- geringerer Arbeits- und Leistungsdruck
- weniger Fehler bei der Aufgabenerledigung
- besseres Erreichen der Studienziele

Nutzen Sie die Zeit zwischen den Lehrveranstaltrungen effizienter. Natürlich ist Kaffee trinken, mit Freunden zwischendurch telefonieren oder auf Facebook surfen u. v. m. ab und an notwendig, aber vergessen Sie nicht das Arbeiten in ihrer Lerngruppe, das Lesen in der Bibliothek, das Recherchieren in Datenbanken usw. Effizientes Nutzen der Zeit vor Ort ist eine wichtige Forderung für effektives Studieren.

Zum Thema „Zeitmanagement" äußerte sich schon vor zwei Jahrtausenden der römische Philosoph *Seneca* wie folgt: **„Es ist nicht wenig Zeit, was wir haben, sondern es ist viel Zeit, was wir nicht nutzen".**

7.2.5 Individuelles Zielsystem

Erfolgreiches Studieren ist das Verwirklichen von Zielen. Ziele setzen heißt dabei zum Einen die vorhandenen und latenten Bedürfnisse und Interessen in klare Absichten zu fassen und in konkreten Formulierungen auszudrücken, zum Anderen unsere Aktivitäten, unser Tun, auf diese Ziele, in diesem Falle die Studienziele, und deren Erfüllung auszurichten. Dadurch erhält ihr Studium einen Sinn (Orientierung), ist Maßstab und Motivation zur Leistung und auch Kriterium zur Erfolgskontrolle.

Setzen Sie sich **Ziele** (Studienziele, berufliche und private/persönliche Ziele), denn diese sind die Antreiber für unser Handeln und Tun, die Motivatoren, die unsere Aktivitäten bestimmen. Ohne klare Zielsetzung nützt auch die beste Arbeitsmethodik nichts. Dabei ist die Zielsetzung als permanenter, sich jeweils neuen Bedingungen anzupassender Prozess zu sehen, um zu wissen, wo wir hinwollen/nicht hinwollen (Selbstbestimmung), und um nicht dort zu landen, wo andere uns haben wollen (Fremdbestimmung). Setzen Sie sich bewusst Studienziele, wie z.B. Teilnahme an drei Klausuren in diesem Semester. Orientieren Sie auch Ihre unbewussten Kräfte an diesem Tun und Handeln, denn Ziele dienen der Konzentration der Kräfte, in diesem Falle auf bestimmte Studienschwerpunkte. Das sich Bewusstwerden eigener Ziele kann mit erheblicher Selbstmotivation für das Studium einhergehen.

Ziele – Ziffern – Zeiten (ZZZ) hört man sehr häufig in Managementkreisen. Machen Sie sich dieses Prinzip auch für Ihr Studium zu eigen. Formulieren Sie Studienziele (z.B. Besuch der Vorlesungen x und y), quantifizieren Sie diese Ziele (z.B. Bestehen der Klausur mit der Note Zwei) und setzen Sie sich kurz-, mittel- oder langfristige Studienziele (z.B. drei Leistungsnachweise pro Semester, Erreichen des Bachelorabschlusses in der Regelstudienzeit). Wer bewusst Ziele verfolgt, orientiert auch seine unbewussten Kräfte an seinem Tun (Selbstmotivation).

7.2.6 Terminplanung

Halten Sie wichtige Studientermine **schriftlich** fest, denn dies dient neben einem reibungslosen Semester- bzw. Studienablauf auch der Gedächtnisentlastung und Dokumentation. Wichtig sind dabei **feste Termine,** wie z.B.

- Bewerbungstermin (Studienplatz, Ferienjob, Praktikum),
- Immatrikulationstermin,

- Beginn und Ende des Semesters/Vorlesungsbetriebes,
- Termine der Referate, Klausuren, Hausarbeiten, Prüfungen, Bachelorarbeiten,
- Bearbeitungszeiten von Referaten, Bachelorarbeiten und Verlängerungsmöglichkeiten,
- Gesprächstermine mit Professoren, Assistenten und Kommilitonen,
- Zeiten für dringend erforderliche Bibliotheksarbeiten (Recherche).
- Meldetermine zu Klausuren.

So zeigt schon eine allgemeine Erfahrung der betrieblichen Praxis, dass durch einen Mehraufwand an Planungszeit weniger Zeit für die Durchführung benötigt wird.

7.2.7 Formale Orientierungshilfen

Orientieren Sie sich frühzeitig, intensiv und umfassend anhand der den reibungslosen Einstieg in das Studium und für die Durchführung des Studiums wichtigen Verzeichnissen, Pläne, Verordnungen, usw. und verschaffen Sie sich frühzeitig einen Überblick. Hierzu bieten insbesondere die Internetinformationen der jeweiligen Hochschule interessante Informationen. Schauen Sie sich dabei folgendes genau an:

- Das **Vorlesungsverzeichnis** ist ein wichtiges Hilfsmittel, wenn Sie Ihren Studienplan zusammenstellen oder sich am gesamten Studienangebot einer Hochschule/Universität orientieren wollen.
  Es enthält alle Lehrveranstaltungen incl. der Angaben zu Ort und Zeit ihres Stattfindens, oftmals kurze Inhaltsbeschreibungen und Zusatzinformationen zu den einzelnen Lehrveranstaltungen. Ferner sind wichtige Hinweise auf Einführungsveranstaltungen und Studienberatungsmöglichkeiten insgesamt oder bezogen auf die jeweiligen Fachbereiche enthalten. Sie brauchen etwas Übung, die oftmals sehr umfangreichen Vorlesungsverzeichnisse richtig lesen und benutzen zu können. Denken Sie in diesem Zusammenhang immer auch an Hilfestellungen, die Ihnen Studierende höherer Semester bieten können. Noch ein weiterer Tipp für den Studieneinstieg: Die Zeitangaben für den Beginn von Lehrveranstaltungen wie Vorlesungen und Seminare stimmen verschiedentlich nicht mit dem realen Beginn der Veranstaltung überein, z.B. 9.00 Uhr Beginn lt. Vorlesungsverzeichnis, 9.15 Uhr Beginn in Wirklichkeit. Stellen Sie sich öfters auf das sog. akademische Viertel ein, gekennzeichnet durch „c.t.“ (= cum tempore) hinter der Zeitangabe. Im Gegensatz dazu kennzeichnet „s.t.“ (= sine tempore), dass der wirkliche Beginn mit der Zeitangabe übereinstimmt.

Ferner finden Sie in Vorlesungsverzeichnissen z.B. Informationen zu einzelnen Fachbereichen und Hinweise auf die Hochschulverwaltung sowie einen ausgeprägten Personal- und Adressteil.

- Ein **Studienführer** vermittelt den ersten Überblick über Angebot, Struktur und Organisation von Studiengängen und Studium (Erhältlich bei der zentralen Studienberatung). Fachstudienführer leisten das gleiche für einzelne Studiengänge.
- **Erst-Semester-Informationen** enthalten die wichtigsten Tipps zu örtlichen Besonderheiten, Anlaufstellen und Orientierungsangeboten. Erhältlich sind diese auch bei der zentralen oder der Fach-Studienberatung, den Studentenvereinigungen und beim AStA.
- **Prüfungsordnungen** legen die formalen und inhaltlichen Anforderungen für Studium und Prüfung sowie Termine und Fristen fest. Sie regeln im Detail, welche Pflicht-, Wahlpflicht- und Wahlfächer/ Optionen zu belegen sind, benennen Prüfungsanforderungen und Prüfungsgegenstände, legen Modalitäten des Prüfungsverfahrens fest, die entsprechenden Zulassungsbedingungen, Meldefristen und geben Hinweise über schriftliche und mündliche Prüfungsteile und Anzahl der Wiederholungsmöglichkeiten von Leistungen, erforderliche Leistungsnachweise usw.
- Vorschriften für Studierende, auch **Immatrikulationsordnung** genannt, sind das „Kleingedruckte" im ordentlichen Studentenleben. Sie regeln z.B. die Rückmeldung zum neuen Semester, Beurlaubung und Gebühren.
- **Spezielle Sprachanforderungen,** z.B. Latein, Englisch.
- **Studieneinführungsveranstaltungen,** die, je nach Hochschule und Fachgebiet einen Tag oder länger dauern können (Einführungswoche). Dort lernen Sie nicht nur Ihre Mit-Kommilitoninnen und -Kommilitonen kennen, sondern erfahren aus berufenem Munde etwas über den Studienaufbau (Fächer, Studiengliederung) und die Organisationsstrukturen der Hochschule und evtl. der Fachbereiche, wobei Sie meist schon mit wichtigen Namen wie Präsident, Kanzler, Dekane, Assistenten, wissenschaftliche Mitarbeiter usw. konfrontiert werden. Sehr häufig werden dann auch in kleinen Gruppen zentrale Hochschuleinrichtungen wie Bibliothek, Mensa usw. aufgesucht.

7.2.8 Prioritäten

Setzen Sie Prioritäten. Werden Sie sich bewusst darüber, dass Sie nicht alles tun können und auch nicht müssen. Arbeiten Sie mit Prioritäten und beginnen mit dem für Sie wichtigsten, dies insbesondere dann, wenn Sie z. B. sich zeitlich überschneidende Vorlesungen bzw. Seminare belegt haben. **Die ABC-Analyse** stellt dabei ein Verfahren dar, um Aufgaben systematisch zu planen und die eigene Arbeitstechnik zu verbessern. Dabei orientiert sie die planbare Zeit an der persönlichen/studienrelevanten Bedeutung und dem Wert der Aufgaben. Die Buchstaben A, B und C unterteilen dabei die verschiedenen Einzelaufgaben in drei Klassen, nach deren Wichtigkeit für die Erreichung studienrelevanter und persönlich-privater Ziele. A-Aufgaben sind besonders wichtig, B-Aufgaben wichtig und C-Aufgaben weniger wichtig bzw. unwichtig. Denken Sie dabei daran, dass die Dringlichkeit nichts mit der Wichtigkeit bzw. der besonderen Bedeutung einer Aufgabe zu tun hat.

7.2.9 Positiv denken, sich freuen und lachen können

Positiv denken[4] ist eine tief von innen kommende Lebensanschauung, die sich jeder, der bereit und offen dafür ist, erarbeiten kann. Nichts in unserem Leben passiert, ohne dass wir hierfür die Weichen gestellt haben, d. h. wir sind für unser Handeln verantwortlich. Sehr oft sind wir leicht geneigt, Misserfolge auch im Studium „Zufällen", „besonderen Umständen" oder einfach dem „Schicksal" anzulasten. Sie haben bereits einen ersten wichtigen Schritt in Richtung „positives Denken" gemacht, wenn sie erkennen, dass alle Probleme von Ihnen ausgehen und daher auch wieder zu Ihnen zurückkehren. Nutzen Sie diese Erkenntnis und sorgen für einen optimalen Start in Ihr Studium. Freuen Sie sich auf jeden vor Ihnen liegenden Tag.

„Lachen ist die beste Medizin", dies ist nicht nur eine Redensart. Verordnen Sie sich eine „Lachtherapie", denn durch positive Gefühle lassen sich positive Veränderungen bewirken. Lachen, so Ergebnisse zahlreicher amerikanischer Untersuchungen und Publikationen[5], erhöht die Atmungskapazität und den Sauerstoffaustausch im Blut, die Muskelaktivität und die Herztätigkeit, einfach ausgedrückt: Lachen gleicht einer sportlichen Tätigkeit und ist für unsere Gesundheit außerordentlich wichtig. Eine humorvolle Lebenseinstellung ist eine wesentliche Vorbeugung gegen Herzkrankheiten, Depressionen und Stress. Machen Sie daher Spaß und Lachen zu einem festen Bestandteil Ihres Studiums.

---

[4] Vgl. hierzu: *Deale, N. V.:* Positiv in den Tag. Dem Leben vertrauen, München 1991; *Vetter, G.:* Mehr Lebensfreude durch positives Denken, München 1993; *Csikszentmihalyi, M.:* Flow, Stuttgart 2002; *Koeder, K. W.:* Leading people, Marburg 2006, S. 41 ff.

[5] Vgl. *Weinstein, M.:* Managing to Have Fun, New York 1996.

Sorgen Sie für einen optimalen Start. Freuen Sie sich auf den vor Ihnen liegenden Tag. Beginnen Sie den Tag positiv. Gehen Sie am Tag vor wichtigen Veranstaltungen etwas früher zu Bett, um den neuen Tag ausgeschlafen und ausgeruht zu beginnen. Stehen Sie nicht erst in letzter Minute morgens auf, sondern nehmen Sie sich Zeit zum Frühstücken, Zeitunglesen oder zur morgentlichen Kommunikation. Besuchen Sie auch ohne Hast die Vorlesungen und Seminare, indem Sie schon vor Beginn der Veranstaltungen anwesend sind, dies gewährleistet Ihnen noch einen guten Sitzplatz und die Möglichkeit, durch Überfliegen der letzten Manuskriptseiten sofort den roten Faden für das neue Inhaltsgebiet aufnehmen zu können.

Vom Start in den Tag hängt vielfach auch das weitere Gelingen ab. Identifizieren Sie sich mit der **Weckzeit,** auch wenn Sie das Aufstehen „kurz vor Mitternacht" verabscheuen. Damit stellen Sie sich auch ihre innere Uhr, die Ihnen hilft, rechtzeitig wach zu werden. Legen Sie sich am Abend in Gedanken vorher zurecht, was Sie am nächsten Tag schaffen wollen. Freuen Sie sich auf die schönen Ereignisse, die Ihnen der Tag bringen wird, nehmen Sie unangenehmen Aufgaben den Schrecken, indem Sie sie neutralisieren. Fördern Sie mit einer positiven Grundeinstellung beim Klingeln des Weckers den Sprung in den neuen Tag. Beginnen Sie den Tag dann ohne Zeitnot und Eile. Lieber die berühmte Viertelstunde eher aufstehen, um noch im Sitzen zu frühstücken und einen Blick in die Zeitung werfen zu können, und dies in entspannter Atmosphäre. Hektik, die schon von zu Hause mit in die Lehrveranstaltungen gebracht wird, setzt sich dort dann häufig fort. Planen Sie auch jeden Tag etwas, auf das Sie sich freuen können, denn Freude ist ohne Zweifel ein Lebenselexier. Ein altes Sprichwort sagt: **„Vorfreude ist die schönste Freude".** Versuchen Sie daher, sich jeden Studientag etwas vorzunehmen, auf das Sie sich freuen können. Ganz egal, ob es sich um einen gemütlichen Nachmittag oder Abend, einen Theater- oder Kinobesuch, einen Kneipenbummel, einen Spaziergang, sportliche Aktivitäten oder Ähnliches handelt.

7.2.10 Arbeitsrhythmus und Leistungskurve

Normalerweise passt sich der Arbeitsrhythmus dem Arbeitsrhythmus der Natur, dem Tages- und Nachtrhythmus an. Er bestimmt auch die Zeit des Schlafens und des Wachseins. Zusätzlich gibt es aber noch andere Rhythmen, wie z.B. bei Jugendlichen den Entwicklungs- und Wachstumsrhythmus, zeitliche Rhythmen wie Wochen- oder Jahreszeitenrhythmus. Den Rhythmus können wir dabei als Wiederkehr des Ähnlichen bezeichnen, er hebt uns hoch und lässt uns dann auch absinken. Dieses Auf und Ab ist ein Kennzeichen aller Phasen in unserem Leben, so auch in Ihrem Arbeits- bzw. Studienleben.

Der Rhythmus, in dem Ihre Studienarbeit abläuft, finden seinen Niederschlag in der **Leistungskurve.**

Beachten Sie Ihre Leistungskurve. Jeder Mensch unterliegt in seiner Leistungsfähigkeit bestimmten Schwankungen. Die Einen (z. B. Morgenmenschen) arbeiten besonders gut und effektiv vormittags, sie ermüden nachmittags und benötigen den Abend zur Regeneration. Andere wiederum laufen erst um die Mittagszeit zu großer Form auf und arbeiten sehr gerne und auch effektiv abends bis in die Nacht hinein. Keiner der beiden genannten Grundtypen arbeitet effektiver bzw. weniger effektiv als der andere, ihre tägliche Leistungsbereitschaft ist lediglich zu unterschiedlichen Zeitpunkten hoch bzw. niedrig. Orientieren Sie sich von ihren Studienaufgaben her möglichst an Ihrem persönlichen **Tagesrhythmus** (Leistungshöhepunkte/Leistungstiefs). Liegen Ihre Leistungshöhepunkte am Vormittag, versuchen Sie, z. B. möglichst viele Studienveranstaltungen auf die Vormittage zu legen (A-Aufgaben). Liegen Leistungstiefs in der Zeit nach dem Mittagessen, versuchen Sie nicht gegen Ihren biologischen Rhythmus zu arbeiten, entspannen Sie sich (z. B. spazierengehen, Tee trinken) und nutzen Sie diese Zeit für Gespräche, soziale Kontakte, einfache Aufgaben. Nutzen Sie Ihren natürlichen Rhythmus, dem Ihre Leistungsfähigkeit unterworfen ist, für Ihre Studientagesgestaltung.

Denken Sie immer daran, dass eine völlige Umstellung des jeweils natürlichen Rhythmus sich nicht gerade als leistungs- und motivationsfördernd erwiesen hat, so z. B. überall dort, wo die Nacht zum Tag gemacht wird, wo die Nacht zum Zeitraum des Arbeitens wird, der Tag hingegen zum Schlafen genutzt wird. So ist erwiesen, dass es bei Nachtschichtarbeiten in Unternehmen oftmals zu seelischen Störungen verbunden mit organischen Schäden kommt. Viele Gespräche mit Studierenden zeigen, dass auch während des Studiums, insbesondere für schriftliche Arbeiten wie Klausuren, Hausarbeiten, Referate usw. sehr häufig die Nächte zu Tagen gemacht werden. Merken Sie sich, dass die Leistungsfähigkeit und die Leistungsbereitschaft des Menschen an den Tag gebunden sind, dies hängt u. a. auch mit der Lichteinstrahlung zusammen, denn Dunkelheit wirkt nicht energieaufladend.

7.2.11 Literatur

Welchen Studiengang Sie auch gewählt haben, Sie werden während Ihres Studiums eine Fülle von fachwissenschaftlicher Literatur durcharbeiten müssen, denn Studieren bedeutet auch, sich mit einer Vielfalt von Literaturmeinungen auseinanderzusetzen. Zu Beginn des Studiums handelt es sich dabei meist um allgemeine **Lehrbücher** und **Grundlagenliteratur**, später gewinnen **Monographien** – umfassende Abhandlungen über ein Spezialgebiet – und **Fachzeitschriften**, in denen die neuesten fachlichen Entwicklungen und aktuellen Forschungsergebnisse publiziert werden, verstärkt an Bedeutung. Stellen Sie sich auch frühzeitig darauf ein, dass ein großer Teil der Literatur, die durchzuarbeiten ist, in einer Fremdsprache, oftmals Englisch, geschrieben ist. Sprachkenntnisse, insbesondere Kenntnisse der englischen Sprache, sind daher für ein wissenschaftliches Studium unumgänglich.

Sehr häufig erhalten Sie von Ihrem Dozenten/Ihrer Dozentin eine Literaturliste, die für die Lehrveranstaltung und den präsentierten Stoff wichtig ist. Dies bedeutet aber nicht, dass Sie sofort losrennen und alles kaufen bzw. alle Bücher durcharbeiten müssen, sondern nur, dass z.B. für die unterschiedlichsten Gliederungspunkte des Lehrstoffes jeweils bestimmte Abschnitte einzelner Bücher relevant sind. Somit können Sie sich auf diese Abschnitte der jeweiligen Literatur konzentrieren.

Sie sollten auch nicht den Fehler machen, jedes Buch von der ersten bis zur letzten Seite zu lesen. Meist werden Sie mit einer Frage-/Problemstellung nach einem Buch greifen. Dann genügt es, dass Sie das hierfür Wichtige herausfinden und es sich erarbeiten. Nutzen Sie für das Erarbeiten fachwissenschaftlicher Inhalte Stift und Papier, d.h. lernen Sie frühzeitig beim Lesen Wichtiges zu markieren oder herauszuschreiben (exzerpieren), wobei Sie sich gerade beim Exzerpieren die schaubildhafte Darstellung der Inhalte in Übersichten, Abbildungen etc. angewöhnen sollten, denn Visualisiertes bleibt stärker im Gedächtnis haften. Merken Sie sich ferner, dass es beim Lesen nicht auf die Schnelligkeit ankommt, sondern auf gründliches, intensives und kritisches Lesen.

Möchten Sie aktuelle Informationen über die neuesten wissenschaftlichen Erkenntnisse eines Fachgebietes in komprimierter, verdichteter Form gewinnen, bedienen Sie sich vorrangig der Fachzeitschriften. Diese bieten neben der schnellen Information über neueste Fachtendenzen in Wissenschaft und Praxis auch eine Fülle von Literaturangaben im Anschluss an den jeweiligen Beitrag. Daher möchte ich an dieser Stelle bereits jedem Studierenden das Abonnement wenigstens einer speziellen Fachzeitschrift ans Herz legen. Einen ebenfalls sehr schnellen und oftmals komprimierten Überblick bietet eine Recherche im Internet, z.B. in den angebotenen Datenbanken verschiedenster Fachzeitschriften und Verlage.

Neben den einzelnen Fachartikeln finden Sie darüber hinaus oft auch eine Fülle von **Zusatzinformationen** wie z.B. Buchbesprechungen,

Buchankündigungen, Berichte über Symposien, Tagungen, Kongresse oder Seminarangebote.

In diesem Zusammenhang taucht immer wieder die Frage nach der Einrichtung einer eigenen **„Handbibliothek“** auf. Sie lohnt sich, wobei Sie eine sorgfältige Auswahl der anzuschaffenden Bücher treffen sollten. Wichtig für den häuslichen Arbeitsplatz ist meines Erachtens ein Fachlexikon zum Nachschlagen oftmals noch unbekannter Fachbegriffe (z.B. Wirtschaftslexikon), ferner Bücher, die grundsätzliche Bedeutung für das Fach haben (z.B. Einführungsliteratur) sowie Ergänzungs- bzw. Spezialliteratur zu spezifischen Fachschwerpunkten. Aktualisieren Sie auch von Zeit zu Zeit Ihre kleine Handbibliothek. Sie wird vor allem dann wertvoll und wirkt motivierend, wenn Sie während einer häuslichen Selbststudienphase auf einen Fachbegriff stoßen, dessen Bedeutung Sie aus einem präsenten Fachbuch entnehmen können. Widmen Sie sich frühzeitig einem intensiven Literaturstudium. Durch Rankings, Exellence-Initiativen und weitere Vergleiche der Hochschulen untereinander stehen diese heute in starker Konkurrenz zueinander. Dies führt zu einer vermehrten Profilbildung und macht daher auch vor den Bibliothekstüren nicht halt. So sprechen wir heute von Laptopuniversitäten mit einem Schwerpunkt auf virtuellem Lernen, was eine Bibliothek durch die Bereitstellung elektronischer Angebote unterstützt. So ist zwischenzeitlich die Verfügbarkeit von Zeitschriften durch elektronische Vertriebswege wichtig, ferner finden auch gedruckte Bücher ihren Weg in die digitale Publikationswelt, der eBook-Markt nimmt merklich zu. Nutzen Sie diese Möglichkeiten der Informationsbeschaffung. Bei ihrem Bibliotheksrundgang zu Beginn des Studiums erhalten Sie hierzu bestimmt Anregungen und eine Einführung in die Anwendung dieser neuen Medien. **„Erst durch das Lesen lernt man, wieviel man ungelesen lassen kann“.** *(W. Raabe)*

7.2.12 Ordnungsmittel – Computer und Karteien

Es gibt eine Reihe von Ordnungsmittel, die das geistige Arbeiten, das Studieren, wesentlich erleichtern. So arbeiten Sie z.B. in Sachen „Mitschreiben“ von Vorlesungsinhalten nicht mit Heften, sondern mit losen Zetteln bzw. Blättern, die allerdings so ausgestaltet sein sollten (mit Datum, Fach, Seitennummerierung), dass Sie diese im Bedarfsfall wiederfinden. Die Mitschriften werden dann, geordnet nach Fachdisziplinen, in Ordnern aufbewahrt.

In den meisten Berufs- und Ausbildungsbereichen gehört es heute zum Standard, mit dem Computer zu arbeiten, und dies trifft natürlich auch für Ihr Studium zu. Er erleichtert das Schreiben langer Dokumente wie Hausarbeiten, Referate und Magisterarbeiten ganz enorm und bietet für die Präsentation von Arbeiten in Seminaren wertvolle Hilfestellungen (Folienerstellung). Gerade das Verfassen wissenschaftlicher Arbeiten, die sich meist durch einen aufwendigen Fußnoten- oder Anmerkungsteil auszeichnen, ist ohne Computer und dementsprechende Software kaum noch vorstellbar. Dies trifft nicht nur für wirtschaftswissenschaftliche Studiengänge zu, sondern auch für alle anderen Studiengänge.

Viele Hochschulen stellen ihren Studierenden Notebooks zur Verfügung, die diese zu bestimmten Zeiten nutzen können. Meist existieren auch Terminal- oder Workstation-Pools, die mit der gängigen fachspezifischen Software ausgerüstet sind.

Beginnen Sie frühzeitig, sich mit dem Arbeitsmedium Notebook vertraut zu machen. So werden häufig verstärkt in der vorlesungsfreien Zeit Einführungsveranstaltungen zum Umgang mit dem PC angeboten („Computerführerschein“) sowie Kurse zum Vertrautmachen mit der für ein Studium wichtigen Software z. B. Textverarbeitung, Powerpoint, Excel und vor allem auch mit Datenbanken, eBooks, google-scholar.

Nutzen Sie diese Schulungen und Kurse frühzeitig. Fragen Sie auch nach Internet-Zugang oder Lernsoftware in Ihrem Fach. Sprachlernprogramme sowie Spezial-Lexika und allgemeine Nachschlagewerke sind ebenfalls für ein Studium wichtig und nicht zu vergessen, Literaturrecherchen per Computer erleichtern Ihre Studierarbeit ganz wesentlich.

Für das Selbststudium und auch im Vorgriff auf die Anfertigung von wissenschaftlichen Arbeiten wäre es ideal, einige Bücher und Zeitschriften, die dazu benötigt werden, bei sich zu Hause zu haben. Ideal wäre ferner, ein großes, geräumiges Arbeitszimmer zu haben mit vielen Regalen, Tischen und sonstigen Ablageflächen, die genügend Platz bieten, um alle Arbeitsmaterialien nebeneinander ausbreiten zu können.

Da jedoch solche Bedingungen in der Studienrealität kaum vorhanden sind, empfiehlt sich die Anlage von Karteien unterschiedlichster Prägung. Je nach Anforderungen der zu erledigenden Arbeiten sind von Nutzen z. B. eine

- bibliographische Kartei (z. B. Literatur nach Sachgebieten),
- Ideenkartei,
- Themenkartei,
- Autorenkartei,
- Zitatenkartei.

Hierzu bietet auch die Word für Windows-Welt sinnvolle Anregungen und Möglichkeiten.

Daneben bedienen sich Studierende auch heute noch oftmals des Ordnungsmittels **Lernkartei**[6], die unterschiedliche Ausprägungsformen haben kann. Leitkarten können die Überschriften zu größeren Themengebieten tragen, während Einzelkarten Angaben beinhalten, die Sie aus Zeitschriften, Büchern, Vorlesungsinhalten, etc. schöpfen. Reicht der Raum der Karteikarte für längere Auszüge nicht, verweisen Sie auf Vorlesungsmitschriften, Buchkapitel, abgeheftete Zeitschriftenbeiträge oder Internetquellen. Dabei sagt Ihnen die Karteikarte auch, wo sich diese Quellen und Materialien befinden. Diese Karteiorganisation hält die Einzelheiten Ihrer Fachsammlung zusammen und bietet Ihnen jederzeit die Möglichkeit, die Stoffinhalte zügig nach bestimmten Sachgesichtspunkten zu ordnen, diese auf ein Ziel hin zu entwickeln und inhaltlich sowie stilistisch in eine lernadäquate Form zu bringen.

Neue Inhalte lassen sich systematisch in das bereits vorhandene einfügen. Mittels geordneter **Schlagwörter** oder anderer Ordnungssysteme können Sie das jeweils Gesuchte später leicht finden. Somit entwickelt sich Ihre Kartei – in Verbindung mit Ihren Vorlesungsmitschriften, Zeitschriftenbeiträgen und Büchern – zu einem privaten Lexikon für ein bestimmtes Fachgebiet. Dieses „papierne Gedächtnis" kann unser „natürliches Gedächtnis" erheblich entlasten. Richtig und aktuell geführt und angeordnet stellt diese Kartei ein ideales Lerninstrument für das Studium dar, das gegenüber Lehrbüchern den Vorteil hat, nie zu veralten. Ob Sie sich für eine Klausur/Prüfung vorbereiten, eine Hausarbeit schreiben oder ein Referat zu halten haben, stets können Sie auf dieses System zurückgreifen. Aus pädagogischen und lernpsychologischen Gesichtspunkten sprechen folgende Kernpunkte für die Arbeit mit einem Karteiensystem:

- Die Kartei eröffnet Ihnen die Möglichkeit, jeden neuen fachlichen Tatbestand in eine bereits bestehende Gliederung systematisch einzuordnen. Damit sind Sie ständig auf dem neuesten fachlichen Stand.
- Sie finden das fachlich Wesentliche und Charakteristische auf engstem Raum platziert.
- Die Karteiorganisation trennt Fachgebiete voneinander und ermöglicht Ihnen somit einen gezielten Einblick und Überblick.

---

[6] Vgl. auch *Eco, U.:* Wie man eine wissenschaftliche Abschlußarbeit schreibt, Heidelberg 2002, S. 140ff.

- Sie erlaubt Dispositionen inhaltlicher und organisatorischer Art in jede nur erdenkliche Richtung. Die Kartei ist ein elastisches Instrument (Entnahme- und Zuordnungsmöglichkeit).
- Sie hilft uns bei der Gewinnung neuer fachlicher Kenntnisse dadurch, dass die Karten nach beliebigen Gesichtspunkten zusammen- und nebeneinandergelegt werden können und somit wichtige fachliche Querverbindungen und Kombinationen ermöglicht bzw. erkannt werden. Die Kartei ist ein variables System.
- Die Kartei ist auch teilbar und ermöglicht im Selbststudium, z.B. für die Vorbereitung einer Klausur, eine optimale Zeitausnutzung an den verschiedensten Lernorten, sei es während der täglichen Bahnfahrt, im Wartezimmer des Arztes usw.

7.2.13 Studieren in einer Lerngruppe

In der Nachbereitung von Lehrveranstaltungen, im gemeinsamen Erarbeiten von Stoffinhalten oder in der Klausur- bzw. Prüfungsvorbereitung kommt der Arbeit in einer Lerngruppe mit ca. 4 Kommilitonen/innen besondere Bedeutung zu. Alle Gruppenmitglieder verfolgen die gleichen Ziele, arbeiten an den gleichen Inhalten und bringen unterschiedliche Erfahrungen, Erkenntnisse und Lernstände ein. Gerade in der Wechselrede, in der Auseinandersetzung mit Einwänden der Gruppenmitglieder werden wichtige Erkenntnisse und Anschauungen dauerhaft erworben und Gesamtzusammenhänge eher erkannt. Individuelle Lernphasen im Rahmen des Selbststudiums sind allerdings unabdingbar, insbesondere um sich inhaltlich und wissensmäßig (identischer Lernstand) auf eine Teamphase vorzubereiten.

Der umfassende Gedankenaustausch, die Konfrontation mit dem Widerspruch und das gemeinsame, partnerschaftliche Bemühen repräsentieren produktive Elemente geistig-schöpferischer Arbeit. Aus pädagogischer Sicht lassen sich dabei **folgende Vorteile des Lernens** in der Gruppe aufführen:

- Kontakt wirkt der Isolierung/Anonymität entgegen
- Überprüfung des eigenen Leistungsstandes durch gegenseitige Kontrolle
- Motivationswirkung der Gruppe
- Gruppenarbeit setzt mehr eigene Aktivität frei
- Wissensverarbeitung, Beseitigung von Unklarheiten usw. in Diskussionen
- Leistungsdruck mildern

- Entwicklung kommunikativer Fähigkeiten und Erlernen von Kooperation (Teamfähigkeit)
- Leistungsdruck wird gemindert

Nutzen Sie dieses Lernen in der Gruppe, da hierdurch auch außerfachliche Komponenten wie Kommunikations-, Konflikt-, Kooperations- und Führungsqualifikationen, sprich sozialteambezogene Kompetenzen, gefördert werden. Ferner trägt die Arbeit im Team auch zur Erlangung intellektueller Kompetenz wie Kreativität, Problemlösungsfähigkeit, analytisches Denkvermögen usw. bei. Mit Anderen über den Lernstoff zu reden ist eine besonders effektive und tiefgehende Methode, diesen zu er- und verarbeiten. Dadurch erhalten Sie meist ein besseres Verständnis inhaltlicher Zusammenhänge und müssen das Gelernte sinngemäß in eigene Worte fassen. Dies ist insbesondere für die Vorbereitung von Klausuren und mündlichen Prüfungen sehr nützlich.

7.2.14 Stille Stunden – Pausen, Freizeit, Muße und Schlaf

Zum Rhythmus gehört auch die Pause, die zwischen der Anspannungs- und Entspannungsphase liegt. Beim Lernen sollte beachtet werden, dass mehrere **kurze Pausen** für die Lern- und Arbeitseffizienz wirksamer sind als eine einmalige längere Pause, da insbesondere der geistige Wiedereinstieg nach kurzen Pausen aufgrund des geringen Übungsverlustes leichter ist. Wichtig ist, dass in der Pause die Studienarbeit wirklich ruhen soll, Ihre Gedanken müssen weg von ihrem Arbeitsplatz eigene Wege gehen können. Jede neue Umgebung, sei es in der Couchecke, auf dem Bett, in der Küche oder im Garten erleichtert dieses Umschalten. Dabei sind unterhaltsame Gespräche ebenso wie das Vor-sich-hin-Sinnen bzw. Seele baumeln lassen in der kleinen Pause sinnvoll. Machen Sie allerdings keine Pause auf Kommando (z.B. pünktlich alle 40 Minuten oder nach jeder 15. gelesenen Buchseite), lassen Sie eine kreative Phase, in der Sie sich gerade befinden können, durch derartige Formalien nicht reißen. Und noch einige **Pausentipps:** Nutzen Sie die Pausen nicht zu stark zum Rauchen, Trinken und Essen. Lassen Sie insbesondere Zigaretten und Kaffee nicht zur unreflektierten Gewohnheit werden. Denken Sie auch daran: **„Plenus venter noch studet libenter“,** wie der Lateiner zu sagen pflegt, ein voller Bauch studiert nicht gern. Leichte Kost ist für den Lern- und Studientag zu empfehlen. Diesem Gedanken wird zwischenzeitlich auch in vielen Mensen Rechnung getragen durch die Wahlmöglichkeiten bei der Essensgestaltung.

Reservieren Sie Zeit für **„stille Stunden“.** Vereinbaren Sie mit sich selbst einen Termin, denn derartige Zeiträume unterbrochener Konzentration können Ihre Leistungsfähigkeit merklich verbessern. Versuchen Sie, in dieser Zeit gänzlich vom „Studienalltagsgeschäft“ abzuschalten, indem Sie z. B. Schöngeistiges lesen, ausruhen, fernsehen, Musik hören, spazierengehen, im Cafe sitzen, Sport treiben, musizieren, tanzen.

Üben Sie sich in diesem zweckfreien Tun. Auf diese Weise wird die Nichtstudienzeit zu einer Zeit des sich Sammelns und des sich Besinnens. Manche, auch studienbezogene Probleme, klären sich in dieser Zeit. Neues Gedankengut steigt ins Bewusstsein auf. Es gibt immer wieder einen neuen Anfang mit neuen Einfällen und Ideen, mit neuer Freude und Motivation auch für Ihren Studienalltag.

Muße ist die von Studienpflichten und -zwängen verschonte Zeit. Organisierte Muße ist dabei nicht aller Laster Anfang, sondern Rückkehr in die Selbstbesinnung. Muße ist ein Medium der Sinngebung, ohne die sich keine Kreativität entfalten kann. In diesen Mußephasen schöpfen wir die nötige Vitalität. Sie ist daher unerlässlich für aktives Lernen bzw. Studieren. **„Wir sollten wieder Lernen, aus der Freizeit Muße zu machen** *(Otto Flake)“*.

Erholungs- und Schlafenszeit sind die täglichen großen Pausen von Ihrer Lern- und Studienarbeit, die ebenfalls genutzt sein wollen. Denn beide sind wichtige Quellen der Erneuerung Ihrer Leistungsbereitschaft. Gleiches gilt für die Pausen zwischen den Arbeitswochen, die Sonn- und Feiertage. Gerade diese dienen oftmals auch für Studierende nicht immer dem Ausruhen, dem Regenerieren oder Entspannen. Mancher Studierende kommt montags gestresster an die Hochschule zurück, als er sie freitags verlassen hat. Schuld daran sind häufig weite Reisen, intensive körperliche Betätigung, zeitaufwendige Hobbys, ein intensives Nachtleben etc. Der richtige Umgang auch mit diesen „großen“ Pausen will gelernt sein. Das Umschalten von Aktivität auf Passivität, vom Tun zum Nichtstun, ist nicht immer einfach. Merken Sie sich auch: Ruhezeit lässt sich nicht ungestraft in Schaffenszeit verwandeln. Den wenigsten Menschen gelingt es, durch z. B. hohen Kaffeekonsum, viel Rauchen usw. mehr Schaffenskraft einzuhandeln, wenn, dann nur kurzfristig, denn die Mehrzahl trägt bestenfalls Schlafstörungen davon. Alkohol, üppiges Essen und anhaltender Stress behindern auf Dauer den gesunden Schlaf und somit auch die Leistungsfähigkeit[7].

---

[7] Vgl. hierzu: *Straten van, M.:* Schlaf gut! Leicht einschlafen – erholt erwachen“; München 1993; *Hecht, K.* u.a. (Hg.): Schlaf, Gesundheit, Leistungsfähigkeit, Berlin 1993; *Axt, P. u. a.:* Vom Glück der Faulheit, München 2004; *Plattner, I.:* Sei faul und guter Dinge, München 2000.

Handlungen gegen das Auf und Ab Ihrer biologischen Uhr bringen ferner den abgestimmten Rhythmus der Schlafstadien (z.B. Einschlafstadium, Tiefschlafstadium, Traumstadium) durcheinander. Gerade Alkohol führt zu einer Beschleunigung des Einschlafens, verzögert aber den Eintritt in den Tiefschlaf. Dieses für die Regeneration so wichtige Schlafstadium erreicht der bezechte Studierende erst gegen Morgen und somit steckt der vorangegangene Abend wie Blei in den Knochen. Die Tiefschlafphase ist übrigens auch die wichtigste Erholungsphase für das Gehirn.

Aber nicht nur der Körper sorgt für einen gesunden Schlaf, auch die Seele muss mitmachen. Der abendliche Tee oder die Milch mit Honig hilft nicht allein durch ihre chemischen Bestandteile. Vertreibt psychische Überbelastung den Schlaf, können z.B. solche Getränke Teile eines Schlafrituals werden, die Ruhelose besänftigen. Schlafrituale helfen, die Entspannung zu fördern, den Abend zu strukturieren und von Problemen abzulenken. Nutzen Sie Schlafrituale als **„points of no return to business“.**

Eine Patentschlafnorm gibt es nicht. Die Schlafgewohnheiten sind stark individuell geprägt, dies zeigt auch nachfolgender Ausschnitt „Der Schlaf der Giganten“[8].

„Sechs Stunden für die Idioten“

Napoleon mied ihn, Churchill suchte ihn mittags, Goethe pflegte ihn ausgiebig: Der Schlaf der Giganten

„Vier Stunden für die Männer, fünf für die Frauen und sechs für die Idioten“ – Napoleon Bonaparte hatte auch zum Schlafbedürfnis seiner Untergebenen eine klare Auffassung. Der Korse war natürlich ein Vier-Stunden-Mann – ebenso wie Friedrich der Große, der auch schon nach drei bis vier Stunden aus dem Bett in die Befehlszentrale floh. Gleiches wird von Immanuel Kant, Henry Kissinger und dem ehemaligen Bundeswirtschaftsminister Hans Friderichs kolportiert. Dem Langschläfer als Mahnung, sich wenigstens mit schlechtem Gewissen in den Federn zu räkeln: Die Großen der Geschichte waren angeblich alle Kurzschläfer. Jedenfalls sagen dies drei Studien aus, die immer wieder zitiert werden, wenn es um Schlaflänge, Persönlichkeitsstruktur und Erfolg geht. Danach sind Kurzschläfer die belastbareren, dynamischeren, aktiven und optimistischen Zeitgenossen. Langschläfern dagegen schreiben Forscher eine Neigung zur Depression und Schwermut zu.

[8] *Guzek, B.* und *G.:* Schlaflose Nächte, in: Manager Magazin, Heft 1/1995, S. 156.

Johann Wolfgang von Goethe hätte hier sicher heftig widersprochen: Er soll zwischen neun und vierzehn Stunden in Morpheus Armen geruht haben. Sein Wahlverwandter Winston Churchill hat sich zwar keinen exzessiven Nachtschlaf, dafür aber regelmäßig eine Mittagsruhe gegönnt. Um nicht häufiger einzuschlafen, als es seinen Amtsgeschäften zuträglich gewesen wäre, soll der Premier regelmäßig barfuß in 10 Downing Street regiert haben – er hoffte, die kalten Füße würden ihn am Einschlafen hindern oder zumindest schnell wieder wecken.

Auch Einstein genoss zusätzlich zu seinen zwölf nächtlichen Schlafstunden das eine oder andere Nickerchen am Tage. Um nicht übermäßig lange zu ruhen, bewies der Meister der Relativitätstheorie praktische Intelligenz. Er klemmte sich ein Schlüsselbund zwischen die Finger – sobald die Gravitation stärker als die Hand des schlummernden Nobelpreisträgers war, holte ihn ein Scheppern in die Realität zurück. Auch Vielschläfer Dalí soll die Erdanziehung zu dem gleichen Zweck missbraucht haben – um das Schlüsselbund nicht zu überhören, stellte er eine Metallschüssel auf den Boden.

Thomas Alva Edison war zwar ein absoluter Kurzschläfer, der die Nachtruhe bis auf zwei Stunden zusammenschnurren ließ, um sich in rastloser Arbeit der Erfindung der Glühbirne zu widmen. Diese Schlafgewohnheit lässt allerdings auch eine andere psychologische Deutung zu, meinen Schlafforscher: Demnach litt der Welterleuchter an einer massiven Schlafstörung und hatte überdies Angst vorm Dunkeln – beides soll die Erfindung des elektrischen Lichts befördert haben.

7.2.15 Selbstdisziplin

Bleiben Sie konsequent, beenden Sie Begonnenes. Konzentrieren Sie sich auf die Erreichung Ihrer kurz-, mittel- oder langfristig gesetzten Studienziele. Lassen Sie sich bei der Realisierung dieser Ziele nicht durch Andere oder Anderes beeinflussen. Die Verfolgung Ihrer Studienziele erfordert eine gewisse Selbstdisziplin und innere Standfestigkeit. Dies beginnt bereits beim Besuch von Vorlesungen, denn für die meisten Lehrveranstaltungen besteht keine Anwesenheitspflicht, Sie können im Prinzip fernbleiben.

Am Anfang Ihres Studiums ist es aber besonders wichtig, die Lehrveranstaltungen **regelmäßig** zu besuchen. So erhalten Sie oftmals in der ersten Veranstaltung des jeweiligen Studienfaches einen groben Überblick über die inhaltliche Struktur bzw. den gedanklichen Aufbau der Vorlesung des jeweiligen Semesters, meist auch verbunden mit der Aushändigung einer Stoffgliederung (incl. Literaturhinweise) dieser Veranstaltung. Sie dient insbesondere als „roter Faden“ und lässt, falls Sie doch mal verhindert sein sollten, eine schnelle Einordnung des derzeit behandelten Stoffes in das Gliederungskonzept zu. Früher oder später, wenn sich der anfängliche Eifer und die erste Studieneuphorie gelegt hat, werden Sie die eine oder andere Veranstaltung bedingt auch durch zeitliche Überschneidungen von Lehrangeboten versäumen. Dann sollten Sie alles daran setzen, herauszufinden, welche Gliederungspunkte Ihrer vorliegenden Vorlesungsdisposition besprochen wurden. Günstig in diesem Zusammenhang ist die frühzeitige Bildung einer Lern- bzw. Arbeitsgruppe, die in vielen Studienangelegenheiten eine arbeitsteilige Vorgehensweise erlaubt.

Selbstdisziplin ist ein ebenso wichtiger Bestandteil individueller Arbeits- und Studienmethodik. Selbstdisziplin gilt es zu haben bzw. auch zu trainieren, um nicht zum „workaholic“, in unserem Falle zum Studiensüchtigen, zu werden.

7.2.16 Zusammenfassung und Ausblick

Effektives Studieren ist das Ergebnis harter Arbeit an sich selbst. Natürlich entwickeln Sie dabei im Zeitablauf Ihren individuellen Arbeits- und Studienstil. Gleichwohl macht es aber für jeden Studierenden Sinn, diesen genau zu beobachten, zu analysieren und – falls erforderlich – die notwendigen Konsequenzen für Veränderungen zu ziehen.

Kern jedes effizienten Selbstmanagements ist eine **veränderte Zeit- und Aufgabenplanung.** Was aber tun mit einer evtl. gewonnenen Zeit, wenn durch bessere Planung, durch kontinuierliches Lernen bereits ab dem ersten Studientag und ein konsequentes Selbstmanagement Studienaufgaben leichter und schneller von der Hand gehen? Ziel effizienter Arbeits- und Studienmethodik darf es keineswegs sein, dass Sie sich zusätzlich noch mehr Studienaufgaben aufladen. Sinnvoll wäre es, dann mehr Zeit für das Wesentliche zu gewinnen, Zeit für aktives Studieren, aber auch Zeit für Ihre persönliche Selbstentfaltung, für Ihre Persönlichkeitsentwicklung. Bessere Zeit- und Studienplanung heißt deshalb auch, Freiräume für Kreativität zu schaffen und trotzdem mehr leisten zu können. Ein rationeller Arbeits- und Studienstil trägt ferner dazu bei, Stress und Hektik abzubauen bzw. erst gar nicht aufkommen zu lassen.

Lassen Sie mich dieses Kapitel „Selbstmanagement für Studienanfänger“, in dem die Zeit und der Umgang mit dieser Zeit einen wesentlichen Faktor darstellt, durch „Zehn Zeitgebote“[9] abschließen, die sehr häufig als Managementerfordernisse genannt werden. Betrachten Sie diese Hinweise als erste Denkanstöße für einen sinnvollen und zielorientierten Einstieg in Ihr Studium.

---

9 Alte irische Segenswünsche (www.zitate.de), Rubrik Zeit.

1. Nimm Dir Zeit zum Arbeiten.
   Das ist der Preis für den Erfolg.
2. Nimm Dir Zeit zum Nachdenken.
   Das ist die Quelle der Kraft.
3. Nimm Dir Zeit zum Spielen.
   Das ist das Geheimnis der Jugend.
4. Nimm Dir Zeit zum Lesen.
   Das ist das Fundament des Wissens.
5. Nimm Dir Zeit für die Andacht.
   Das wäscht den irdischen Staub von Deinen Augen.
6. Nimm Dir Zeit für die Freude.
   Das ist die Quelle des Glücks.
7. Nimm Dir Zeit für das Liebhaben.
   Das ist das Sakrament des Lebens.
8. Nimm Dir Zeit zum Träumen.
   Das zieht die Seele zu den Sternen hinauf.
9. Nimm Dir Zeit zum Lachen.
   Das hilft die Bürden des Lebens tragen.
10. Nimm Dir Zeit zum Planen.
    Dann hast Du für die übrigen neun Dinge Zeit genug.

7.3 Aufnahme von Stoffinhalten

7.3.1 Zuhören

7.3.1.1 Einstimmung

Für den Studierenden ist die Vorlesung eine der wichtigsten Informationsquellen. Die Aufnahme mündlich vermittelter Informationen mit dem Ziel des Erwerbs von Kenntnissen und der kritischen Auseinandersetzung mit den Lehrinhalten verlangt vom Studierenden erhebliche geistige Anstrengung und Wendigkeit. So ist während des Studiums oftmals das Zuhören von größerer Bedeutung als das Literaturstudium.

Zuhören können ist der halbe Erfolg, so wird häufig behauptet. Wenn dies stimmt, dann ist gekonntes Zuhören ein nicht unbeträchtlicher Erfolgsfaktor auch im Studium. Doch die Erfahrung zeigt, dass nur die wenigsten Menschen über die Gabe des stillen, nachdenklichen Zuhörenkönnens verfügen, was eine wichtige Voraussetzung ist, um sich in die Gedankengänge anderer Menschen, in diesem Falle des Dozenten, hineinversetzen zu können; denn nur so ist eine sachliche Wertung des Gehörten möglich. Zuhören ist also die genaue Wahrnehmung dessen, was kommuniziert wird.[10] In diesem Zusammenhang darf nicht unerwähnt bleiben, dass der häufig sehr stark visualisierte Bildungserwerb (z.B. durch den Einsatz von Flipcharts, Beamertechnikprojektoren, Arbeitspapieren) zu einer gewissen Vernachlässigung bzw. sogar Verkümmerung der Fähigkeiten geführt hat, Bildungsinhalte auditiv, über das Ohr, aufzunehmen. **„Nicht jeder, der hören kann, kann auch zuhören“.** „Am besten überzeugt man mit den Ohren, indem man mit ihnen zuhört“, so bzw. so ähnlich hat es der damalige US-Außenminister *Dean Rusk* vor Jahren formuliert. Mit dem Zuhören ist aber nicht der physikalische Vorgang des Empfangens von Schallwellen gemeint, sondern das **verstehende Zuhören,** das als Grundlage für die darauffolgende eigene Reaktion dient.

7.3.1.2 Das Zuhören erschwerende Faktoren

Wollen Sie als Studierende vom Vorgetragenen in Vorlesungen und Seminaren einen anwendbaren Nutzen haben, so sollten Sie doch einige Techniken des effektiven Zuhörens beherrschen. Einige studienalltägliche Situationen sollen dies verdeutlichen.

Beim Lesen eines Fachbuches bzw. Zeitschriftenbeitrages findet eine Inhaltsaufnahme über das Auge statt. Hören Sie sich einen Vortrag im Radio an, so ist das Ohr der Mittler. Steht der Dozent vor Ihnen in der Vorlesung, so werden Eindrücke auditiv und visuell, durch Ohr und Auge, empfangen. Vorteil eines Fachbuches bzw. eines Zeitschriftenbeitrages ist es, dass Sie darüber längere Zeit verfügen. Sie können mal schneller, mal langsamer lesen, länger bzw. kürzer bei wichtigen Textstellen verweilen, Notizen am Rand anbringen, Passagen daraus abschreiben und vor allem auf bereits Gelesenes wieder zurückgreifen, d.h. nach Belieben wiederholen. Diesen Vorteilen des Geschriebenen kann der fehlende persönliche Kontakt mit dem Autor entgegengehalten werden. Sie hören das, was er sagt, nicht unmittelbar. Sie haben zwar das fertige geistige Produkt vor sich liegen, aber keinen unmittelbaren Eindruck von seinem Entstehen. Im Gegensatz hierzu hören Sie **das gesprochene Wort des Dozenten in der Vorlesung nur einmal.** Es gibt keine Wiederholung und kein Zurückblättern. In dieser Einmaligkeit des gesprochenen Wortes teilt sich der Dozierende ganz persönlich

[10] Vgl. *Murphy, K.J.:* Besser Zuhören – mehr Erfolg, Freiburg 1987, S. 18 und *Bay, R.H.:* Erfolgreiche Gespräche durch aktives Zuhören, Ehningen 2010, S. 27ff. und *Zinte, V.:* Lernen mit System, München 1998, S. 49ff.

mit. Je nach Engagement, Enthusiasmus, Gestik, Mimik oder Artikulation des Lehrenden kann ein Vortrag interessant und motivierend wirken. Wichtig ist dabei, dass der Dozierende möglichst frei spricht und nicht nur ein ausgearbeitetes Skript abliest.

Das Zuhören als eine Form des sich passiven Verhaltens im Studium und auch im Berufs- und Lebensalltag bereitet vielen Menschen erhebliche Probleme, denn der Mensch verbringt doch den überwiegenden Teil seiner erlebbaren Zeit (Wachzeit) damit, zu kommunizieren, wobei sich die Kommunikationsaktivität nicht nur auf das Reden, Lesen und Schreiben, sondern in verstärktem Maße auch auf das Zuhören bezieht. Gerade diese Kommunikationsfähigkeit, ganz wichtig auch im beruflichen Alltag bei Besprechungen, Konferenzen, im Gespräch mit den Mitarbeitern, wird am wenigsten gelehrt. Unser Zuhörverhalten ist meist nicht das Ergebnis angemessener Übung, vielmehr der Mangel an Übung.

Welche **Faktoren** wirken sich nun **erschwerend auf den Prozess** des Zuhörens in Vorlesungen aus? Neben psychischen (z.B. fehlende Motivation für die Inhalte) und sozialen (z.B. Anonymität in Großraumvorlesungen und hohe Anzahl der Studierenden) können sich noch folgende Gegebenheiten negativ auswirken:[11]

(1) Der Dozent spricht zu schnell oder zu langsam.

(2) Der Informationsgehalt der Veranstaltung ist höher/niedriger als die Aufnahmekapazität des Einzelnen.

(3) Der Zeitpunkt der Vorlesung/des Seminars liegt für den Studenten äußerst ungünstig, z.B. früher Vormittag ab 8.15 Uhr oder abends ab 18.00 Uhr, also in einer Zeit erhöhter Müdigkeit.

(4) Der Studierende fühlt sich überfordert, da er
- mehrere Dinge zur gleichen Zeit bewältigen muss (zuhören – mitdenken – gedanklich verarbeiten – mitschreiben);
- eventuell mit dem hohen fachlichen Sprachgebrauch des Dozierenden nicht zurecht kommt (Verständnisprobleme).

(5) Die Art des Lehrenden, seine Gestik, Mimik, monotone Sprechweise etc. wirkt verwirrend und ermüdend.

7.3.1.3 Anregungen zur Effektivierung des Zuhörens

„Zuhören ist eine bewusste Tätigkeit, um zu verstehen, was uns unser Gesprächspartner mitteilen möchte.“

---

[11] Vgl. *Schraeder-Naef, R.D.:* Rationeller Lernen lernen, Weinheim 1992, S. 156ff.

Wichtigste Aufgabe ist es jetzt zu lernen, **richtig zuzuhören.** Effektives Zuhören beginnt bereits mit der **zweckmäßigen Vorbereitung:** Setzen Sie sich mit dem anstehenden Thema bzw. Fachgebiet möglichst vorher schon etwas auseinander, besorgen sie sich rechtzeitig erste Informationen über das Sachgebiet (z.B. Zeitschriftenbeiträge, Internetquellen), stellen Sie sich innerlich bereits darauf ein, indem Sie sich fragen, was Sie bereits über dieses Thema wissen. Handelt es sich um ein neues Fachgebiet, so kann der Titel der Veranstaltung, dem Vorlesungsverzeichnis entnommen, bereits als Hinweis für Literatur oder bereits vorhandene Kenntnisse aus anderen Veranstaltungen bzw. Diskussionen mit Kommilitonen verwendet werden. Wichtig für eine optimale Aufnahmefähigkeit des Gehörten ist, dass Sie **ausgeruht** in die Veranstaltungen gehen, möglichst schon ein paar Minuten früher, um gerade in Großveranstaltungen mit bis zu 1500 Hörern einen Platz in den vorderen Reihen zu erhalten.

Viele Professoren geben in der ersten Vorlesung einen **Überblick** über das Themengebiet, der als eine Art „roter Faden" den ersten Anhaltspunkt über den folgerichtigen Aufbau eines Vorlesungszyklusses über ein oder mehrere Semester liefern kann. Insofern sind gerade die **ersten Veranstaltungen** des Semesters wichtig, um die Struktur des Faches und Zusammenhänge auch in Verbindung mit Nachbardisziplinen erkennen zu können. Ferner bemerken Sie schon frühzeitig, welche Inhaltspunkte zu den „Lieblingsthemen" Ihres Professors gehören (z.B. extensiv angelegter Gliederungspunkt in der ausgehändigten Vorlesungs-/Seminardisposition, eigene Publikationen zu bestimmten Gliederungspunkten liegen vor) und welche weniger (z.B. dürftiger gegliedert, wird zum Nachlesen im Selbststudium empfohlen).

Bemühen Sie sich ferner, dem Dozierenden **„auf die Lippen"** zu schauen bzw. die gedankliche Struktur des Vortrages herauszufinden (wie geht er das Thema an und worauf will er hinaus). Versuchen Sie **Hauptargumente** in den Ausführungen zu erkennen (z.B. sprachliche Akzentuierungen registrieren und auf Zusammenfassungen achten). Wichtig ist also, sich über die Art des Vortrages klarzuwerden. So lassen sich Vorträge z.B.

- hinsichtlich ihrer inhaltlichen Tiefe und Breite sowie
- nach der angewandten Denkrichtung

klassifizieren.

Möchte der Dozierende in die Tiefe eines Problems gehen, kann er nur einen schmalen Ausschnitt der Gesamtproblematik abhandeln. Wird ein großes Inhaltsgebiet umrissen, kann nicht so sehr in die Tiefe gegangen werden, es wird wohl bei einem inhaltlichen Querschnitt bleiben. Eine Synthese von Breite und Tiefe wird in Vorlesungen und Seminaren erreicht, da es sich hierbei um Veranstaltungen über einen längeren Zeitraum also eine Art Vortragsreihe handelt.

Hinsichtlich der **angewandten Denkrichtung** (vgl. Kap. 9) kann zwischen **Deduktion** und **Induktion** unterschieden werden. Der deduktive Denkansatz geht vom Allgemeinen aus, von einem Gesetz, einem Gesamtzusammenhang und gewinnt durch die Zerlegung des Ganzen, durch die Analyse, Erkenntnisse über das Besondere, das Einzelne. Beispiel: Aufgrund der Kenntnis lernpsychologischer und lernpädagogischer Gesetzmäßigkeiten ist es möglich, Hilfestellungen und Anregungen für das Lernen/Studieren und das Behalten zu geben.

Eine **deduktiv** angelegte Vorlesung beginnt also bei allgemeinen Gesetzmäßigkeiten und führt hin zur Erkenntnis des speziellen, des konkreten Einzelfalles.

Die entgegengesetzte Denkrichtung, die **induktive** Methode, geht vom Einzelnen, vom Besonderen, evtl. empirisch Gefundenen aus und leitet daraus allgemeine Schlussfolgerungen, Regeln und Gesetze ab. Das wichtigste Instrument dieses Denkprozesses ist die Synthese, bei der man durch das Zusammenfügen von einzelnen Teilen zu einem Ganzen, vom Einzelnen zum Allgemeinen, vom Konkreten zum Abstrakten gelangt.

In der Studienpraxis der Vorlesungen werden die an dieser Stelle getrennt dargestellten Denkrichtungen selten in dieser reinen Form für sich allein, sondern meist in zweckmäßiger Mischung vorgefunden.

Da einer Vorlesung über ein Semester die inhaltlich systematisch-fortschreitende Methode eigen ist, ist **kontinuierliche Anwesenheit** (Präsenz) wichtig, um die Gesamtzusammenhänge erkennen zu können. Sollten Sie während einer Veranstaltung etwas nicht genau erfasst oder verstanden haben, ist es weniger sinnvoll, den Nachbarn danach zu fragen. Dies stört, lenkt zu sehr ab, und sie verlieren auch den Anschluss an die nachfolgenden Ausführungen. Oftmals ergibt sich die Antwort auf die offene Frage aus den nachfolgenden Erläuterungen oder dem allgemeinen Zusammenhang. Darüber hinaus geben die meisten Professoren den zuhörenden Studenten Gelegenheit, während oder nach einer Vorlesung Fragen zu stellen. Scheuen Sie sich auch nicht vor einem Besuch bei den Assistenten oder der wöchentlich **angebotenen Sprechstunde** des Hochschullehrers.

Lassen Sie sich beim Zuhören **nicht ablenken** (Selbstdisziplin) und zeigen Sie sich kritisch, d.h. nehmen Sie nicht alles als gegeben und richtig hin, auf diese Weise wird durch eine intensive und kritische Auseinandersetzung mit dem Thema aus einem passiven Zuhörer ein aktiver Teilnehmer. Zuhören können ist die Basis jeglicher Kommunikation. Durch aufmerksames Zuhören in der Vorlesung wird eine Verbindung hergestellt, es entsteht Gemeinsamkeit. Erst Zuhören macht einen wirklichen Dialog mit anderen möglich. Zuhören bedeutet Aufnahmenbereitschaft und Verständnis für die Worte des anderen. Zuhören ist die beständige Suche nach Substanz. Jemanden zu lehren und Denkanstöße zu geben, wie man zuhört, ist deshalb so wichtig, weil er so die Fähigkeit erlernt, sich die Ideen und Gedanken anderer anzueignen, diese zu verstehen und nachvollziehen zu können.[12] *Goethe* sieht dies so: **„Überhaupt lernt niemand etwas durch bloßes Anhören, und wer sich in gewissen Dingen nicht selbst tätig bemüht, weiß die Sachen nur oberflächlich".**

7.3.2 Mitschreiben

7.3.2.1 Einstimmung

Ähnlich wichtig wie das Zuhören ist das **richtige Mitschreiben.** Es erleichtert nicht nur die Aufmerksamkeit und wirkt gedächtnisentlastend, es bietet ferner eine zusätzliche Auseinandersetzung mit dem Inhalt. Wie heißt es schon in einem alten Sprichwort: **„Einmal geschrieben ist so gut wie zehnmal gelesen."**

Um den Prinzipien der Übersichtlichkeit, Vollständigkeit und Genauigkeit beim Mitschreiben gerecht zu werden, sollen an dieser Stelle vorab einige arbeitsorganisatorische Anregungen[13] in Vorbereitung der eigentlichen Mitschreibetätigkeit gegeben werden, bevor wir uns mit der Frage auseinandersetzen: „Was soll mitgeschrieben werden"?

7.3.2.2 Organisatorische Vorbereitung/äußere Form

Um die Selbststudienphase zu erleichtern (z.B. Lernen in Vorbereitung einer Klausur), ist es wichtig, dass Sie bereits zu Beginn des Studiums eine gewisse Strenge in der Anlage und laufenden Weiterführung Ihrer **Mitschriften** praktizieren. Einige kleine Anregungen sollen dies verdeutlichen:

- Verwenden Sie für jedes Fach gesonderte lose Blätter. Aufgrund der Übersichtlichkeit und der Überschaubarkeit wäre DIN-A-4-Form angebracht.

---

[12] Vgl. *Torralba, F.,* Die Kunst des Zuhörens, München 2007, S. 11 ff.

[13] Vgl. *Koeder, K.:* Arbeitsmethodik im Studium, in: WiSt, Heft 1/1988, S. 43 ff.

- Beschriften Sie die Blätter nur auf einer Seite, so kann später der Stoff viel leichter strukturiert werden. Ferner können Sie Anmerkungen, zusätzliche Ausarbeitungen oder eventuell Übersichten aus Zeitschriften zum gleichen Thema in Ihre Mitschriften einordnen und einlegen. Vergessen Sie nicht, die Einzelblätter durchzunummerieren.
- Lassen Sie einen breiten Rand für spätere Notizen oder für Gliederungshilfen. Folgendes Beispiel soll zeigen, wie das Papier aufgeteilt bzw. vorstrukturiert werden kann, um damit später effektiver und ökonomischer Mitschriften verarbeiten zu können (Abb. 13).

Ausgehend von einer **Dreiteilung** des Blattes werden in Rubrik 1 die Notizen der Vorlesung/des Seminars niedergeschrieben. Spalte 2 ist für Schlagwörter, die sich als Gliederungshilfen aus dem Notizenteil ergeben können, gedacht. Ferner können in dieser Rubrik Fremdworte, die noch einer Definition bedürfen, sowie zusammenfassende Gedanken festgehalten werden. Spalte 3 dient z.B. Querverweisen auf andere Vorlesungsgebiete, eigenen Gedanken und Anregungen zum jeweiligen Thema, eventuell Fragen zu noch Unverstandenem oder vom Dozenten abgegebenen Literatur- bzw. Klausurhinweisen.

Wie wichtig diese Vorstrukturierung und letztlich auch das einheitliche Erscheinungsbild des Mitgeschriebenen ist, zeigt z.B. nachfolgende Dreiteilung eines Mitschreibebogens, konzipiert und verwendet von einem professionellen Seminaranbieter.

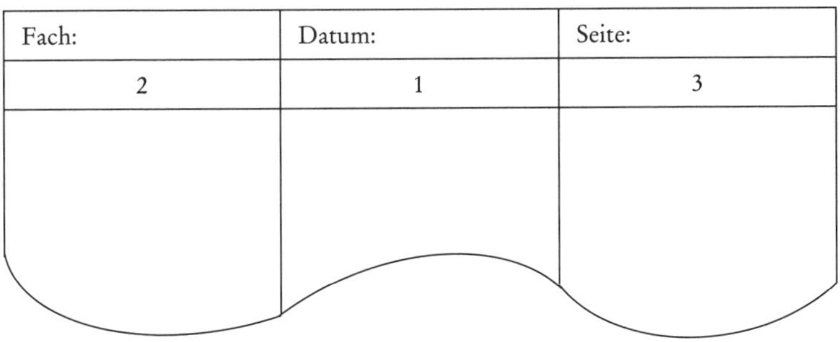

Abb. 13: Vorstrukturierter Mitschreibebogen

Natürlich gibt es auch Studierende, die mit ihrem Notebook in die Vorlesungen kommen und Gehörtes sofort dokumentieren. Wer besonders fix mit Tastatur und Software umgehen kann, sollte sich das Gehörte auf diese Weise erschließen.

Auch für diese Form des Mitschreibens eignen sich nachfolgende Anregungen.

7.3.2.3 Hinweise für das Mitschreiben

Viele Studierende sind der Meinung, sie müssten in einer Vorlesung alles mitschreiben und wundern sich dann, wenn sie wenig von dem verstanden haben, was besprochen wurde. Immer wieder wird die Frage gestellt, was denn nun eigentlich mitgeschrieben werden soll. Es ist zweifellos nicht so einfach, den richtigen Weg zu finden, Wichtiges von Unwichtigem zu trennen, gleichzeitig zuzuhören, gedanklich zu verarbeiten und mitzuschreiben.

Was sollen Sie nun mitschreiben? Das wörtliche Mitschreiben des in Vorlesungen Gehörten ist allerdings nicht gerade ökonomisch, da Sie zu stark am einzelnen Wort kleben und somit Sinnzusammenhänge erst spät oder gar nicht erkannt bzw. erfasst werden. Die mechanische Tätigkeit des Nachschreibens verhindert bereits das effektive Aufnehmen von Stoffinhalten und die erste Auseinandersetzung (gedankliche Verarbeitung) mit diesen. Diese rein rezeptive Tätigkeit verhindert auch, dass man die Persönlichkeit des Dozenten, dessen Gestik, Mimik, Sprachverhalten usw. nicht genügend auf sich wirken lassen kann, was ja auch sehr motivationsfördernd sein kann. Es kommt also kein Kontakt mit dem Dozierenden zustande.

Grundsätzlich sollten Sie sich bemühen, das Wesentlichste **stichwortartig** zu erfassen. Diese Vorgehensweise schließt jedoch nicht aus, dass Sie dann und wann eine Kernaussage oder eine Definition wörtlich übernehmen und schriftlich festhalten. Entlasten Sie auch Ihr Gedächtnis, indem Sie Zahlen, Regeln und Gesetze sofort notieren.

Das Hauptaugenmerk gilt aber dem Sinn des Vortrages im jeweiligen Studienfach. Achten Sie in besonderem Maße auf **Überschriften, Zusammenfassungen, Kernaussagen** zu einzelnen Inhaltsabschnitten, logische Schlussfolgerungen. Halten Sie Kontakt zum Dozierenden, dann werden auch unwägbare Dinge wie z.B. Scherze und Gesten erlebt. Gut vorbereitete Vorlesungen veranschaulichen während der Veranstaltung Vieles mithilfe von PowerPoint-Charts, Tafelskizzen oder auf Folie dargestellten Schemata, graphischen Darstellungen etc. Gerade das Miterlebenkönnen eines sich entwickelnden Schemas beispielsweise an der Tafel oder auf dem Flipchartbogen trägt in einer späteren Selbstlernphase oft dazu bei, dass Ihnen der Text, der zur Entwicklung dieser Abbildung führte, wieder ins Bewusstsein kommt.

Das Mitschreiben lässt sich erleichtern, indem Sie sich **Abkürzungen** aneignen, die immer wieder verwendet werden. Sie helfen, Zeit zu sparen und ermöglichen damit eine bessere und intensivere Aufnahme des Vortrages.

Es gehört schon einige Übung dazu, das „günstigste" Maß für das Mitschreiben herauszufinden. Mit der Zeit wird der einzelne jedoch bemerken, dass überlegtes, sinnvolles und sinngemäßes Mitschreiben eine ausgezeichnete Denkschulung darstellt und Sie sich durch diese Tätigkeit zu einem aktiven Zuhörer entwickeln, der sich intensiv mit der inhaltlichen Materie auseinandersetzt.

Die gemachten Notizen sind allerdings noch keine Garantie dafür, dass die Inhalte vollkommen beherrscht werden.

7.3.2.4 Überarbeitung des Mitgeschriebenen

Je eher Sie nach der Veranstaltung die Notizen überarbeiten, desto genauer und wertvoller werden diese Aufzeichnungen. Nochmaliges Abschreiben „ins Reine" ist nicht unbedingt empfehlenswert, damit verlieren Sie nur kostbare Zeit. Gerade für die Überarbeitung bietet sich die **Gruppenarbeit** zu zweit oder zu dritt an. Das Thema wird durch die gemeinsame Ausarbeitung bzw. Aufarbeitung intensiver behandelt, da mögliche Lücken, die in den Mitschriften des Einen entstanden sein können, durch Ergänzungen der Anderen gefüllt werden. Unklarheiten werden durch die Diskussion beseitigt oder, falls auch eine eventuelle Literaturrecherche zu keinen erklärenden Ergebnissen führt, in der nächsten Vorlesung durch Fragen an den Professor.

Vor der eigentlichen Formulierung sollten Sie versuchen, mit Hilfe einiger Überarbeitungsschritte/-methoden das eigene Konzept zu ordnen; denn jetzt, da die Vorlesung vorbei ist und sie diese rückwirkend zusammenhängend überschauen/reflektieren können, sind Sie auch eher in der Lage, das Mitgeschriebene klar und anschaulich zu gestalten, um einen sofortigen und schnellen Zugriff zu einzelnen Tatbeständen zu gewährleisten.

- Ehe zu vieles in Vergessenheit gerät, **unterstreichen** Sie Hauptpunkte (auch farbig), um bei späterem Lernen auch beim Nachschlagen/Durchblättern schnell im Bilde zu sein. Scheuen Sie sich auch nicht, unwichtiges zu streichen.
- Ordnen Sie den Stoff in seiner **richtigen Reihenfolge,** indem Hauptpunkte und Unterpunkte mit Überschriften versehen werden (Stoffstrukturierung).
- Ordnen Sie jedem Gliederungspunkt mindestens einen **Hauptgedanken** zu, wobei Sie eigene Formulierungen verwenden (möglichst vollständige Sätze).
- Nehmen Sie **ergänzend Fachliteratur** (z. B. Bücher, aktuelle Aufsätze in Fachzeitschriften, Internetbeiträge) zu Hilfe.

Überarbeiten des Mitgeschriebenen kann auch heißen, die Inhalte durch grafische Aufbereitung zu visualisieren. Da visuelles Lernen beim Menschen sehr ausgeprägt ist, dient diese Aufbereitung besonders als Gedächtnisstütze und auch als einfache Möglichkeit, komplizierte Inhalte zu ordnen und zu strukturieren. Hierzu bieten sich auch Mindmaps (Gedankenkarten) an. Sogar Spickzettel sind eine große Lernhilfe, da sich die Inhalte alleine beim Verfassen eines solchen viel besser einprägen. Nur vergessen Sie danach nicht, diesen vor der Klausur wieder zu zerreißen …

Wenn das Semester beendet ist, steht bei konsequenter Anwendung dieser Vorgehensweise des Mitschreibens ein vollständiges Manuskript zur Verfügung, das eine unschätzbare Hilfe bei der Klausur- und Prüfungsvorbereitung sein wird. Werden darüber hinaus noch die Hauptpunkte des Manuskriptes als Inhaltsangabe zusammengefasst, besitzen Sie einen „Roten Faden", der es Ihnen erleichtert, den logischen Zusammenhang sofort zu erkennen. Unterschätzen Sie ferner nicht die motivationale Wirkung einer einheitlich-strukturierten, anschaulichen und geordneten „Mitschreibemappe" nach beschriebenem Muster gegenüber einer oftmals uneinheitlichen „Loseblattsammlung" der Vorlesungsmitschriften. Diese Arbeitsschritte sollten Sie auch beim Mitschreiben mittels Notebook beherzigen.

Und noch ein **Hinweis zum Abschluss** dieses Gliederungspunktes: Gehen Sie nicht davon aus, dass die häufig von Professoren ins Hochschulnetz gestellten Charts eines Faches zum Herunterlanden für Sie ausreichend sind für die Stoffabdeckung in diesem Semester und diesem Fach. Diese Charts bilden meist ein gedankliches Gerüst, das es aufund auszubauen und vor allem zu ergänzen gilt um Beispiele, Anregungen, zusätzliche Hinweise und fachliche Exkurse während einer Lehrveranstaltung. Die oftmalige Fülle der Charts ersetzt nicht das Studieren der Literatur oder den Besuch von Lehrveranstaltungen.

7.4 Verarbeitung von Fachliteratur

7.4.1 Effektives Lesen

7.4.1.1 Einstimmung

Auch wenn zukünftig neue Informationsmittel im Rahmen des rasanten Fortschritts von Wissenschaft und Technik dem Buch bisher wesentliche Funktionen abnehmen, bleiben Fachbücher und vor allem Zeitschriftenbeiträge oder Fachbeiträge im Internet, die den aktuellsten fachwissenschaftlichen Stand widerspiegeln, während der Zeit des Studiums unentbehrliche Ratgeber.

Geistige Arbeit setzt intensives Befassen mit der Literatur voraus, was allerdings nicht unbedingt bedeutet, jedes Fachbuch von Anfang bis zum Ende zu lesen, da auch aufgrund der Fülle der Literatur hierzu oftmals nicht die Zeit ausreicht. Ferner kommt es nicht darauf an, ein Buch bzw. einen Fachbeitrag in einer Zeitschrift nur gelesen zu haben. Wichtig ist vielmehr, den Inhalt verstanden und verarbeitet zu haben.

„Nicht jeder der lesen kann, kann lesen". Lesen bedeutet, etwas Geschriebenes durch Erfassen der zu sinnvollen Wörtern und Sätzen vereinigten Buchstaben geistig in sich aufzunehmen. Lesen bedeutet also auch den Sinn des Gelesenen zu erfassen. Dies trifft insbesondere für ein Fachbuch zu, denn gerade hier gilt es, Wort für Wort, Satz für Satz, Abschnitt für Abschnitt zu erfassen, zu verarbeiten und Sinnzusammenhänge zu erkennen.[14]

Auch *Johann Wolfgang Goethe* war sich der Schwierigkeiten des Lesens bewusst und er spottete über das Ansinnen vieler Menschen, die gänzlich ohne Kenntnisvorbereitung jedes wissenschaftliche Buch lesen und so tun mochten, als hätten sie es mit einem schöngeistigen Buch, z.B. einem Roman, zu tun.

7.4.1.2 Leseprobleme

Im Rahmen des „studierenden" Lernens haben viele Studienanfänger mit der einen oder anderen **Leseschwierigkeit** zu kämpfen:

- ▷ Das Studieren von Fachbüchern und fachwissenschaftlichen Beiträgen in Zeitschriften erweist sich oftmals als sehr schwierig, da diese in einer **schwer verständlichen Fachsprache,** gespickt mit einer Vielzahl von Fachtermini, geschrieben sind. Dies kann das Erkennen wesentlicher Inhalte, deren Einordnung in die richtigen Zusammenhänge sowie im Rahmen der Prüfungsvorbereitung das Behalten und später die Wiedergabe des Gelesenen erschweren. *J. W. Goethe* gibt uns hierzu folgenden Hinweis: **„Lehrbücher sollen anlockend sein; das werden sie nur, wenn sie die heiterste, zugänglichste Seite des Wissens und der Wissenschaft hinbieten."**
- ▷ Vielen Studierenden, nicht nur den Studienanfängern, fehlt die **kritische Distanz zum geschriebenen Wort,** d.h. sie nehmen im guten

---

[14] Vgl. hierzu *Fischer, R.:* Effektiver lesen – besser denken – schneller verarbeiten, Grafenau 1983; *Werneck, T.* und *Ullmann, F.:* Dynamisches Lesen, München 1993; *Zielke, W.:* Schneller lesen – intensiver lesen – besser behalten, München 1991; *Mündermann, B. M.:* Zielsicher und schnell lesen, Köln 2007.

Glauben oftmals alles auf, was schwarz auf weiß gedruckt ist. Hier gilt es insbesondere zwischen sachlicher Information und Tatsachen, persönlicher Meinung, Interpretation und Spekulation des Autors oder wissenschaftlicher Erkenntnis zu unterscheiden. Gerade diese Form des kritischen Lesens muss sich während des Studiums entwickeln.

▷ Ein zusätzliches Problem ist die **Fülle der zur Verfügung stehenden Informationen** (z.B. Fachzeitschriften, Zeitungen, Internetpublikationen und Literaturempfehlungen der Dozenten) und deren Bewältigung. Viele Studenten kopieren fleißig und sammeln Zeitungsausschnitte und ausliegende Probehefte von Fachzeitschriften, stets in Erwartung gewisser Mußezeiten, in denen dies verarbeitet werden soll. Gerade hier kommt der Selbstorganisation mit bewusster Zeiteinteilung (Time-Management) und einer gezielten Auswahl des Lesestoffes besondere Bedeutung zu.

▷ Probleme bereitet auch häufig das **„Lesen müssen"** besonders umfangreicher, dicker Grundlagenwerke. Studierende signalisieren oft sehr deutlich, dass diese „dicken" Fachbücher meist demotivierend wirken, da

- der **Lesefortschritt** kaum ersichtlich ist (z.B. 15–20 Seiten pro Stunde und dies bei Büchern mit 800–1200 Seiten);
- die **Schrift nicht gerade lesefreundlich** ist, häufig zu klein und zu gedrängt, mit wenigen Abschnittsunterteilungen und Abbildungen/Tabellen/Graphiken sowie wenig Rand- und Fußnotenfreiheit, um Anmerkungen/Hinweise/Lernhilfen unterbringen zu können;
- die **Dünne des Papiers** der Buchseiten keine Möglichkeit des Markierens bzw. Kennzeichnens wichtiger Textstellen bietet (Textmarker auch auf der Rückseite sichtbar).

Beim Lesen „schöngeistiger" Literatur treten diese Probleme nicht auf, denn das Bedürfnis nach Unterhaltung und Entspannung lässt uns ohne deutliche Zielvorstellung und ohne große geistige Anspannung diese Literatur konsumieren. Anders ist dies beim **„Erarbeiten-Müssen"** von Fachliteratur. Hierzu bedarf es besonderer Lesetechniken, um die Aufmerksamkeit beim Lesen zu erhöhen und dadurch die Behaltensquote zu verbessern. Neben diesem methodisch-organisatorischen Aspekt hängt effektives Lesen auch vom richtigen Zusammenspiel äußerer und innerer Faktoren ab. So sollten neben äußeren Bedingungen wie Arbeitsplatz, Lichtverhältnisse, Umgebung, Körperhaltung/Sitzhaltung und Augenabstand zum Lesematerial insbesondere auch innere Faktoren wie die richtige Tageszeit, Ruhe, Wohlbefinden, Leseeinstellung und Motivation stimmig sein.

7.4.1.3 SQ3R-Lesemethode

7.4.1.3.1 Arbeitsstufen

Bei der Lösung dieser Leseprobleme ist vor allem zu beachten, dass der eigentliche Lesevorgang nur einen Teil der Arbeit im Rahmen der Selbststudienphase darstellt. Entscheidend für die kritische Aufnahme und das Behalten der wesentlichen Inhalte sind die Vor- und Nachbereitung der Literatur.

So wurde in den USA die **Fünf-Punkte-Lese-Methode (SQ3R)**[15] entwickelt, die zu effektivem und rationellerem Lesen beitragen soll. Dabei wird der Lernvorgang beim Lesen in folgende Schritte zerlegt:

Survey	– Überblick gewinnen, durchsehen
Question	– Fragen stellen
Read	– lesen
Recite	– aufsagen, in Erinnerung rufen
Review	– wiederholen, nochmals durchsehen

Die untenstehende *Abbildung 14* verdeutlicht in Regelkreisform, was mit den einzelnen Schritten gemeint ist.

7.4.1.3.2 Überblick verschaffen

Sich einen Überblick verschaffen heißt, sich mit schnell erfassbaren Informationen des Buches überschlägig vertraut zu machen.

Verschaffen Sie sich zuerst diesen Überblick, indem Sie **kursorisch lesen,** d.h. Inhaltsverzeichnis, Kapitel etc. überfliegen (cursor = Läufer), um einen Gesamteindruck zu erhalten und sich mit dem Autor selbst sowie seinem praktizierten Sprachgebrauch (einfach oder schwierig mit vielen Fremdworten) vertraut zu machen. In diesem Falle kann uns dieses „überfliegende“ Lesen auch schon bei der Auswahl passender Literatur bestimmte Vorteile verschaffen, insbesondere wenn man die ansteigende Zahl der Veröffentlichungen betrachtet. Einen ersten Überblick durch kursorisches Lesen zu gewinnen, ist bereits eine Kunst, die es zu erlernen gilt. Es ist mit viel Übung verbunden, sich ein Gesamtbild anhand einiger weniger markanter Einzelpunkte zu verschaffen.

---

[15] Vgl. *Robinson, F.:* Effective Study, Revised edition, New York 1961.

<table>
<tr><td>1. Überblick gewinnen
(allgemeine
Orientierung)</td><td>• Wer ist Autor?
• Umschlag betrachten
• Vorwort lesen
(Vorgeschichte, Hintergründe)
• Inhaltsverzeichnis (Aufbau)
• Zusammenfassungen überfliegen
• Anordnung der Titel
(Haupt- und Untertitel)</td></tr>
<tr><td>2. Fragen stellen über
den
zu lesenden Text</td><td>• Was steckt hinter den Überschriften?
• Definitionen?
• Erfragen von Zusammenhängen</td></tr>
<tr><td>3. Lesen</td><td>• Überlegungen des Autors nachvollziehen
• Gelesenes in Frage stellen
• Vorausdenken, bewusst aufnehmen
• Hauptaussagen, Grundidee jedes
Kapitels suchen
z. B. Ausdrücke wie
„Vorrangig ist zu nennen …"
„Von Wichtigkeit sind …"
„Zusammenfassend lässt sich
festhalten …"
• Fremdwörter/Fachtermini wichtig
(Definitionen mehrmals lesen)
• Unterscheidung zwischen Tatsachen
und Meinungen, wissenschaftlichen
Erkenntnissen, eigenen Interpretationen,
Spekulationen des Autors</td></tr>
<tr><td>4. Rekapitulation
• geistige
• schriftliche
Bewusstes Aufnehmen
und Verankern im
Gedächtnis</td><td>• Gelesenes in Erinnerung rufen
• gestellte Fragen beantworten
• in Stichworten Hauptpunkte festhalten
• Nachdenken über das Gelesene</td></tr>
<tr><td>5. Repetieren</td><td>• Überfliegen der Überschriften
• Sinngehalt in Erinnerung rufen
• Notizen durcharbeiten, Zusammen-
hänge herstellen</td></tr>
</table>

Abb. 14: Fünf-Punkte-Lese-Methode

Einige dieser Einzelpunkte, die oftmals auch darüber entscheiden, ob überhaupt und in welchem Umfang das vorliegende Buch gelesen wird, könnten sein:

- der **Buchtitel,** der in wenigen Worten den Buchinhalt umreißt;
- der **Verfassername,** meist verbunden mit einer **kurzen Vorstellung** seines beruflichen Werdegangs;
- eventuell ein **Schutzumschlag,** auf dessen Einschlaglaschen vorne und hinten der Verlag oftmals die Absicht des Werkes beschreibt oder gar kleine Auszüge aus Buchbesprechungen (Rezensionsteile) publiziert sind;
- **Verlagsangaben** auf dem Titelblatt oder dessen Rückseite geben Auskunft über z. B. den Erscheinungsort und das Erscheinungsjahr des Buches, die Anzahl der Auflagen, ob Original oder Übersetzung;
- ein **Vorwort,** in dem der Autor selbst Intentionen, die zur Entstehung dieses Buches geführt haben, preisgibt und eventuell die inhaltliche Vorgehensweise begründet sowie inhaltliche Abgrenzungen ankündigt;
- das **Inhaltsverzeichnis,** das die inhaltliche Anordnung des Geschriebenen wiedergibt; es zeigt an, was angesprochen wird und was nicht;
- **Fußnoten,** in denen verarbeitete Literatur aufgeführt wird und eventuell wichtige Begriffe erläutert sowie Querverweise auf nachfolgende Kapitel gegeben werden;
- **Abbildungen, Tabellen, Statistiken** etc., die meist wertvolle Erklärungsmittel darstellen sowie schwierige und weitreichende Zusammenhänge verdeutlichen;
- **Literaturverzeichnis,** das den Studierenden mit den Unterlagen bekannt macht, die vom Autor des Buches verarbeitet wurden. Es sagt auch etwas über die Aktualität der verwendeten Literatur aus.

Die Umsetzung einzelner Orientierungshilfen kann jetzt die Entscheidung erleichtern, ob dieses Buch überhaupt bzw. welche Kapitel speziell für bestimmte, zu bearbeitende Frage- und Problemstellungen herangezogen werden. Einige dieser Schrittfolgen lassen sich analog auch beim Lesen von Fachbeiträgen in Zeitschriften anwenden.

Diese Vorgehensweise bringt dem Studierenden Zeitvorteile gegenüber dem Seite-für-Seite-Lesen. Ferner selektieren Sie schon sehr frühzeitig, z. B. über die Prüfung eines verständlichen Sprachgebrauches des Autors oder ob Sie dieses Buch ausleihen bzw. kaufen.

7.4.1.3.3 Fragen stellen

Stellen Sie sich in dieser Phase **erste Fragen zu bestimmten Überschriften von Kapiteln,** versuchen Sie wichtige Begriffe zu definieren und kapitelübergreifende Zusammenhänge zu erfragen bzw. zu hinterfragen.

Durch das frühzeitige Fragenstellen wird aus dem passiven Leseverhalten eine aktive Lesehaltung. Im Bereich der Pädagogik wird die Frage bzw. das Fragen im Unterricht als wichtiger **Impulsgeber** gesehen (vom passiven zum aktiven Lernen). Eine den zu lesenden Text hinterfragende Haltung wirkt sich daher aktivierend und motivierend aus. Starres Zeile-für-Zeile-Lesen führt frühzeitig zu Ermüdungserscheinungen und wirkt demotivierend.

Lesen Sie bewusst, indem Sie schon frühzeitig das Inhaltliche fragend erarbeiten. Folgende Fragen könnten dabei Hilfestellungen bieten:

- Was steckt hinter den Kapitelüberschriften?
- Welche Vorkenntnisse habe ich als Lesender bereits hierzu?
- Sind Übungen, Fragen oder Fälle vorhanden, um das Gelesene umsetzen/anwenden zu können?
- Handelt es sich um einen theoretischen Beitrag oder sind auch praxisbezogene Teile eingebunden?

Fragen Sie sich nach Zusammenhängen mit anderen, Ihnen evtl. bereits bekannten fachlichen oder auch fachfremden Inhaltsgebieten (Interdisziplinarität des Wissens) und suchen schon frühzeitig Antworten auf diese Fragen. Stellen Sie sich diese Fragen anfangs ruhig schriftlich, und zwar solange, bis sich die Fragehaltung, die in Abhängigkeit von den individuellen Interessenschwerpunkten und dem Wissensstand zu sehen ist, von selbst einstellt.

7.4.1.3.4 Lesen

Im Anschluss an diese, die Literatur vorbereitenden/aufbereitenden Schritte, folgt nun der eigentliche Lesevorgang, mit dem Ziel, auf die eingangs gestellten Fragen die kompletten Antworten zu finden. Konzentrieren Sie dabei Ihre Aufmerksamkeit auf folgende Punkte, z. B.:

- Gedankengänge/Überlegungen des Autors nachvollziehen
- kritisches Lesen, Gelesenes auch in Frage stellen
- Prospektives Lesen, vorausdenken
- Fremdwörter/Fachtermini definieren, nicht überlesen

- Hauptaussagen der einzelnen Kapitel/Abschnitte suchen. Diese stecken oftmals in Ausdrücken wie „Vorrangig ist zu nennen …", „Von Wichtigkeit sind …", „Zusammenfassend lässt sich sagen …"
- Unterscheidung zwischen Tatsachen und Meinungen, wissenschaftlicher Erkenntnis, eigenen Interpretationen, Utopien oder Spekulationen des Autors

Diese Form des **„durcharbeitenden" Lesens** wird auch als verweilendes bzw. statuarisches Lesen (feststehendes, ruhiges Lesen) bezeichnet. Ziel ist es, die Stoffinhalte nicht zu überfliegen, sondern gründlich und systematisch zu erarbeiten, d.h. auch Unverstandenes nicht einfach so hinzunehmen und zu überlesen, in der Hoffnung, dass zu einem späteren Zeitpunkt dann irgendwann die Erleuchtung kommt. Dies gilt insbesondere für Fremdworte im Text. Aus diesem Grunde gehört eigentlich ein Fachlexikon zum Studiengepäck jedes Studenten. Zwingen Sie sich dazu, bei wichtigen Begriffen und Textzusammenhängen zu verweilen und Definitionen eventuell mehrmals und sogar laut zu lesen, um über das sich selbst hören einen größeren Behaltenseffekt zu erzielen. Diese Vorgehensweise eignet sich auch für das Verarbeiten und Verstehen sprachlich besonders schwieriger Textstellen/Abschnitte. Für verständnisvolles Lesen von großer Bedeutung sind **Lesepausen,** die zum Nachdenken und Verarbeiten des Gelesenen dienen. Zwingen Sie sich ferner dazu, auch **Abbildungen, Tabellen** usw. nicht zu überlesen bzw. gar zu überschlagen, um gerade bei voluminösen Büchern wieder einen Seitengewinn zu erzielen. Insbesondere Abbildungen, die z.B. zum Abschluss eines Kapitels stehen, visualisieren oftmals das vorher Beschriebene in übersichtlicher Form oder zeigen Gesamtzusammenhänge kapitelübergreifend/fachübergreifend und bildhaft auf.

7.4.1.3.5 Rekapitulieren

Das Rekapitulieren des Gelesenen bezieht sich auf das **bewusste Aufnehmen der Inhalte** und deren Verankerung im Gedächtnis. Rekapitulieren Sie das Gelesene, indem Sie es sich in den Lesepausen oder bereits am Ende eines Abschnittes/Kapitels in Erinnerung rufen, evtl. mündlich wiederholen (Nachvollziehen durch Vorsagen) oder in Stichworten Schlüsselsätze/-aussagen notieren.

Das schriftliche und mündliche Nachvollziehen der durchgearbeiteten Inhalte hat den Vorteil, das Verständnis des Gelesenen in eigenen Worten überprüfen zu können.

Gerade dann, wenn Sie bei neuen fachwissenschaftlichen Inhalten noch Formulierungsschwierigkeiten haben, werden Sie durch die systematische Anwendung dieses Schrittes (schriftlich oder vorsprechen) gezwungen, Gedankengänge Anderer nachvollziehen und formulieren zu müssen.

7.4.1.3.6 Repetieren

Nehmen Sie das Gelesene bewusst und konzentriert auf und verankern Sie es **über häufigeres Wiederholen** im Gedächtnis. Das Begreifen, Behalten und das sich Erinnern und selbständige Wiedergeben auch komplizierter Sachverhalte stellen wichtige Wesenszüge des Studierens dar. Der Studien- bzw. Lernerfolg ist nur gewährleistet, wenn die Stoffinhalte verstanden wurden und ihre Wiedergabe und Anwendung gewährleistet ist. **„Die Bildung kommt nicht vom Lesen, sondern vom Nachdenken über das Gelesene“** *(Hilty).*

Diese Vorgehensweise beinhaltet noch einen motivationalen Aspekt. Der ständige Wechsel zwischen Fragen stellen, Lesen, Rekapitulation und Wiederholung verhindert starres Lesen, hält das Interesse wach und wirkt frühzeitiger Ermüdung entgegen.

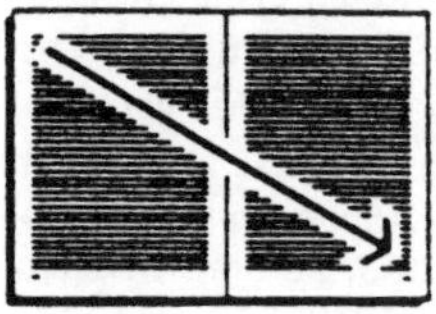

S
1. Überblick verschaffen

Q
2. Fragen aufschreiben

R
3. Lesen

R
4. Rekapitulieren

R
5. Zusammenfassen/ Wiederholen

7.4.1.4 Anregungen zur Effektivierung des Lesens

Positive **Lesegewohnheiten**[16] bestimmen die Leseleistung und die Aufnahmebereitschaft. Solche Leseregeln können z. B. sein:

---

[16] Vgl. auch *Zielke, W.:* Schneller lesen – besser lesen, München 1971, S. 59 ff. und *Korff, E./Reineke, W.:* Arbeitstechnik für Vielbeschäftigte, Heidelberg 1980, S. 105 f. und *Buzan, T.:* Speed Reading. Schneller Lesen, mehr verstehen, besser behalten, Frankfurt 2005, S. 130–160.

- **Lesen Sie aktiv,** d. h. stellen Sie dem Autor Fragen und achten Sie auf die Antwort, die im Text gegeben wird.
- Benutzen Sie beim Lesen **wechselnde Techniken.** Variieren Sie in der Lesegeschwindigkeit, und verfallen Sie nicht in starres Lesen. Passen Sie Ihr Lesetempo dem Schwierigkeitsgrad des Textes an; dies bedingt, dass Sie mal langsamer mal schneller lesen. Langsames Lesen garantiert allerdings nicht, dass man den Text besser versteht. Wichtig ist, dass Sie den Sinn einer Textstelle verstehen, der Rest ist Denken.
- **Überlesen Sie nichts,** d. h. jede Fachwissenschaft bedient sich eines eigenen Sprachgebrauches und einer Vielzahl von Fachtermini. So stoßen Sie beim Lesen von Fachbeiträgen häufig auf Wörter, deren Bedeutung Sie nicht oder nicht genau kennen. Sie haben dann nur die Wahl, den Textabschnitt zu Ende zu lesen, in der Hoffnung, dass sich aus dem folgenden Text die Bedeutung ableiten lässt oder aber Sie schlagen die Bedeutung dieses Begriffes sofort in einem Fachlexikon nach. Dies ist wichtig, um der Regression bzw. dem Zurückspringen zu entgehen, d. h. Ihre Augen kehren ständig unbewusst zu dem Wort zurück, dessen Bedeutungsgehalt Sie nicht kennen. Dieses „Zurückspringen" ist eine Art „visueller Tic", ein unbewusstes Zurückgehen. Lernen Sie, bewusst zu lesen, denn gerade zu Beginn der Beschäftigung mit einer Fachwissenschaft steht Verstehen vor Schnelligkeit. Lösen Sie auftretende Wortschatzprobleme, indem Sie deren Bedeutung umgehend suchen.
- Lesen Sie **konzentriert,** lassen Sie sich nicht ablenken und achten Sie auch darauf, dass Ihre Gedanken nicht plötzlich spazierengehen. Schützen Sie sich gegen äußere Störungen, denn diese haben erheblichen Einfluss auf die Konzentrationsfähigkeit. Konzentriertes Lesen bedeutet, dass Sie alle Gedanken auf den zu lesenden Stoff richten.
- Lesen Sie ruhig zu Anfang unhörbar mit den Lippen (Subvokalisierung) oder bestimmte Textpassagen gar laut, denn gerade zum Einstieg in eine neue Fachwissenschaft kann oftmals über das **„Sich-selbst-hören"** die Erkenntnis bzw. das Verständnis für das Geschriebene gewonnen werden. Natürlich hemmen diese Subvokalisierung und das „Lautlesen" die Lesegeschwindigkeit, aber gerade im Anfangsstadium Ihres Studiums geht Verstehen vor Schnelligkeit.
- Nutzen Sie ferner zum Einstieg in ein neues Fachgebiet das **Mitzeigen** mit dem Finger oder das **Anlegen** eines Lineals. Zwar lässt auch diese Lesehilfe das Lesen langsamer werden, aber sie stellt eingangs eine ausgezeichnete Methode dar, Konzentration und Aufmerksamkeit aufrecht zu erhalten.
- Wie bei jeder Tätigkeit, so ist auch die **Motivation für das Lesen** sehr wichtig. Lesen Sie dosiert, d. h. nehmen Sie sich nicht vor, täglich

sechzig Seiten oder drei Stunden zu lesen (häufiges Lernverhalten vor Klausuren oder Prüfungen), denn bereits nach kurzer Lesephase schweift Ihr Blick ständig auf die Uhr oder die Seitenzahl ab, und gedanklich versucht man dann sehr häufig, bereits „Hochrechnungen" zu machen. Denken Sie daran, dass durch diese einseitige Belastung die Augen schnell ermüden. Legen Sie kurze Leseetappen ein, und überprüfen Sie ständig (z.B. abschnittweise/kapitelweise), ob eine geistige Verarbeitung des Gelesenen stattgefunden hat, indem sie z.B. die Augen schließen, dann das gedanklich zu rekapitulieren, was vorher gelesen wurde. Bleibt im Zeitablauf immer weniger gedanklich verarbeitet, ist es Zeit für eine Erholungsphase.

- Treffen Sie eine **gezielte Auswahl** dessen, was Sie lesen, denn häufig ist es nicht erforderlich, sämtliche Texte oder ein ganzes Buch zu lesen. Lernen Sie auch, Ausführungen, die derzeit vom Vorlesungsplan her nicht interessant sind, zu übergehen und setzen Sie sich verstärkt mit den Inhalten auseinander, die für die Ergänzung der Lehrveranstaltungen wesentlich scheinen.
- Lassen Sie **Abbildungen, Tabellen und Schaubilder,** die im Text oder zum Abschluss eines Kapitels dargeboten werden, nicht aus. Sie sparen dadurch keine Zeit und schaffen auch nicht mehr Seiten innerhalb einer bestimmten Zeit. Sie riskieren eher eine Verständnislücke, denn Abbildungen verfolgen den Zweck, bestimmte Tatbestände zu erhellen, das Essentielle eines Abschnittes nochmals vergleichend zu präsentieren oder Querverbindungen und Zusammenhänge kapitel-/abschnittübergreifender Art visualisiert darzustellen. Abbildungen und Schaubilder zeigen oftmals sehr viel klarer und deutlicher das auf, was im Text umständlich beschrieben wurde.
- Berücksichtigen Sie auch die vom Autor verwendeten **gedanklichen Wegweiser** wie Überschriften, Unterstreichungen, Fettgedrucktes usw.
- Achten Sie auf **Wegweiser,** ausgedrückt in Worten, die Einleitungen, Verstärkungen oder Betonungen im laufenden Text signalisieren, z.B.
  - Wortsignale wie besonders, folglich, daher, deshalb etc., die einen tragenden oder erläuternden Gedanken einleiten (Einleitungssignale)
  - Wortsignale wie auch, außerdem, ferner, überdies, zusätzlich, darüberhinaus, ebenso, usw., die einen kurz zuvor ausgedrückten Gedanken betonen/verstärken/hervorheben (Verstärkungssignale)
  - Wortsignale wie andererseits, aber, jedoch, trotzdem, vielmehr etc. zeigen einen Richtungswechsel der Gedankenfolge an (Änderungssignale).

- Es ist wichtig für Sie, **eine** Sache **gründlich** zu lesen und durchzuarbeiten als **vieles** oberflächlich, denn oberflächlich Gelesenes wird nicht behalten. Es ist auch nicht so, dass alle Leseinhalte gleich gut behalten werden. Das Interesse für die jeweiligen Inhalte beeinflusst maßgeblich das Behalten.
- Lesen Sie zuviel Fachliches auf einmal und möchten dies auch noch behalten, üben Sie nicht Ihre Merkfähigkeit, sondern überfordern sich.
- Das Gelesene bleibt im Gedächtnis stärker haften als das nur Gehörte. **Unterstreichungen, Anmerkungen** und **Textauszüge** machen sich hier bezahlt, da Sie sowohl visuell als auch motorisch eingespannt sind.
- Bei fachwissenschaftlicher Literatur ist es mit dem einmaligen Lesen meist nicht getan. Soll das Gelesene haften bleiben, muss es immer wieder neu durchgearbeitet und durchdacht werden, aber nicht mechanisch. Das erneute Lesen muss immer wieder mit neu geweckten Motiven, neuer Interessiertheit und neuer Lerneinstellung verbunden sein. Auf diese Art sind gerade Textauszüge, Zusammenfassungen und in Schaubildern dargestellte Inhalte immer wieder etwas Neues.

Fragen Sie sich jeweils am Ende eines Abschnittes: Was ist das inhaltlich Wesentlichste? Habe ich das Gelesene verstanden? Diese **retrospektive Betrachtung** kann dazu dienen, ein Fazit aus der Lesearbeit zu ziehen. Haben Sie alles verstanden, so kann eine prospektive Betrachtung dazu verhelfen, uns gedanklich weiterzuentwickeln und uns anhand der neuen Überschrift bereits zu fragen, was wir über das jetzt Folgende schon wissen. **„Lesen ohne Nachdenken macht stumpf; Nachdenken ohne lesen geht irre“.** *(B. v. Clairvaux)*

Abschließend einige Anregungen zum Lesen:

- nicht die Schnelligkeit ist wichtig, sondern das Verstehen, das Behalten des Gelesenen
- effektives Lesen setzt eine intensive Auseinandersetzung mit den Inhalten voraus
- zwischendurch Pausen zum Nachdenken einlegen
- Lesestoff zeitlich dosieren, jeden Tag 30 Minuten und dies von Studienbeginn an; fachwissenschaftliche Literatur kann selten über einen Zeitraum von 3–5 Stunden gelesen werden
- Abschnitte/Kapitel wiederholen, Notizen machen (Exzerpt erstellen), Inhalte gedanklich ordnen
- das Gelesene mit Kommilitonen besprechen, diskutieren und in Übungen anwenden

7.4.2 Das Lesen unterstützende Methoden (Markieren und Exzerpieren)

7.4.2.1 Einstimmung

Gewöhnen Sie sich frühzeitig daran, wichtige Literatur nicht nur zu lesen, sondern auch nachzuarbeiten bzw. erneut durchzuarbeiten. Daher ist es wichtig, dass Sie sich auch aufgrund der Menge der zu lesenden Literatur Erleichterungen schaffen, indem Sie wissenswerte Textstellen hervorheben **(Markieren)** und Textauszüge **(Exzerpte)** anfertigen. Nur so stellen Sie eine effiziente Verarbeitung des Lesestoffes sicher und bieten Erleichterungen für die Lesewiederholung z. B. dergestalt, dass Sie jetzt nur noch die markierten Teile lesen, die für das Textverständnis wichtig sind und somit zu einer Steigerung des Lesetempos kommen.

7.4.2.2 Bilden von Schlagwörtern und Setzen von Merkzeichen

Nutzen Sie beim Durcharbeiten von Büchern und Zeitschriftenbeiträgen weitere wichtige und ergänzende Kniffe und Techniken, so z. B. das **Setzen von Leitworten** am Rande und die Verwendung von **Merkzeichen.**

Informationen über den Inhalt einzelner Abschnitte können verdeutlicht werden, indem Leitworte/Schlagworte am linken oder rechten Rand ausgeworfen werden. Dies kann entweder ein Stichwort aus dem Text des Verfassers sein oder aber ein eigens gewählter Begriff (Schlagwort), der den Inhalt knapp wiedergibt.

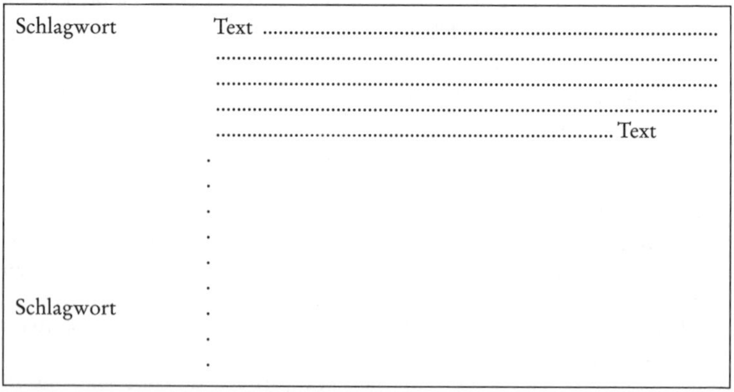

Abb. 15: Schlagwortbildung

Diese sog. Marginalien finden Sie im Übrigen in einigen Lehrbüchern. Sie bieten Ihnen die Möglichkeit, sich bei mehrmaligem Nacharbeiten der Inhalte (Wiederholung) nur noch anhand der Schlagworte vorzuarbeiten und zu überprüfen, was auf der Basis dieses Schlagwortes an Inhaltlichem aus dem Gedächtnis abgerufen werden kann. Ferner bietet Ihnen dieser Gliederungsansatz die Möglichkeit, schneller auf bestimmte, wünschenswerte Textstellen zugreifen zu können.

Um wichtige Textstellen hervorzuheben, den Inhalt überschaubar zu machen und Hauptargumente und -gedanken des jeweiligen Abschnittes zu kennzeichnen, sind **Merkzeichen** unerlässlich. Diese Markierungen (Randmarkierungen und Unterstreichungen) sollten allerdings sparsam eingesetzt und nur in eigenen Büchern bzw. Zeitschriften vorgenommen werden, um z. B. den Unterstreichungseffekt durch zu viele Markierungen nicht wieder aufzuheben. So zeigt die Erfahrung sehr häufig, dass derartige Unterstreichungen und Randbemerkungen auch z. B. in Büchern zu finden sind, die Eigentum der jeweiligen Hochschule sind. Bitte denken Sie daran, dass der nachfolgende Leser durch diese Markierungen nur verwirrt wird.

Da der Wissens- bzw. Kenntnisstand des einzelnen Lesers immer von dem des anderen Lesers abweicht, werden Merkzeichen oft unterschiedlich verwendet. Dafür, welche Zeichen für welche Anmerkungen benutzt und welche Farben hierzu gewählt werden, gibt es keine verbindlichen Regeln. Jeder Studierende sollte sein **individuelles Markierungssystem** entwickeln. Wichtig ist hierbei lediglich, dass z. B. die einmal gewählten Zeichen konsequent verwendet werden. Nachfolgend sind einige Beispiele hierzu aufgeführt.

Sinnvoll ist es, im eigenen Buch bzw. Zeitschriftenbeitrag mit Bleistift- und Farbunterstreichungen zu arbeiten, denn gerade diese farbliche Differenzierung der Markierungen und Unterstreichungen lässt unterschiedliche Werte einzelner Textstellen darstellen bzw. erkennen. Maßgebliche Leitidee für diese Vorgehensweise im oder am Rande des Textes kann es nur sein, **Kerngedanken** hervorzuheben und **Wichtiges bzw. Unverstandenes** zu kennzeichnen, d. h. die äußere Struktur des Textabschnittes aufzuschlüsseln, um dies später wiederzuerkennen und zügigeres Lesen in der Repetitionsphase des Studierens zu gewährleisten. Bedienen Sie sich also dieser Unterstreichungstechnik, um sich die Inhalte besser einprägen zu können, beim späteren Durcharbeiten Kerngedanken wieder vor Augen zu haben und über diesen Weg Zusammenhänge schneller und besser erfassen zu können. Markieren erleichtert somit beim Wiederholen die Orientierung und schafft Zeitgewinn, fördert die visuelle Aufnahme und das Behalten von Inhalten. Die Nutzung dieser Lernvorteile setzt allerdings gezieltes, überlegtes, rationelles und systematisches Markieren voraus, denn der rote Faden des Buches bzw. Zeitschriftenbeitrages soll zutage treten, das sachlich Wichtigste soll auffallen. So ist es sinnvoll, nicht während des Lesens, sondern im Anschluss an das Durcharbeiten eines Abschnittes zu markieren, wobei wir das kennzeichnen, was neu ist, nicht was wir schon wissen und was bei der Wiederholung mit einem Blick erfasst werden soll.

_	Unterstreichen (im Text)	=	Neues, Wichtiges, Kerngedanken, Thesen
|	Anstreichen (am Rand)	=	Für das Verständnis wichtige Aussagen bzw. Absätze mehrzeiligen Umfangs, bei denen das Unterstreichen nicht zweckmäßig ist
~	Wellenlinie (im Text)	=	Fachausdruck
	Wellenlinie (am Rand)	=	Hinweise auf gute Formulierung (evtl. spätere Verwendung des Zitats im Rahmen einer Hausarbeit/Diplomarbeit)
?	Fragezeichen (am Rand)	=	Unverstanden (Klärung nötig)
!	Ausrufezeichen (am Rand)	=	Hinweis, diese Stelle beachten!
		=	Nicht vergessen!
		=	Nichts übersehen!
D		=	Definition!

Abb. 16: Markierungsvorschläge

In diesem Sinne bietet die Markierungstechnik **folgende Vorteile:**

- Markierungen setzen Prioritäten, wichtige Textstellen werden hervorgehoben/betont, unwichtige in den Hintergrund gestellt;
- Markierungen helfen, einen Text zu strukturieren;
- Markierungen erleichtern das Wiederauffinden (für eine Hausarbeit/Referat) und Wiederholen wichtiger Textbestandteile;
- Markierungen fördern durch die visuelle Hervorhebung insbesondere das Behalten.

Erst wenn wichtige Textstellen Ihres Buches bzw. Ihres Zeitschriftenbeitrages unterstrichen, mit Notizen und Randbemerkungen versehen sind, erweist sich dieses Schriftstück als besonders wertvoll.

7.4.2.3 Auszugsweise Wiedergabe – Exzerpieren

Neben der Bildung von Schlagwörtern und der Markierung von Textstellen stellt das Exzerpieren eine weitere sinnvolle Ergänzung der Lesemethodik dar. Ein **Exzerpt** ist die **auszugsweise Wiedergabe eines**

Buch- oder **Zeitschriftentextes,** also ein Textauszug. Diese Auszüge haben den Vorteil, dass Sie über ein Wissen verfügen bzw. vorliegen haben, das aus der Literatur kommt, die Sie eventuell schon wieder in der Bibliothek abgegeben haben.

Exzerpte können **wörtliche** oder **sinngemäße** Textauszüge sein. Sie machen in kurzer Form die Gedanken des jeweiligen Autors verfügbar. Bei wörtlichen Exzerpten sind die Zitierregeln, d.h. das Setzen der Textstelle in Anführungszeichen, die genaue Angabe des Autors, des Buch- oder Zeitschriftentitels, des Erscheinungsortes und -jahres sowie die Seite wichtig. Dies ist auch besonders zu beachten, wenn Sie Ihr Exzerpt für die Erstellung von Referaten und Hausarbeiten nutzen.

Bei sinngemäßen Exzerpten wird in eigenen Worten das Geschriebene des Autors wiedergegeben. Auch hier verlangt wissenschaftlich einwandfreies Arbeiten, dass sinngemäße Übernahmen entsprechend der Zitierrichtlinien gekennzeichnet werden müssen.

Exzerpieren erfordert große Sorgfalt und sollte sich wirklich nur auf das Wesentlichste des Inhaltes beschränken. Umfangreichere Textauszüge führen lediglich zu monotonem Abschreiben. Mit Ausnahme von Definitionen, zentralen Begriffen und Thesen ist es bei der Anfertigung eines Textauszuges wichtig, eigene Formulierungen zu gebrauchen. Dies hat folgende Vorteile:

- Es zeigt sich, ob ein Text wirklich verstanden wurde, denn Sie lernen das Wesentliche zu erkennen und es von weniger Wichtigem zu trennen.
- Der Leser wird aktiv, indem er das Gelesene nochmals durchdenkt. Dieses Ordnen des Inhaltlichen beim Niederschreiben, das Einordnen in bzw. Verknüpfen mit bereits Bekanntem oder anderen Fachdisziplinen stellt hohe Anforderungen an das Denkvermögen.
- Es zwingt zu kurzen und klaren Aussagen.
- Die Zusammenfassung von Kernaussagen eines z.B. mehrseitigen Zeitschriftenbeitrages auf einer Seite erleichtert das spätere Wiederholen, prägt sich durch das Mitschreiben besser ein und verschafft somit einen Zeitgewinn. Ferner verbessern Sie Ihren sprachlichen Ausdruck, denn Sie lernen sinngemäß knapp und klar zu formulieren.
- Komplizierte, langatmig beschriebene Sachverhalte lassen sich unter Zuhilfenahme von Tabellen und Abbildungen u.U. methodisch und visuell so gestalten, dass der Gesamtzusammenhang verständlicher und das Behalten im Gedächtnis durch diese Visualisierung gefördert werden.

Der **Exzerpierprozeß** sollte dabei, wie die Textmarkierung, erst nach dem Lesen eines Textabschnittes begonnen werden. Arbeiten Sie auch hier vorausschauend, indem Sie vielleicht bei eigenen Büchern kürzere Auszüge erstellen und bei entliehenen, teuren Standardwerken, die von Studierenden sehr stark genutzt werden, umfangreichere Auszüge anfertigen.

Die Erstellung qualifizierter Exzerpte werden Sie kaum im ersten Anlauf schaffen. Es gehört auch hier sehr viel Übung dazu. Erleichtern Sie sich die Arbeit, indem Sie die **vorgefertigten DIN A 4-Bogen** verwenden *(Abb. 17)*.

	Literaturauswertung	
Buch/Zeitschrift (bibliogr. Angaben):		Standort (Bibl./Zuhause)
Seite(n)	Inhalte	Schlagwörter

Abb. 17: Vorstrukturierter Literaturauswertungsbogen

Anfangs werden Sie noch viel zu sehr mit der geistigen Verarbeitung der Inhalte beschäftigt sein. Ferner fehlt Ihnen oftmals noch der Überblick über das gelesene Kapitel oder Buch und Sie können noch nicht so gut unterscheiden, was wichtig und weniger wichtig ist. Führen Sie die Erstellung von Textauszügen **konsequent durch,** auch wenn im Anfangsstadium des Studiums noch Einiges lückenhaft sein sollte. Sie werden sehen, je länger, konsequenter und gründlicher Sie derartige Textauszüge erstellen und sammeln, umso mehr schließen sich anfängliche Lücken; mit System durchgeführt lassen sich Zusammenhänge schnell erkennen.

Diese Tätigkeit sinnvoller Erarbeitung der Literatur sowie das lückenlose Sammeln solcher Auszüge wird vor allem für die Erstellung einer Hausarbeit, eines Referates, der späteren Bachelor- und Masterarbeit oder gar einer Dissertation sehr wichtig. Gerade die Fülle der zu verarbeitenden Literatur während eines Studiums macht eine derartige Vorgehensweise unumgänglich. Bedeutende Frauen und Männer vor Ihnen haben mit großem Eifer Material gesichtet, zusammengetragen und ausgewertet.

So wissen wir von *Johann Wolfgang Goethe,* dass dieser Jahre und Jahrzehnte hindurch Material für die Erstellung seiner zukünftigen Werke und Schriften gesammelt hat. *Karl Marx* wird nachgesagt, dass er rund vierundzwanzig Jahre benötigte, um sein Werk „Das Kapital" zu erstellen, wofür er über 1500 Bücher durcharbeitete und hunderte von Seiten an Exzerpten erstellte.

Lernen wir von diesen Klassikern und halten uns abschließend nochmals vor Augen, warum diese Arbeits- und Lerntechnik so effizient ist:

- Wir lernen das Wesentliche zu erkennen und dies vom weniger Wichtigen zu trennen;
- Wir können während des Niederschreibens den Inhalt bereits in inhaltlich Bekanntes einordnen. Fachlich wichtiges und richtiges zu trennen, zu verbinden und zu kombinieren wird als Denkvorgang geübt;
- Wir gewinnen neues Wissen hinzu, denn das, was mit- bzw. herausgeschrieben wird, prägt sich besonders ein;
- Wir verbessern unsere sprachliche Ausdrucksfähigkeit, denn wir lernen, knapp und klar zu formulieren.

Denken Sie daran, **exzerpieren will gelernt sein.** Verzagen und resignieren Sie nicht, wenn Sie mit dem Ergebnis Ihres Exzerpierprozesses im ersten Anlauf noch nicht zufrieden sind. Gerade anfangs sind Sie oftmals noch zu sehr mit der geistigen Verarbeitung des Inhaltlichen beschäftigt, es fehlt Ihnen noch der Überblick über das Themengebiet und Sie können noch nicht so differenzieren, was jetzt wirklich wichtig ist. Üben Sie sich daher im Exzerpieren und im Sammeln dieser Textauszüge, dann schließt sich auch diese Lernlücke. Halten Sie sich beim Exzerpieren an die Anregungen von *Joseph Pulitzer:* **„Was immer Du schreibst – schreibe kurz, und Sie werden es lesen, schreibe klar und Sie werden es verstehen, schreibe bildhaft, und Sie werden es im Gedächtnis behalten".**

7.5 Anwenden und Weitergeben von Wissensstoff

7.5.1 Prüfungen

7.5.1.1 Prüfungsängste

Prüfungen sind eine ernste und für Studierende bedrohliche Angelegenheit. Bereits der Gedanke an das Examen erzeugt meist Unbehagen. **Prüfungsängste** beeinträchtigen in erheblichen Maße die Leistungsfähigkeit und auch die Leistungsbereitschaft vieler Betroffener. Zu deren Abbau ist es wichtig, geeignete Methoden wirkungsvoll zu kombinieren sowie sich frühzeitig mit formalen Bedingungen und Anregungen vertraut zu machen. Eine Verdrängung dieser Gegebenheiten ist dabei ein ebenso schlechter Ratgeber wie die Angst vor der Angst. Eine sachliche Beschäftigung mit Prüfungsängsten erscheint daher angebracht.

In unserer Gesellschaft, die in hohem Maße auf Prüfungen ausgerichtet ist, stellt die **Angst vor Prüfungen** eine immer gegenwärtige Erscheinung dar, so auch im Studium. Gerade hier wird noch zu stark der Standpunkt vertreten, dass jeder Kandidat mit Examina zurecht kommen muss. Selbst mit fundiertem Wissen ausgestattete Studierende versagen häufig, da diese durch Ängste oftmals gerade in mündlichen Prüfungen in ihrer **Leistungsfähigkeit beeinträchtigt** werden. So können sich Prüfungsängste zum Einen auf den normalen Rhythmus des körperlichen Geschehens (z.B. Magen- und Herzbeschwerden) auswirken, zum Anderen aber auch auf gewisse Gegebenheiten im geistigen Bereich (z.B. Selbstzweifel, Hilflosigkeit, Gedankensperre, innerliche Selbstaufgabe). Einheitliche Symptome für Prüfungsangst gibt es nicht, sie sind unterschiedlich stark ausgeprägt und können in den verschiedensten Formen auftreten, z.B. Anzeichen im Verhalten, im seelischen Befinden, im geistigen Bereich aber auch in körperlichen Symptomen. So zählen Schweißausbrüche, kalte Hände oder rote Flecken am Hals zu den eher harmlosen Auswirkungen von Prüfungsangst. Unangenehmere Folgen sind Übelkeit, Erinnerungsverlust, Schwindel oder Blackouts.

Ein gewisser Level an Nervosität und Anspannung vor einer Prüfung ist natürlich und kann sich sogar positiv auf die Leistungsfähigkeit auswirken.

Für viele Studierende sind Prüfungen also ein Greuel. Wir wollen an dieser Stelle versuchen, das beste daraus zu machen und Prüfungen nicht unter dem Aspekt, sadistisches Instrumentarium für Prüfende zu sein, betrachten; denn Prüfungen und Prüfungserfolge gehören als feste Bestandteile zu unserem Leben. Sie beschränken sich nicht nur auf die Schule und Hochschulausbildung. Jede Vorstellung bei einem neuen Arbeitgeber, jedes wichtige Gespräch usw. kann sich zu einer Prüfung entwickeln.

Im Bereich des Lernens wollen wir eine Prüfung als eine Möglichkeit sehen, den eigenen Wissensstand zu kontrollieren, vorhandene Stärken und Schwächen zu erkennen und Kenntnisse sowie Fähigkeiten und Fertigkeiten in bestimmten Situationen zu messen. Prüfungen, seien sie schriftlicher oder mündlicher Natur, geben uns ein Feedback über unsere Lernarbeit und den Lernfortschritt.

Trotzdem sind Prüfungen immer mit gewissen **Ängsten** verbunden[17], z.B. mit der Angst nicht korrekt geprüft und gerecht beurteilt zu werden, da menschliche Unzulänglichkeiten das Prüfungsergebnis beeinflussen können. Weitere Ängste, die die Konzentration und damit die Prüfungsleistung beeinflussen können, sind zu sehen in:

(1) **Lebensangst,** d.h. hier, das Studienleben mit seinen Anforderungen und die Zeit nach dem Studium (z.B. hohe Arbeitslosigkeit unter bestimmten Akademikergruppen) bewältigen zu können.

(2) **Leistungsangst** und **Leistungshemmungen** wie z.B.
- Misserfolgserlebnisse aus der Schulzeit,
- mangelndes Selbstwertgefühl,
- mangelnde Motivation durch falsche Berufs- und Studienfachwahl,
- ungelöste Probleme in der Familie oder Partnerschaftsbeziehung;
- Flucht vor den Anforderungen des Studiums in Ersatzaktivitäten (wie Vereinsarbeit, soziales Engagement),
- soziale Isolation und Kontaktarmut,
- Versagensangst, d.h. Angst die Studienleistungen nicht erfüllen zu können.

---

[17] Vgl. *Walther-Dumschat, S.:* Mehr Erfolg bei Prüfungen und Klausuren, Heidenau 2003; *Metzger, Ch.:* Lern- und Arbeitsstrategien, Oberentfelden/Aarau 2004.

Zum Abbau derartiger Prüfungsängste gibt es keine allgemein verbindlichen Erfolgsrezepte. Im Folgenden können Ihnen nur einige Hilfestellungen an die Hand gegeben werden, die Sie auffordern, z.B. beim Lernen und während der Klausurphase planvoll vorzugehen, die Zusammenarbeit in Lerngruppen zu pflegen und intensivieren, in der mündlichen Prüfungsvorbereitung Prüfungen zu simulieren sowie Konzentrations- und Entspannungsübungen zu realisieren. Ein Leben ohne Angst gibt es nicht. Lernen Sie daher, mit diesen **Ängsten umzugehen,** ohne dass diese uns so beherrschen, dass wir handlungsunfähig werden. Schon diese Erkenntnis hilft, sich dagegen zu wehren.

Der **Prüfungserfolg** hängt natürlich von einer soliden und effektiven Prüfungsvorbereitung ab. Das Vorgehen beginnt bereits bei der zeitlichen Planung, der Gestaltung und Organisation der Lernarbeit (z.B. Arbeitsplatz, Mitschriften, Hilfsmittel wie Lernkarten, Arbeit in einer Lerngruppe). Erst wenn ein Erfolgssystem aufgebaut ist, können Informationen schnell und wirksam verarbeitet werden. Systematik ist oftmals wesentlicher als Begabung bzw. Zielstrebigkeit meist wichtiger als Fleiß.

Im Folgenden werden einige Anregungen, Vorbeugungsmaßnahmen und Verhaltensweisen angesprochen, die für den Prüfungs- und Studienerfolg wichtig sind.

7.5.1.2 Prüfungsvorbereitung

Das Ergebnis einer Prüfung hängt sehr stark von der **Vorbereitung** und von dem angemessen geplanten Zeitraum ab, der für diese Vorbereitungsphase zur Verfügung steht und auch genutzt wird. Dieser zeitliche Rahmen sollte sich am **Schwierigkeitsgrad** und an der **Wichtigkeit der jeweiligen Prüfung** (z.B. Klausuren, die nur wenige Male wiederholt werden dürfen) orientieren. Beginnen Sie rechtzeitig und nicht erst wenige Tage vor der anstehenden Prüfung. Auch hier stehen Planung und bestimmte Vorüberlegungen im Vordergrund. Beschaffen Sie sich Informationen über:

- die **Prüfungsbedingungen** und die **Prüfungsordnung;**
- die Anzahl der zu erbringenden **Leistungsnachweise;**
- die **Art der Prüfung** (z.B. Klausur: Wissensfragen, Thema oder Fallorientierung; mündliche Prüfung: Einzel- oder Gruppenprüfung);
- **alte Prüfungsaufgaben,** z.B. von Kommilitonen höherer Semester oder aus der Klausurbörse des AStA;
- die **Ansprüche** und **Gewohnheiten der Prüfer,** z.B. präferiert er in Klausuren sehr stark das, was in den Vorlesungen vermittelt wurde,

welche Literaturhinweise werden gegeben, legt er Wert auf Definitionen, Zahlen, Namen (wichtiger Wissenschaftsvertreter), Gesamtzusammenhänge, Zeitschriftenbeiträge, Praxis- und Anwendungsbezug oder mehr theoretische Inhalte;
- **Stoffpläne/Vorlesungsdispositionen,** die zu Beginn der Semester, meist in der ersten Vorlesung, ausgegeben werden oder im Netz stehen.

Informationen verringern die Unsicherheit.

7.5.1.3 Zeitplanung

Auf der Basis der Stoffpläne, Ihrer eigenen Mitschriften, der Bücher und Zeitschriftenbeiträge gilt es jetzt zu sondieren, was Sie bereits beherrschen und was einer dringenden Aufarbeitung bedarf, wo also noch Lernlücken bestehen, die es zu füllen/stopfen gilt. Dieses „Sollwissen" stellt die Ausgangsgrundlage für ihre **Lernzeitplanung** dar, d.h. die Aufteilung des zur Verfügung stehenden Zeitraumes bis zur Prüfung in Lernabschnitte. Dies ist anfangs etwas schwierig, da man z.B. die zu lesenden Seiten nicht einfach durch die pro Stunde eventuell lesbare Seitenzahl teilen sollte. Wichtig ist, wie an anderer Stelle schon gesagt, dass Sie verstehend lesen bzw. studieren. Verteilen Sie Ihre Lernzeit auf verschiedene Wochen bzw. Tage. Beginnen sie frühzeitig mit der Wiederholung bzw. Aufarbeitung der Stoffinhalte. Erschrecken Sie nicht, wenn möglicherweise die Inhalte in Ihrem Gedächtnis nicht mehr so präsent sind und Sie vieles verlernt haben. Bleiben Sie bei Ihrem geplanten Arbeits- und Lernrhythmus (z.B. nicht zu lange Lernetappen, Konzentration), und verschüttetes Wissen wird schnell wieder freigelegt. Der Lernerfolg im Rahmen der Wiederholung wird anfangs recht hoch sein und dies trotz der Tatsache, dass mit erhöhtem Zeitaufwand zwar absolut mehr Wissen im Gedächtnis haften bleibt, aber der Lernzuwachs pro Zeiteinheit, in der gelernt wird, relativ gesehen abnimmt, da die Konzentration nachlässt. *Abbildung 18,* die das Verhältnis von Gedächtnisleistung und Zeit in Form einer **Lernkurve** darstellt, soll dies verdeutlichen.

Berücksichtigen Sie diese Erfahrung bei der Zeitplanung für die Prüfungsvorbereitung, indem Sie sich nicht nur Gedanken um die gesamte Vorbereitungszeit machen, sondern auch die täglichen Lernzeiten inhaltlich sinnvoll dosieren: **Nicht zu lange und nicht in Zeiten erhöhter Müdigkeit (nachts) lernen!**

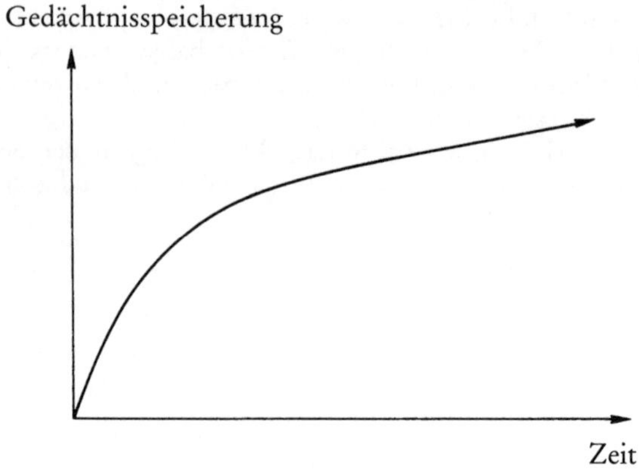

Abbildung 18: Lernkurve

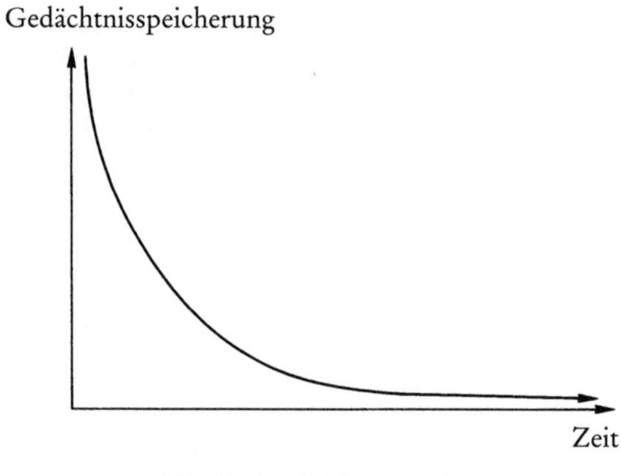

Abbildung 19: Vergessenskurve

Dieser Lernkurve können wir jetzt die **Vergessenskurve** gegenüberstellen (siehe *Abbildung 20*), wobei deren Verlauf zum Positiven hin verändert werden kann, wenn z.B. unsere Inhalte schon vor der Wiederholungsphase sinnvoll strukturiert und auch verständlich waren sowie bereits kurze Zeit nach dem Mitschreiben in der Vorlesung oder im Seminar mehrfach überarbeitet und eventuell in der Lerngruppe diskutiert wurden.

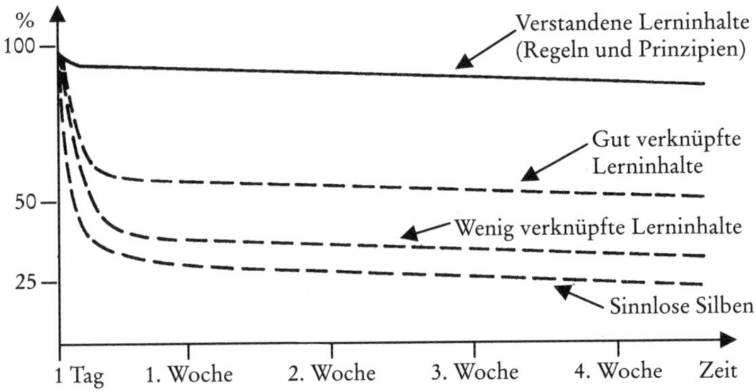

Abb. 20: Vergessenskurve[18] im Überblick

Wirken Sie dem Vergessen ferner entgegen, indem Sie

- Verbindungen zwischen dem neuen und alten Wissen herstellen,
- engagiert lernen, also mitdenken, Einsichten gewinnen und kritisch sind,
- eine positive Einstellung zum Lerngegenstand gewinnen,
- Klarheit durch Beispiele schaffen,
- Vergleiche anstellen.

Ein bis zwei Tage vor der Prüfung (z.B. Klausur) achten Sie im Rahmen einer Gesamtwiederholung nur noch auf Zusammenhänge. Arbeiten Sie sich nicht noch am Vorabend in neue Stoffinhalte ein.

7.5.1.4 Verhaltensregeln

Aus dem vorher Gesagten lassen sich nun gewisse Verhaltensweisen und -regeln ableiten, die Ihnen bei der zweckentsprechenden Prüfungsvorbereitung **Planungs- und Durchführungserleichterungen** bieten sollen.

- Lernen Sie **regelmäßig** für Ihre Prüfung, z.B. täglich und zeitlich sinnvoll dosiert, also nicht zu viel auf einmal.
- Überprüfen Sie **abschnitt- oder kapitelweise,** ob das Erlernte/Gelesene/Wiederholte auch verstanden wurde und im Gedächtnis haften geblieben ist.

---

[18] Vgl. *Naef, R. D.:* Rationeller Lernen lernen, S. 48.

- Legen Sie regelmäßig **Wiederholungen** ein, bevor Vieles wieder in Vergessenheit gerät. Nutzen Sie dabei auch abwechslungsreiches Wiederholen, indem Sie
  - das zu Wiederholende in **Schemata, grafische Darstellungen, Skizzen** usw. umsetzen (visuelle Wiederholung);
  - aus dem zu Wiederholenden **Hauptaussagen** herausstellen, eigene Definitionen formulieren, Zusammenfassung erstellen (sprachliche Wiederholung);
  - mit einer bestimmten **Fragestellung** an die Wiederholung gehen und sich anschließend prüfen und kontrollieren (prüfende Wiederholung). Nutzen Sie hierzu auch die bereits besprochenen sozialen Formen des Lernens (Arbeit mit einer Lerngruppe).
- Scheuen Sie sich auch nicht, bei z.B. fachlichen Unklarheiten/Missverständlichkeiten in die **Sprechstunden** der Professoren zu gehen oder eine der Assistenten/innen aufzusuchen. Informieren Sie sich auch hier über den Prüfungsstil und die Prüfungsanforderungen, über eventuell fachliche Steckenpferde des Professors usw.
- Besuchen Sie, z.B. vor mündlichen Prüfungen die **Prüfungen von Kommilitonen** (sofern dies erlaubt ist) oder erkundigen Sie sich zumindest nach möglichen Fragestellungen, Themenschwerpunkten etc.

Spätestens zu diesem Zeitpunkt werden Sie feststellen, wie wichtig gewissenhaft und korrekt geführte Unterlagen/Mitschriften für Ihre Vorbereitung sind, die Sie eventuell um Literaturauszüge ergänzt haben. Denken Sie daran, dass es nicht nur wichtig ist, die gesamten Mitschriften durchzuarbeiten. Darüber hinaus bedeutet gezielte Prüfungsvorbereitung auch, mit Hilfe von Aufgaben, Fällen, Fragenkatalogen etc. das Gelernte anwendungsbezogen umzusetzen. Zur gegenseitigen Kontrolle und auch aus Motivationsgründen empfiehlt sich hier erneut die Arbeit in der Lerngruppe, die vor allem in Vorbereitung einer mündlichen Prüfung das gegenseitige Abfragen ermöglicht.

7.5.1.5 Prüfungslernkartei

Eine weitere Möglichkeit des gezielten Einsatzes der Lernenergie für die Prüfungsvorbereitung ist die Arbeit mit einer **Lernkartei,** die Arbeit mit **Lernkarten.**[19] Dieses Lernsystem, das insbesondere für das Pauken (z.T. Auswendiglernen) von Lehrinhalten anwendbar ist, hat seinen Ursprung im Lernen von Vokabeln. Sinnvoll angewendet, lässt sich dieses Lernsystem heute auch auf Lehrinhalte anderer Fachgebiete

---

[19] Vgl. *Zielke, W.:* Handbuch der Lern-, Denk- und Arbeitstechniken, München 1997, S. 120ff.

übertragen, insbesondere dann, wenn es gilt, Formeln, Daten, Einzelfakten, Zahlenmaterial etc. zu lernen. Das **Lernkartensystem** lässt sich auf alle Lehrinhalte übertragen, die eine Zerlegung in elementare Lerneinheiten ermöglichen, allerdings immer unter Berücksichtigung des Gesamtzusammenhangs. So besteht eine Lernkartei aus einem Karteikasten, Karteikarten und dem Lernstoff. Dieser wird geordnet und gegliedert nach Sachgebieten auf die einzelnen Karteikarten übertragen, z.B. aufgegliedert in kleine Frage-Antwort-Einheiten. Somit können Sie sich systematisch pro Lerneinheit ein Inhaltsgebiet vornehmen und die Inhalte so lange wiederholen, bis sie im Gedächtnis haften. Die permanente Wiederholung steht also im Mittelpunkt des Lernkartensystems.

Ausgangspunkt der Arbeit mit der Lernkartei bildet die Erarbeitung von Lernfragen mit Antworten, die jeweils auf die Vorderseite (Frage) und Rückseite (Antwort) einer Karte geschrieben werden. Dabei tritt bereits der erste Lernerfolg aufgrund der Überlegungen bei der Auswahl und beim Schreiben ein. In einem Karteikasten werden die Karten abgelegt und ihr Inhalt systematisch wiederholt. Neues Wissen wird in Frage und Antwort auf je einer Karte dokumentiert, wobei bereits die Formulierung der Fragen und Antworten einen hohen Behaltenseffekt aufweisen.

Der **Karteikasten** ist sinnvollerweise in mehrere Fächer bzw. Rubriken unterteilt. Beherrschen sie die Stoffinhalte, kann die Karteikarte z.B. unter der Rubrik „Erledigt" abgelegt werden. Karteikarten mit Wissensgebieten, die noch nicht geistig verarbeitet und verstanden wurden, bleiben in Griffnähe im vorderen Teil des Karteikastens.

Dieses Lernsystem zur Prüfungsvorbereitung kann aus **pädagogischer Sicht** einige Vorteile bieten:

- So ist eine sofortige Lernkontrolle möglich (z.B. Fragestellung auf der Vorderseite, Antwort auf der Rückseite der Lernkarte).
- Es ermöglicht eine individuelle Gestaltung des Lernprozesses durch jeweilige Anpassung an den Lernrhythmus des Einzelnen; Wiederholungen in Abhängigkeit von der Konzentrationsfähigkeit.
- Man spart Zeit, da nur noch das wiederholt wird, was z.B. im vorderen Teil des Karteikastens steht (keine unnötige Sucharbeit).
- Bei Lernunterbrechungen (z.B. Besuch eines Kommilitonen, Telefon) ist immer ein direkter Lernwiedereinstieg an der richtigen Stelle gegeben (z.B. hochstehende Karteikarte).
- Die Karteikarten lassen sich, bedingt durch ihre Größe, überall hin mitnehmen. So lassen sich viele im Alltag auftretende Wartezeiten

(z.B. bei der Bahn- und Busfahrt, beim Arzt) sinnvoll nutzen, indem noch nicht verarbeitete Sachgebiete wiederholt werden.
- Die Lernkarten können jederzeit an der richtigen Stelle eingeordnet und nach erfolgreicher Lernarbeit (Wiederholung) umgelagert werden.
- Dieses wiederholende Lernen verhilft zu Erfolgserlebnissen über die abgearbeiteten, ausgesonderten Karten und motiviert somit nachhaltig.
- Die Ergänzung der Wissenskarten ist unbegrenzt. Ihre Lernkartei ist dadurch also immer up-to-date.
- Durch sogenannte Leitkarten und farbliche Unterschiede in den Einzelkarten kann der Lernstoff sinnvoll gegliedert und nach Fachgebieten strukturiert werden.

Die drei Speicherstufen des Gehirns, das Ultrakurzzeit-, das Kurzzeit- und das Langzeitgedächtnis werden durch eine Lernkartei mit dieser Anordnung zumindest andeutungsweise nachvollzogen. Insbesondere das **Langzeitgedächtnis** wird hierdurch systematisch geschult. Und noch eins: Igeln Sie sich in den letzten Tagen vor einer wichtigen Prüfung nicht ein, denn ansonsten bleiben Sie mit Ihrer Angst allein. Binden Sie Freunde und die Familie, also Menschen, die Ihnen wichtig sind, ein. Lassen Sie diese an Ihrem Leben und auch an Ihren Ängsten teilhaben. So bietet ein nettes Gespräch und eine Aufmunterung, Erleichterung und auch ein Stück Ablenkung.

Setzen Sie auch, wenn es für Sie wichtig ist, auf Rituale und Glücksbringer, so z.B. besondere Kleidung, Glückssteine, Stofftiere, ein Bild des Partners/der Partnerin, Traubenzucker, ein bestimmtes Getränk usw. Auch wenn diese keinen Zusammenhang zu Ihrer Prüfungsleistung erkennen lassen, halten Sie daran fest. Der Glaube kann Berge versetzen. Der Glaube an deren Wirkung kann dazu führen, weniger Angst zu haben bzw. dadurch die Klausur besser bewältigen zu können.

7.5.2 Prüfungsarten

7.5.2.1 Schriftliche Prüfung (Klausuren)

7.5.2.1.1 Bedeutung und Klausurarten

Wer sein Studium erfolgreich abschließen möchte, muß nicht nur Wissen ansammeln, sondern dieses auch in schriftlichen Arbeiten, in Klausuren, wiedergeben bzw. problemorientiert anwenden und umsetzen können. Der Name **„Klausur“** stammt noch aus einer Zeit, in der sich die wissenschaftliche Welt auf lateinisch verständigte. Clausura heißt dabei soviel wie Verschließung, Absprechung.

Bei diesen im Studium geforderten Klausuren gilt es zu beweisen, dass Sie innerhalb einer vorgegebenen Zeit von 90–180 Minuten unter Aufsicht und vorab festgelegten einheitlichen Bedingungen eine mindestens ausreichende Leistung erbringen können. Eine dieser vorab festgelegten Bedingungen könnte sein, dass die Nutzung gewisser Hilfsmittel wie z.B. von Taschenrechnern, Büchern, Mitschriften, Gesetzestexten und Formelsammlungen zugelassen ist. Die erlaubte Benutzung dieser Hilfsmittel erklärt sich oftmals aus der ständigen Vergrößerung der Anzahl notwendiger Fakten, Daten usw.

Sofern **Hilfsmittel** wie Gesetzestexte oder Formelsammlungen nicht von der Hochschule gestellt werden, beachten Sie, dass Ihnen gerade bei Gesetzestexten die aktuellsten Ausgaben/Auflagen vorliegen. Ferner gelten bei der Nutzung eigener Hilfsmittel hinsichtlich der Zulässigkeit von handschriftlichen Eintragungen Beschränkungen. So ist z.B. im Gesetzestext der handschriftlich angebrachte Verweis auf einen Folgeparagraphen durchaus erlaubt, während die Eintragung von Definitionen oder Kommentarinterpretationen nicht zulässig ist. Denken Sie daran, dass die Benutzung eines mit unzulässigen Handeintragungen versehenes Hilfsmittel in der Regel als Täuschungsversuch gewertet wird.

Klausuren stellen sehr hohe Anforderungen an Ihr geistiges und physisches Leistungsvermögen vor allem dann, wenn Sie zum Semesterende innerhalb eines Zeitraumes von z.B. vierzehn Tagen mehrere Klausurarbeiten absolvieren müssen.

Wesentliche Voraussetzungen für die erfolgreiche Absolvierung sind, neben den eingangs zu diesem Kapitel besprochenen Vorbereitungsaktivitäten, eine gewisse **innere Ruhe und Stabilität** sowie die Fähigkeit, sich voll und ganz auf die Klausuraufgaben konzentrieren zu können. Diese Bedingungen erfolgreicher Absolvierung einer Klausur werden in Frage gestellt, wenn zum allgemeinen Klausurstress noch Angstvorstellungen über das Bestehen der Klausur (Misserfolgsangst) durch z.B. Angst vor

- mangelnder Präsenz des Wissens in der Klausur,
- fehlendem körperlichen und geistigen Durchhaltevermögen,
- der Tatsache, nicht fertig zu werden (Zeitdruck),

hinzukommen. Diese im Vorfeld zu einer Prüfung aufkommenden Ängste lassen sich bekämpfen, indem Sie sich der, wie in den Kapiteln **6ff.** beschriebenen, lernpsychologischen und arbeits- bzw. lernorganisatorischen Bedingungen bedienen und versuchen, diese auch für die Bewältigung der Klausur planerisch umzusetzen. In einer Klausur soll ein Prüfling, abgesehen von dem unumgänglich notwendigen Faktenwissen, vor allem nachweisen, dass er/sie bestimmte Tatbestände und Fakten anwendungs- und problemorientiert denkend verarbeiten kann.

Wir unterscheiden heute zwischen mehreren gängigen Klausurarten, so z. B.:

- **Themenklausur:**
  typische und verbreitetste Klausurform, bei der ein meist begrenztes Thema in Aufsatzform bearbeitet wird.
- **Fragen-Klausur:**
  Beantwortung einzelner offener Fragen unter Berücksichtigung eventueller Auswahlmöglichkeiten. Diese Klausurart stellt insbesondere auf das Abprüfen von Wissen ab.
- **Fallstudien-Klausur:**
  Vorgabe eines Falles aus der betrieblichen Praxis oder Simulation praxisnaher Situationen mit dem Ziel, Konfliktsituationen und Sachverhalte zu analysieren, diese zu beurteilen und danach eine entsprechende Lösung/Entscheidung zu bieten.
- **Multiple-Choice-Klausur:**
  Verbunden mit einer Fragestellung werden mehrere Antwortmöglichkeiten vorgegeben, Sie entscheiden durch Ankreuzen einer/mehrerer richtiger Antwort(en).

Der Erfolg einer Klausur setzt auch voraus, dass die Arbeitsmethode beherrscht wird, die „Klausurtechnik". Diese Klausurtechnik beinhaltet einige Grundregeln für die Bearbeitung. Dabei sind diese Arbeitsschritte nicht Selbstzweck oder Formalismus. Sie umfassen vielmehr logische und zweckmäßige Regeln, um eine bestimmte Klausurart rationell und richtig zu lösen. Neben dem Fachwissen zählen diese methodischen Ratschläge zum notwendigen Handwerkszeug, denn diese ermöglichen die Übertragung des theoretischen Wissens auf konkrete Sachverhalte (z. B. Fälle) in der Klausur ebenso wie in der Praxis.

Einige arbeitsorganisatorische Anregungen/Hinweise[20] für die Bewältigung einer studienfachunabhängigen themen- oder fallorientiert gestellten Klausur sollen Ihnen im Folgenden zusätzliche Sicherheit und nutzbringende Hilfen bieten.

---

[20] Vgl. hierzu auch *Petri, K.:* Anleitung zur Anfertigung einer wirtschaftswissenschaftlichen Themenklausur, in: WiSt 8/1979, S. 339 ff. und *Koeder, K.:* Wie man eine Klausur in den Griff bekommt, in: Wisu, Heft 12/1993, S. 992 f.

7.5.2.1.2 Themenklausur – Lösungsschritte

Im Prinzip ist die Art des Herangehens an die Bearbeitung eines Themas die gleiche wie bei der Erstellung einer Haus- oder Diplomarbeit. Es sind lediglich, da weniger Zeit zur Verfügung steht, Abstriche an der Ausführlichkeit, der Anführung von Quellen, dem äußeren Bild usw. zu machen.

(1) **Themenauswahl** (insbesondere bei alternativen Themen)

- Sämtliche Fragen/Themen mehrfach sorgfältig lesen, um auch wirklich die vollständige Erfassung des Inhaltlichen zu gewährleisten. Achten Sie dabei auf kleine Nuancen in der Fragestellung wie z.B.: Sind Probleme zu diskutieren, Einzelmaßnahmen zu erarbeiten, Bestandteile zu erörtern oder Funktionen zu nennen oder zu beschreiben. Die Nuance „nennen" z.B. erlaubt es Ihnen, nur aufzählend vorzugehen, während jedoch in den anderen Fällen verbale Erläuterungen/Erklärungen erwartet werden.
- Nehmen Sie bereits gedanklich eine Grobdefinition der zentralen Begriffe des Themas/der Fallstudie/der Fragestellung vor und erwägen Sie dann eine Bearbeitung, wenn Begriffsklarheit herrscht (bei Auswahlthemen).
- Gehen Sie bei jedem Thema kurz „in sich" und nehmen Sie ein kleines Brainstorming (Gedankensammlung) zu jedem Thema vor. Achten Sie darauf, dass die Themen, die Ihnen, am Anfang der Klausur stehend, sofort sympathisch erscheinen, die Beschäftigung mit den restlichen Themen/Fragestellungen nicht blockieren.
- Überlegen Sie sich, in welcher Reihenfolge Sie die Themen am sinnvollsten beantworten können. Ordnen Sie eventuell nach dem Schwierigkeitsgrad und geben Sie sich für die Bearbeitung Zeitvorgaben. Beginnen Sie mit der für Sie am leichtesten erscheinenden Thematik und bearbeiten Sie Schwierigeres zuletzt. Diese Vorgehensweise ermöglicht es Ihnen, eventuell Zeit einzusparen für schwierigere Problembereiche. Ferner gewinnen Sie mit jeder gelösten Aufgabe/Fragestellung größere Sicherheit und zusätzliche Motivation (gedankliche Antizipation des Klausurergebnisses). Darüber hinaus mindert sich das Risiko, sich zeitlich zu verschätzen und sich in unergiebigen Lösungsversuchen zu verrennen.

(2) **Definitionen und Problemstellung**

- Definieren Sie die in der Frage/im Thema/in der Fallstudie enthaltenen zentralen Begriffe, die für die richtige Erfassung des Themas wichtig sind. Achten Sie auch darauf, dass diese Definitionen Gestaltungsspielräume für Sie bieten, d.h. auch Abweichungen von der „herrschenden" Meinung/Definition; geben Sie bei derartigem abweichenden Definitionsansatz auch Gründe an.

- Halten Sie sich Ihre Vorgehensweise bei der Bearbeitung des gewählten Themas (roter Faden!) immer vor Augen, formulieren Sie Ziele und eventuell erreichbare Ergebnisse und signalisieren Sie, dass Sie die Problemstellung verstanden haben. Diese kann einerseits interpretationsfähig, vielleicht auch interpretationsbedürftig sein. Interpretationsfähigkeit bedeutet, dass Sie das Thema seinen Möglichkeiten entsprechend modifizieren können, allerdings darf dabei keine Veränderung des Themenschwerpunktes vorgenommen werden. Nutzen Sie mögliche Gestaltungsspielräume des Themas, indem Sie beispielsweise eine eigene Interpretation vornehmen. Wichtig ist dabei, dass Sie auf diese eigenen Interpretationen nicht nur hinweisen, sondern diese auch begründen. Diese Vorgehensweise gilt natürlich auch, wenn ein Thema interpretationsbedürftig ist. Denken Sie daran, dass eine erfolgreiche Themenbearbeitung Klarheit über die Problemstellung voraussetzt.

(3) **Stoffsammlung und Themenabgrenzung**

- Halten Sie wichtige Assoziationen zum Thema schriftlich, stichwortartig und noch unsortiert fest.
- Nehmen Sie eine Schwerpunktbildung vor, grenzen Sie Randprobleme ab, und begründen Sie auch diese Abgrenzung, denn dies zeigt, dass Sie die ganze Themenbreite erfaßt bzw. überblickt haben.

(4) **Gliederung**

- Ordnen Sie Ihr gesammeltes Gedankengut übersichtlich und sinnvoll und bedienen sich dabei einer Gliederungssystematik, z.B.

  1. Problemstellung und Definitionen
     1.1 .....
     1.2 .....
  2. Hauptteil
     2.1 .....
     2.2 .....
  3. Schlussbetrachtung/Zusammenfassung/Ergebnis

- Denken Sie immer daran, dass die Gliederung die „Visitenkarte" Ihres jeweils zu bearbeitenden Themas ist. Sie zeigt schon sehr deutlich, ob das Thema richtig erfasst wurde, wie der Lösungsweg eingeschlagen ist und ob das Thema in sich geschlossen behandelt wurde.

(5) **Time-Management**

Aufgrund der begrenzten Bearbeitungszeit ist eine sorgfältige Zeitplanung erforderlich. Es gehört zu den Anforderungen einer Klausur, dass die Thematik von Ihnen in der vorgeschriebenen Zeit vollständig bearbeitet wird. Machen Sie dabei die Zeitplanung abhängig von der Anzahl der zu bearbeitenden Themen und den Hauptgliederungspunkten. Fixieren Sie Richtzeiten für die Einzelbearbeitung und nehmen Sie ggfs. inhaltliche Gewichtungen entsprechend der Bedeutung einzelner Gliederungspunkte vor. Halten Sie diesen Zeitplan möglichst ein, nur so entsteht eine ausgewogene Klausur. Denken Sie dabei auch immer an den Grundsatz **„Qualität vor Quantität“.**

(6) **Schreibphase**

- Schreiben Sie sauber und leserlich.
- Denken Sie daran: Qualität vor Quantität.
- Schreiben Sie proportional, d.h. gleichwertige Gliederungspunkte gleichmäßig stark behandeln.
- Schreiben Sie abgerundet, d.h. Absicht und zu erreichendes Ziel sollten erkennbar werden.

Ihre schriftlichen Ausführungen sollen zeigen, dass Sie fachlich das notwendige Wissen anwenden und gedanklich verarbeiten können, Ihr Gedankengut klar und verständlich darlegen und zu gewissen Problemen auch Stellung nehmen können.

(7) **Schlussteil**

- Zusammenfassung,
- vergleichende Betrachtung,
- eventuell Hinweis auf noch offene Fragen,
- Ausblick,
- eventuell eigenes Meinungsbild.

Arbeiten Sie hier keine neuen Argumente auf.

(8) **Korrekturlesen**

Nutzen Sie die letzten Minuten dazu, Ihre Arbeit nochmals durchzulesen oder sie wenigstens zu überfliegen, denn Sie werden feststellen, dass Sie dabei auf Sätze stoßen, die etwas missverständlich formuliert sind oder gar vom Inhalt her falsch sind. Achten Sie dabei auch auf Wiederholungen/Redundanzen.
Geben Sie Ihre Klausur erst dann ab, wenn die vorgegebene Zeit abgelaufen ist. Nutzen Sie die Restzeit zur Beseitigung von Fehlern sowie zur eventuellen Formulierungsverbesserung.

Sollte sich während der Klausur große Nervosität bei Ihnen einschleichen, legen Sie Ihre Arbeit kurz beiseite, entspannen Sie sich, versuchen Sie gänzlich für wenige Minuten abzuschalten. Sofern erlaubt, essen und trinken Sie eine Kleinigkeit. Gönnen Sie sich diese Ruhepause, damit Sie nachher wieder voll konzentriert weiterarbeiten können.

7.5.2.1.3 Fragenklausur

In Klausuren, die aus Fragestellungen bestehen, wird häufig von folgender Erwartungshaltung bezüglich bestimmter Fragebausteine ausgegangen:

„Nennen Sie …“
„Skizzieren Sie …“, „ Zeigen Sie graphisch …“
„Veranschaulichen Sie …“
„Beschreiben Sie …,“
„Erläutern Sie …,“
„Diskutieren Sie …“
„Nehmen Sie hierzu kritisch Stellung“

Hierzu einige Anregungen:

„Nennen Sie …“ bedeutet, hier ist lediglich eine stichwortartige Aufzählung gefordert. Nennen Sie nur so viele Merkmale/Ausprägungen, wie in der Aufgabenstellung gefordert. Verzichten Sie weitgehend auf ausformulierte Sätze, auch um Zeit zu sparen.

„Skizzieren Sie …“, „Zeigen Sie grafisch …“, „Veranschaulichen Sie …“ bedingt, dass Sie das Erfragte in Umrissen kurz darstellen. Hierbei ist meist auch eine stichwortartige Beantwortung möglich, kurze Erläuterungen bzw. Beschreibungen sollten aber nicht fehlen. Tabellarische bzw. graphische Darstellungen sind oft gern gesehen/gefordert, sie sind darüber hinaus zeitsparend.

„Beschreiben Sie …“, „erläutern Sie …“ bedeutet, es wird eine umfangreiche Beantwortung erwartet, in ganzen ausformulierten Sätzen. Je nach zur Verfügung stehenden Zeit für die Beantwortung, z. B. 45 Minuten, wäre eine kleine Gliederung angebracht, auch um beim Schreiben Redundanzen zu vermeiden. Orientieren Sie sich beim Umfang der Beantwortung an dem oft der Fragestellung zur Verfügung gestellten Platz (z. B. 10 Zeilen, eine Seite).

„Diskutieren Sie …“/„Nehmen Sie kritisch Stellung zu …“ heißt, es wird eine mit Argumenten bestückte Stellungnahme erwartet, Aufzeigen von Vor- und Nachteilen, von Pro- und Contrapunkten. Beantworten Sie umfangreicher in ausformulierten Sätzen.

7.5.2.1.4 Fallklausur – Lösungsschritte

Der problemorientierten Anwendung von Wissen dienen vornehmlich fallorientierte Klausuren. Im Vordergrund steht dabei meist die Beschreibung konkreter Problemsituationen, die es zu erkennen und zu durchdringen und für die es Problemlösungen zu entwickeln gilt.

Zur Lösung von Fallstudien werden eine Vielzahl von Strategien angeboten und diskutiert. Wir wollen uns hier zwei Lösungsansätze betrachten, die Vorgehensweise von *Alewell, Bleicher* und *Hahn*[21] sowie die ganzheitliche Problemlösungsmethodik von *Gomez* und *Probst*.[22]

Bei *Alewell,* u.a. steht die Anwendung des allgemeinen Entscheidungsprozesses unter Berücksichtigung der Phasen des Lernprozesses zur Lösung von Problemen unterschiedlichster Dimensionen im Vordergrund. Dabei lassen sich folgende Lösungsschritte, die gleichzeitig auch Denkprozesse verkörpern, anführen:

Problem-entdeckungsphase (Art des Problems):

Je nach Art des Falles und seiner Problemstellung werden verschiedene Lösungsschritte erforderlich. Dabei können unterschiedliche Arten der Problemdarstellung in einer Fallstudie vorliegen, so z.B.

- das Problem ist bereits genau vorstrukturiert und ausformuliert vorgegeben;
- Schwierigkeiten und Diskrepanzen können beschrieben sein, die auf Probleme hindeuten/hinführen;
- eine Vielzahl von Fakten und Daten werden dargeboten, aus der erste Problemstellungen zu erheben sind;
- Präsentation eines Sachverhaltes mit Auseinandersetzungen/Interpretationen, aus denen sich Problemstellungen ergeben können.

Die Intention dieses ersten Schrittes ist es, dass Sie – falls nicht explizit vorformuliert – das Problem/die Probleme des Falles erkennen bzw. erfassen.

---

[21] Vgl. *Alewell, K., Bleicher, K.* und *Hahn, D.:* Entscheidungsfälle aus der Unternehmungspraxis, Wiesbaden 1971, S. 43ff.

[22] Vgl. *Gomez P./Probst G.:* Die Praxis des ganzheitlichen Problemlösens, Bern 2007, S. 35ff.

Motivationsphase (Bestreben, eine Problematik zu lösen): Diese Phase ist sehr eng mit der Problementdeckungsphase verbunden. Die Problementdeckung reicht allerdings allein nicht aus, um einen Lernprozess, den Antrieb für die Problemlösung, auszulösen bzw. zu erzeugen. Vielmehr gehören die Bereitschaft (Motivation) und der Entschluss dazu, die Problemlösung des Falles zu erarbeiten.

Maßgebend in dieser Phase sind die Interessen und Antriebe des Einzelnen. Die Bedeutung der Motivation für den Lernprozess ist eminent wichtig, wie an anderer Stelle bereits erwähnt. Dies betonen alle Lerninterpretationen bzw. Lerntheorien. Der Lernvorgang wird entscheidend von der Motivation beeinflusst, ohne diese Motivation kann kein Lernen stattfinden. Das Angebot alternativer Fallstudien in Klausuren, wobei der Prüfling sich für einen Fall entscheiden kann, kommt dieser Intention bzw. diesem Bestreben häufig entgegen.

Problemstellungsphase (Problemuntersuchung): Das in der ersten Phase entdeckte Problem gilt es jetzt bewusst geistig zu durchdringen. Der Sachverhalt des Falles wird einer geistigen Verarbeitung unterzogen, indem:

- die Ausgangssituation analysiert wird
- das Problem konkretisiert und eingegrenzt wird
- das Problem definiert wird
- die Komponenten des Problems analysiert werden
- das Gesamtproblem in Teilprobleme zerlegt wird
- das Problem von angrenzenden Fragestellungen abzugrenzen ist, soweit diese nicht relevant erscheinen.

Suchphase (Entwicklung von Lösungsansätzen): In dieser Phase der Fallbearbeitung gilt es, Mittel und Methoden zur Lösung des entdeckten und präzisierten Problems zu finden (Ermittlung und Zusammenstellung von Handlungsmöglichkeiten). Die Suche nach den

Mitteln zur Problemlösung kann sich dabei auf zwei Wegen vollziehen:

- Zusammenstellung und Übernahme von bekannten Lösungen und/oder
- die systematisch-analytische Entwicklung oder die spontan-intuitive Entdeckung von eigenen Lösungsverfahren, falls keine bereits bekannten oder übertragbaren Lösungen aus anderen Bereichen vorhanden sind.

Aus diesen übernommenen, entwickelten oder entdeckten Lösungsverfahren wird dann eine Vorauswahl für die Fallstudie getroffen.

Anwendungsphase (Lösungsdurchführung): Wenden Sie jetzt die bereitstehenden Lösungsalternativen auf das Fallproblem an, um deren Eignung festzustellen. Beurteilen Sie dabei die Lösungen sowohl einzeln als auch vergleichend, wobei diese Kontrolle mit einer Auswahlentscheidung endet. Arbeiten Sie jetzt die Durchführung der gewählten Handlungsmöglichkeit aus (Realisation) und ermitteln den Handlungserfolg (Resultat).

Integrationsphase (Lösungsauswertung): Der Lernprozess ist in der Regel nicht mit der Lösung eines Problems abgeschlossen. Erreicht werden soll eine Auswertung des Lernergebnisses für gleiche, ähnliche oder neue Aufgaben und Probleme in der Zukunft. Daher ist sicherzustellen, dass das erworbene Wissen und die Fähigkeiten für zukünftige Probleme ausgewertet und bereitgestellt werden (Lerntransfer). Dies ist erreichbar durch

- die Festigung des Erlernten durch Übung
- die Einordnung des Erlernten, z.B. Verwendbarkeit des Erlernten auch für neue Fallsituationen.

Gomez und *Probst* haben eine ganzheitliche Problemlösungsmethodik entwickelt. Diese methodischen Schritte können für die Fallbearbeitung genutzt werden:

Schritt 1: Probleme erkennen und identifizieren,
d.h. sich zu Fragen, was wichtig/unwichtig ist, Systeme und Ursachen deuten, Ziele definieren.

Schritt 2: Zusammenhänge und Spannungsfelder verstehen,
d.h. Abhängigkeiten erkennen, Intensitäten zwischen Beziehungen verstehen, zusätzliche Informationen beschaffen.

Schritt 3: Lösungsalternativen entwickeln,
d.h. mehrere Alternativen generieren, Einsatz von Kreativitätstechniken, einzelne Lösungsalternativen auf Überschneidungen und auf Vollständigkeit prüfen.

Schritt 4: Alternativen beurteilen/bewerten,
d.h. Definition von Entscheidungskriterien, Beurteilungsverfahren einsetzen.

Schritt 5: Umsetzung planen,
d.h. Maßnahmen planen hinsichtlich Ort, Zeit, Verantwortlichkeit; Ressourcen beschaffen/sicherstellen, Steuerungssystem (Controlling) etablieren, Evaluation.

Betrachten Sie diese Modelle zur schrittweisen Lösung von Fallstudien als Orientierungshilfe. Bedenken Sie, dass sich die Lernprozesse in der Realität sehr unterschiedlich vollziehen. So werden einzelne Phasen sehr rasch durchlaufen (z.B. Motivationsphase), andere wiederum nehmen viel Zeit in Anspruch oder werden mehrfach durchlaufen (z.B. Suchphase oder Anwendungsphase).

Wichtig ist, dass Sie für die Fallbearbeitung einen **strukturierten Lösungsansatz** wählen. Diese sinnvolle Strukturierung des Lernprozesses kann auch für die Strukturierung Ihrer individuellen später durchzuführenden Entscheidungsprozesse im weiteren Verlauf Ihres Studiums, im Beruf und auch im alltäglichen Leben Vorteile bieten.

Diese Struktur ist der Gliederung bei der Themenklausur sehr ähnlich.

7.5.2.1.5 Multiple-Choice-Klausur

Klausuren können auch in **Multiple-Choice-Form erstellt sein,** d.h. von den fünf angegebenen Antwortmöglichkeiten ist/sind entweder eine oder mehrere ausgewählte richtig bzw. falsch. Da häufig bei komplett richtiger Beantwortung die volle Punkteanzahl vergeben wird, gehen sehr schnell wertvolle Punkte verloren. Multiple-Choice-Klausuren stellen hohe Anforderungen an die Konzentrationsfähigkeit und meist auch an die Abstraktionsfähigkeit in Sachen Antwort. Denn es müssen innerhalb kürzester Zeit eine Vielzahl an Fragestellungen mit meist komplizierten Formulierungen und scheinbar nahezu identischen Lösungsmöglichkeiten abgearbeitet werden. Besonders hinterhältig ist die Bewertungsform, bei der bei Mehrfachnennungen die falschen Antworten mit Minuspunkten versehen werden[23].

Jetzt einige Hinweise für den Umgang mit Multiple-Choice-Klausuren:

▷ Gewissenhafte Klausurvorbereitung ist wichtig. Vertrauen Sie nicht auf das Glück, durch wahlloses Ankreuzen die richtige Antwort zu treffen. Die Fragestellungen sind meist sehr detailliert und erfordern hohe Kenntnis des Klausurstoffes. Überblickswissen ist nicht ausreichend.
▷ Machen Sie sich mit der Klausurmethode vertraut („Übung macht den Meister").
▷ Besorgen Sie sich Altklausuren/Musterklausuren aus der Klausurbörse, von Altstudierenden, Assistenten oder reden Sie mit Ihrem Professor.
▷ Lösen Sie die Klausur dann, wenn Sie sich den Lehrstoff erarbeitet haben.
▷ Bei dieser Klausurtechnik ist genaues Durchlesen der Fragestellung und der einzelnen Antworten besonders wichtig. Dabei achten Sie auf die Formulierungen, die sich oft durch einzelne Worte oder eingefügte Verneinung usw. unterscheiden. Nehmen Sie sich Zeit für das Lesen und Verstehen der Fragestellung.
▷ Lösen Sie die Klausur in mehreren Lösungsdurchgängen. In einem ersten Durchgang gehen Sie die Fragen der Reihe nach durch, halten Sie sich nicht an Problemfragen auf.
  Beantworten Sie bereits die Fragen, die Ihnen leicht fallen, lassen Sie andere aus.

Im zweiten Durchgang wenden Sie sich den noch unbeantworteten Fragen zu. Nehmen Sie auch hier zuerst die leichteren Aufgaben in Angriff usw. Ist am Ende noch etwas Zeit, bitte nochmals alle Fragestellungen durchgehen und, falls gefordert, die Lösungen auf einen Antwortbogen übertragen. Achten Sie immer auch auf die Wertigkeit (Punkte) der einzelnen Fragen.

▷ Sie haben bei dieser Klausurform meist wenig Zeit, haushalten Sie damit. Langes Hin- und Herüberlegen, große Überlegungsanstrengungen, mehrmaliges Revidieren eines Lösungsvorschlages ist nicht gefragt. Halten Sie sich nicht allzu lange an einzelnen Fragen auf,

---

[23] Vgl. hierzu: *Walther-Dumschat, S.:* Mehr Erfolg bei Prüfungen und Klausuren, Heidenau 2003.

kehren Sie nach Beantwortung aller anderen Fragen zu den ungelösten zurück.

▷ Haben Sie abschließend noch etwas Zeit, verunsichern Sie sich nicht durch Nachbesserungen, denn dies sind meist Verschlechterungen. Meist sind die ersten Impulsantworten korrekt. Korrigieren Sie nur zum Schluss, wenn Sie sich absolut sicher sind, dass Sie sich bei einer Antwort geirrt haben.

7.5.2.1.6 Wichtige Anregungen zur Abrundung der Klausurvor- und -nachbereitung

Bei der Bearbeitung von Klausuren ist es wie bei Rezepten in einem Kochbuch, Sie müssen die Anregungen und Anleitungen auch ausprobieren. So wird die Fähigkeit zur Bearbeitung von Fällen oder Themen nur durch **Üben und Testen** erworben. Dies ist ein wichtiger Teil der Klausurvorbereitung. Die Übung im „Schreiben von Klausuren" ermöglicht bessere Ergebnisse und vermindert vor allem den Klausurstress. Denn eine Leistung, wie sie vom Umfang, Aufbau und auch vom Schwierigkeitsgrad her verlangt wird, wurde schon mehrfach in den Übungsphasen erbracht. Dies gibt Sicherheit. Eine somit erworbene Routine erleichtert in erheblichem Maße die Bewältigung der Aufgaben. Ferner hilft bei richtiger Zeiteinteilung und Gewichtung diese Klausurerfahrung.

Es reicht also nicht aus, viel Faktenwissen „einzupauken", es kommt auch stark darauf an, wie Sie üben, wie Sie sich in der richtigen Art und Weise auf eine Klausur bzw. Prüfung vorbereiten. Üben Sie sich in der **Klausurtechnik** und gehen Sie mit diesen erprobten Arbeitsweisen und Anregungen in eine Prüfung. Die nötige Anzahl dieser **„Probeklausuren"** ist individuell verschieden. Sie hängt stark ab von der Klausurerfahrung, dem Ausmaß der Angst vor Klausuren, der eigenen Lern- und Arbeitsweise und auch der verfügbaren Zeit. Nutzen Sie daher Gelegenheiten des Übens durch z.B.

- mögliche **Übungsklausuren** während der laufenden Vorlesung oder in den Übungen zur Vorlesung;
- Klausuren in **Zeitschriften** und **Sammelbänden** mit Lösungshinweisen;
- die teilweise an Hochschulen eingerichteten und angebotenen **Klausurbörsen** des AStA oder fragen Sie einfach Ihren Professor nach Übungsklausuren.

Klausuren sinnvoll zu üben, bedeutet aber auch, die Aufgaben mit der richtigen Arbeitsweise selbständig und allein zu lösen und danach erst mit den meist angebotenen Lösungshinweisen zu vergleichen. Dabei kann diese Nachbereitung auch in Gruppenarbeit (Lerngruppe) erfolgen. Eine Klausurbearbeitung anhand von Musterlösungen oder unter Zuhilfenahme von Fachliteratur ist Selbsttäuschung. Die Übungen selbst sollten Sie möglichst der jeweiligen Klausursituation angleichen, indem die jeweilige Bearbeitungszeit, z.B. 2–3 Stunden, eingehalten, möglichst sogar unterschritten wird, da Sie in der realen Klausursituation oft doch etwas länger brauchen. Zu Übungszwecken kann es auch sinnvoll sein, eine Klausurbearbeitung in etwa der halben Zeit nur als Stichwortkonzept festzuhalten.

Und noch ein wichtiger Vorbereitungshinweis, der für den Klausurerfolg entscheidend sein kann: Lernen Sie nicht bis zur letzten Stunde vor der Klausur, sondern spannen Sie in den letzten Tagen vor der Klausur aus, erholen Sie sich und machen sie sich hierdurch fit, denn Klausuren sind Schwerstarbeit, die Sie nicht überarbeitet, sondern in Hochform angehen sollten. Pauken bis kurz zuvor bedeutet dies Stress und blockiert die Gedächtnisarbeit. Wenn Sie rechtzeitig begonnen und kontinuierlich sowie dosiert (nicht 8 Stunden am Stück) gelernt haben, kommt es auf ein paar Stunden mehr oder weniger nicht mehr an, auch wenn die Stofffülle Sie erdrückt. Die Wahrscheinlichkeit, dass gerade dieses neue Wissen der letzten Stunden klausurrelevant ist, ist meist angesichts der Fülle des Stoffes gering **(„Mut zur Lücke“).** Sinnvoll kann es in den letzten Stunden sein, das jeweilige Fachgebiet im Überblick zu wiederholen, um sich das vorher Erarbeitete in Erinnerung zu rufen. Hierzu eignet sich das „diagonale Lesen“ der eigenen Mitschriften oder Skripten (z.B. Lesen der unterstrichenen Textstellen, der Zusammenfassungen).

Meist ist es üblich, sich nach der Abgabe der ersten Klausur (im Rahmen einer Klausurwoche/der schriftlichen Prüfungsphase) mit Kommilitonen eingehend über Lösungsansätze zu unterhalten. Dabei wird Ihnen eventuell vor Augen gehalten, was Sie nicht erkannt und worauf andere, aber nicht Sie, geachtet haben. Bitte denken Sie daran, es ist keinesfalls gesagt, dass Ihre, eventuell abweichende Vorgehensweise/Lösung einhergeht mit dem Verfehlen des gestellten Themas. Probleme werden unter Verfolgung unterschiedlicher Wege gelöst, wichtig ist dabei auch die Begründung, die Sie zu diesem Lösungsansatz geführt hat.

Lassen Sie sich durch derartige **„verhängnisvolle“ Gespräche** nicht irritieren. Sie sollten wissen, dass Prüflinge meist nicht in der Lage sind, ihre Leistung richtig einzuschätzen. Die Klausur ist geschrieben, verwenden Sie also keine Zeit mehr darauf, nachzuprüfen, was richtig oder falsch war und lassen Sie sich nicht durch anschließende Diskussionen „aufheizen", es ist verlorene Zeit. Wenden Sie sich mit Ruhe und Gelassenheit sowie zuversichtlich und innerlich stabilisiert den folgenden Klausurtagen zu.

7.5.2.1.7 Checkliste „Klausurvorbereitung"

Wir wissen zwischenzeitlich, Lernen/Studieren hat etwas mit Konditionieren, mit Wiederholen, mit sich bemühen zu tun.
Lassen Sie uns daher jetzt noch einige wichtige Denkanstöße aus dem vorher gesagten und doch stark verbalisierten, beschreibenden, nach Zeitabschnitten gegliedert und in Checklistenform zum Schnelllesen kurz zusammenfassen.

Probleme beim „Lernen für Klausuren"

- unregelmäßiges Lernen/Wiederholen/Üben
- Konzentrationsschwierigkeiten: Stress, Lärm, Müdigkeit, Lust
- dauerhaftes Aufschieben wichtiger Lernarbeiten
- wiederholen häufig das, was wir bereits beherrschen
- fehlende Motivation
- zu viele Lücken im Lernstoff
- selbsterfüllte Prophezeiungen lenken ab wie z. B. „Schaffe ich nie …"
- Angst, in ein Repetitorium/Tutorium zu gehen
- Angst, sich helfen zu lassen
- Angst vor Partner/in, Kommilitonen, Eltern … (Versagensangst)
- Saisonarbeit – Lernen kurz vor dem Klausurtermin

Generelle Anregungen für die Zeit vor der Klausur

- Lerntechniken einsetzen (zielgerichtet, rechtzeitig, dosiert lernen)
- Klarheit über Prüfungsanforderungen gewinnen z. B. Schwerpunkte, Klausurart
- realistische Ansprüche an sich selbst stellen
- individuelle Bewältigungsstrategien befolgen wie z. B. „Ich schaffe das", „Ich lasse mich nicht unterkriegen"
- alte Prüfungsaufgaben lösen, Fälle und Fragen heranziehen
- zugelassene Hilfsmittel z. B. Gesetzestexte klären
- Selbstbelohnungssystem nach abgelegter Klausur (kleiner Wunsch wird erfüllt)
- inneres Sprechen bei der Konzentration auf die Aufgabenstellung (innerer Dialog)
- Beratungsstellen aufsuchen
- Entspannungsübungen einlegen (Geist, Körper, Seele)

- ausgewogene Ernährung und Bewegung
- in Lerngruppen arbeiten
- informieren Sie sich über Lieblingsthemen, Steckenpferde, Themeneingrenzungen des Klausurstellers
- Lernplan wie Tagespläne, Freizeit einplanen, Lerntagebuch führen
- kümmern Sie sich um Arbeitsmaterial (Bücher, Mitschriften, Charts, Handouts)
- Arbeitsplatz herrichten mit möglichst wenigen Ablenkungen
- loben Sie sich für jeden kleinen Lernfortschritt, gerade in nicht so geliebten Fächern; arbeiten Sie an angstauslösenden Faktoren
- üben Sie sich in Gelassenheit, d. h. halten Sie sich vor Augen, dass vor Ihnen schon viele diese Klausur geschafft haben;
- Nichtbestehen ist keine Sackgasse, Sie können wiederholen; Sie haben alles getan, was Sie konnten.

Am Tag vor der Prüfung

- den Tag mit viel Entspannung und wenig Lernen verbringen
- legen Sie sich zurecht, was Sie zur Klausur mitnehmen müssen (z. B. Stifte, Block, Studenten-Ausweis, Taschenrechner, Gesetze, Formelsammlung)
- meiden Sie Miesmacher und Pessimisten
- positive Gedanken wählen, z. B. „Ich fühle mich wohl."
- Spaziergang machen, Joggen, Kommunikation

Der Tag der Klausur

- beginnen Sie den Tag mit Ruhe, Gelassenheit, ohne Hektik
- leichtes, nahrhaftes Frühstück
- vermeiden Sie Kaffee, Nikotin, etc.
- arbeiten Sie mit positiven Selbstinstruktionen, z. B. „Ich schaffe das."
- meiden Sie Leidensgenossen mit Katastrophenstimmung
- lassen Sie sich die Daumen drücken
- vermeiden Sie Streit am frühen Morgen

In der Klausur

- beachten Sie die Bearbeitungsmodalitäten z. B. von 5 Fragen sind 4 zu beantworten, Zeitvorgaben
- lesen Sie die Klausur zuerst ganz durch (Überblick gewinnen)
- arbeiten Sie sich vom leichten zum schweren, vom spontan lösbaren zum schwierigen Teil durch
- machen Sie bei Themenklausuren eine Stoffsammlung/Brainstorming/Randnotizen auf dem Klausurbogen
- schreiben Sie eng am Thema, proportional, sauber und leserlich

- Qualität vor Quantität
- atmen Sie zwischendurch mehrmals tief durch, entspannen Sie sich
- vergessen Sie nicht Ihren Namen, Matrikelnummer, Klausurbogen, usw.
- verfallen Sie nicht in Hektik, lehnen Sie sich auch mal zurück, falls zugelassen
- trinken Sie genug, essen Sie etwas Obst
- sind Sie früher fertig, alles nochmals durchlesen (Vollständigkeit, Redundanzen)

7.5.2.2 Mündliche Prüfung

7.5.2.2.1 Prüfungstypen

Den Abschluss eines Leistungsnachweises oder einer akademischen Prüfung bildet häufig das mündliche **„Rede- und Antwort-Stehen“.** Aus der Sicht des Prüfers lassen sich die Prüflinge dabei in eine Reihe von Typen einteilen, indem sie jeweils eine hervorstechende Eigenschaft als Charakteristikum wählen. So gibt es z.B. den Prüfling,

- der den **Stoff beherrscht,** keinerlei Prüfungsängste zeigt und sich sehr natürlich gibt. Seine Darstellungen sind sehr geschickt. Er kann konzentriert zuhören und antwortet wendig auf Fragen, er denkt nach und lässt sich nicht verblüffen.
- der eine **Menge Wissen auswendig gelernt hat,** aber trotz seines Wissens hilflos im Examen steht. In der Prüfungssituation kann er sich an nichts mehr erinnern und somit übersieht bzw. überhört er selbst die deutlichsten Hilfen, die ihm der Prüfer bietet. Dieser Prüfling erweckt den Eindruck eines völlig verängstigten Menschen.
- der als **Blender** auftritt. Er weiß recht wenig, versteht es aber, diesen Mangel zumindest anfangs durch großspuriges Auftreten und ein meist überkompensiertes Selbstbewusstsein zu tarnen. Der Blender bewegt sich mit Vorliebe auf „Gemeinplätzen“, er arbeitet mit vielen Schlag- und Fremdworten. Für eine mündliche Examensprüfung reicht dieses meist oberflächliche Wissen nicht. Der Wissensmangel lässt sich nicht verbergen, er wird schnell aufgedeckt.

7.5.2.2.2 Prüfungsängste

Werden Sie zur mündlichen Prüfung zugelassen, dann kennen Sie oftmals bereits die Ergebnisse Ihrer schriftlichen Prüfungsklausuren. Sie können also in etwa anhand Ihres Kenntnisstandes der schriftlichen Leistung das Bestehen oder Nichtbestehen der Prüfung abschätzen.

Ferner sehen Sie die Möglichkeit, durch eine gute mündliche Prüfungsleistung Ihre Gesamtnote oder Einzelnoten verbessern zu können. Es besteht allerdings auch die Gefahr, zu versagen, und dies trotz guter schriftlicher Leistung. Das Besondere an einer mündlichen Prüfung im Vergleich zur schriftlichen besteht darin, dass weit mehr geprüft wird als **Fachwissen** allein. So beeinflussen z. B. Selbstbewusstsein und Auftreten, Zuhören, Erfassen sowie Reagieren und Eingehen auf die Fragestellungen das Prüfungsergebnis. Daher ist es nicht verwunderlich, dass die mündliche Prüfung, bei der sich Prüfer und Prüfling direkt gegenübersitzen und noch einige meist unbekannte Personen ebenfalls anwesend sind (z. B. Mitglieder der **Prüfungskommission** wie Prüfungsausschussvorsitzender und Protokollant), oftmals einen Ängstehöhepunkt darstellen. Dabei verursachen z. B. folgende Ängste besonders großes Lampenfieber im Vorfeld einer mündlichen Prüfung:

- Angst, sich vor anderen, wie Prüfungskommission oder Kommilitonen, die der Prüfung beiwohnen, zu blamieren;
- Angst, während der Prüfungsphase steckenzubleiben oder gar Fehler zu machen;
- Angst, auf die Fragen sofort und umgehend reagieren zu müssen und keine Zeit zu haben, um sich zu sammeln oder zu besinnen;
- Angst vor z. B. akademisch höhergestellten Personen wie Professoren, wissenschaftlichen Mitarbeitern, Lehrbeauftragten aus der Praxis;
- Angst davor, dass der Prüfer bei Ihnen auf Wissenslücken stößt und von dieser „Lücke" nicht ablässt;
- Angst vor Kritik, vor Widerspruch oder der Unfähigkeit, zügig und umgehend zu parieren bzw. Einwände zu entkräften;
- Angst, sich verbal schlecht auszudrücken;
- Angst davor, evtl. etwas zu vertreten, was nur die Meinung einer Minderheit ist;
- Angst, nicht „ankommen" zu können;
- Angst vor der persönlichen Begegnung mit dem Prüfer, vor allem dann, wenn Sie vorher keinerlei Möglichkeit hatten, den Prüfer in einem persönlichen Gespräch kennenzulernen, was ja bei den überfüllten Hochschulen durchaus gegeben sein kann. Dieses Ohnmachtsgefühl wird dann meist noch verstärkt, wenn dem Prüfer ein sehr strenger und unnachgiebiger Ruf vorauseilt. Schon im Prüfungsvorfeld kommt ein starkes Gefühl des „Ausgeliefertseins" auf.

Insgesamt gesehen stellt sich bei mündlichen Prüfungen die Ungewissheit vor dem **Prüfungsablauf** und dem **Prüfungsergebnis** als besonderer Angstfaktor heraus. Das damit verbundene Prüfungsrisiko kann natürlich Ihre Angstgefühle verstärken.

Es gibt sicherlich keine Rezepte zur gänzlichen Überwindung von Prüfungsängsten und somit zum besseren Abschneiden in Prüfungen, aber einige nutzbringende Anregungen sollen Ihnen **Anleitung zur Selbsthilfe** geben. Erfolge in Prüfungen zu erzielen, setzt eine langfristige Planung, ein strategisches Vorbereitungskonzept, voraus. So müssen schon sehr frühzeitig bestimmte Voraussetzungen für den Erfolg geschaffen werden, so z.B. die Nutzung bestimmter Lerntechniken (effektives Zuhören, Mitschreiben, Lesen, Selbststudium), die Eigenstabilisierung (Prüfungsängste systematisch angehen) und die Konditionierung (das Lernen lernen, üben etc.). Bauen Sie sich ein **Erfolgssystem** auf, denn eine zielorientierte Systematik ist oft wesentlicher als Begabung.

7.5.2.2.3 Anregungen für die mündliche Prüfung

▷ **Verhaltensansätze vor der Prüfung**

Machen Sie einen Teil der vorher genannten Prüfungsrisiken und Prüfungsängste kalkulierbar, indem Sie sich gezielt auf die mündliche Prüfung vorbereiten z.B. durch

- eine entsprechende psychische Prüfungsvorbereitung. Dazu gehört zunächst, dass Sie lernen, zu mehr **Ruhe** und **Gelassenheit** zu kommen, um Angstgefühle in der Prüfung erst gar nicht aufkommen zu lassen bzw. diese unter Kontrolle zu halten. Dass Gelassenheit eine Frage der seelischen Konstitution ist, trifft nur für einen kleinen Prozentsatz von Studierenden zu, für den weitaus größeren Rest gilt, dass Gelassenheit erlernbar ist, so wie auch die Belastbarkeit trainierbar ist. Es ist lediglich eine Frage des „Wie“.
  Diese **psychische Vorbereitung** auf ein mündliches oder schriftliches Examen müsste gleichwertig neben der wissensmäßigen Vorbereitung stehen und somit Bestandteil der Hochschulausbildung sein.
  Folgende Instrumente können als psychische Vorbereitung, als Wege zur Entspannung und Leistungssteigerung selbststabilisierende Hilfestellungen bieten. Eine wichtige Rolle spielt das **autogene Training** als eine Form geistiger Schulung mit dem Ziel, das gesamte Verhalten des Organismus zu beeinflussen. Als Methode zur Umschaltung von Spannung auf Entspannung führt es zum Einklang der körperlichen und geistigen Kräfte. Genau vorgeschriebene Übungen (z.B. Ruhe-, Muskelentspannungs- und Konzentrationsübungen), die in unterschiedlicher Haltung (z.B. sitzend, liegend) absolviert werden, bewirken psychische Entspannung. Auch **Atemübungen** gehören dazu. Richtiges Atmen, als entscheidende Voraussetzung für das körperliche und geistig-seelische Wohlbefinden, stellt eine sinnvolle Ergänzung zum autogenen Training dar.

An dieser Stelle werden nun nicht die einzelnen Übungen bzw. Techniken vorgestellt oder besprochen, denn es ist Ihnen bestimmt nicht damit geholfen, wenn einzelne Übungen und Übungsabfolgen lediglich verbal beschrieben sind. Bedienen Sie sich hier zur Einstimmung spezieller Fachliteratur[24] sowie der Angebote der verschiedensten Bildungsträger wie Industrie- und Handelskammern, Weiterbildungszentren, etc.;

- das Bewusstwerden, dass die individuelle Leistungsfähigkeit und Leistungsbereitschaft für geistige Arbeit nicht zuletzt auch von Ihrer physischen Konstitution abhängt. Achten Sie daher bei der Prüfungsvorbereitung auf **Sporthygiene** (sportliche Aktivitäten, Bewegung in den Lernpausen etc.), **Ernährung** (statt weniger, üppiger Mahlzeiten mehrere kleine, ohne Hektik eingenommene Mahlzeiten unter Berücksichtigung benötigter Nährstoffe, Flüssigkeiten, Schutzstoffe etc.) und **Schlaf** als wichtigstes Regenerationsmittel. Ermüdung und deren Begleiterscheinungen wie Minderung der Konzentrationsfähigkeit, abnehmende Fähigkeit zum Aufnehmen und Behalten sowie herabgesetztes Kombinations- und Denkvermögen behindern das Lernen. Die nötige Entspannung lässt sich durch **Dosierung der Lernzeiten** (Lerneinheiten von 60 Minuten) und häufige Pausen erreichen.
- einen **Besuch beim Prüfer** in dessen Sprechstunde. Hierfür ist es wichtig, dass Sie sich vorher mit der Prüfungsordnung vertraut machen, um auch gezielt fragen zu können. Informieren Sie sich z.B. über prüfungsrelevante Literatur.
- **Gespräche** mit Kommilitonen/innen höherer Semester, die bereits z.B. ein Bachelorstudium absolviert haben. Suchen Sie ferner das Gespräch mit dem AStA, mit Fachtutoren, Assistenten oder mit examinierten Studienabsolventen.
- die **Teilnahme als Gast** an einer mündlichen Prüfung (wenn möglich), die von Ihrem Prüfer abgenommen wird. Dabei erfahren Sie einiges über den Prüfungsstil, Prüfungsgebiete (Steckenpferde des Prüfers), Prüfungsanforderungen (z.B. Abfragen von Faktenwissen, fachübergreifendem Wissen, anwendungs- und praxisorientierte Fragestellungen, Spezialwissen, Methodenkenntnisse).
- die Erkenntnis, ob Sie als Prüfling einzeln oder in einer Gruppe geprüft werden. Bei der **Einzelprüfung** stehen Sie Ihrem Prüfer allein gegenüber. In einer **Gruppenprüfung** haben Sie einerseits eine gewisse

---

[24] Vgl. u.a. *Gottwald, F./Howald, W.:* Selbsthilfe durch Meditation, München 1989; *Höhn, R.:* Examen ohne Angst, Bad Harzburg 1989; *Launer, H.:* Prüfungen mit Erfolg, München 1988; *Ruddies, G.H.:* Nie mehr Prüfungsangst, Düsseldorf 1990.

psychologische Rückendeckung durch Ihre Kommilitonen, die ebenfalls examiniert werden, andererseits besteht für Sie die Möglichkeit einer geistigen Ruhepause dann, wenn die anderen befragt werden. Zwar müssen Sie immer darauf gefasst sein, dass eine nichtbeantwortete oder unzulänglich beantwortete Fragestellung an Sie weitergereicht wird, trotzdem sind Sie nicht immer unmittelbar und permanent gefordert. Beachten Sie aber trotzdem sehr aufmerksam den Prüfungsverlauf.

- gezielte **Prüfungssimulation** zusammen mit anderen Kommilitonen oder mit Ihrer Lerngruppe unter Anwendung und Einsatz von Rollenspielen. Orientieren Sie sich dabei ruhig an der personellen Prüfungskonstellation, z.B. 1–3 Prüflinge und 3 Prüfungsausschussmitglieder.

Denken Sie daran, je umfangreicher Ihre Prüfungsinformationen im Vorfeld sind, umso stärker wird Ihre Selbstsicherheit.

Am Tag vor einer mündlichen Prüfung sollten Sie alles Studieren sein lassen. Belasten Sie sich nicht mit den immer wiederkehrenden Fragen: Kommt dieses oder jenes dran? Versuchen Sie an alles andere zu denken, nur nicht an Ihre Prüfung. **Erholen und entspannen Sie sich.** Gehen Sie spazieren, hören Sie Musik und verleben einen geruhsamen Abend. Schalten Sie also eine schöpferische Pause vor der Prüfung ein. Gehen Sie zeitig zu Bett und schlafen Sie sich aus. Dadurch gewinnen Sie den nötigen Abstand und beginnen den Prüfungstag positiv und aufgeschlossen.

Diese gewünschte Vorgehensweise ist bestimmt ein Idealfall, die Menschen sind zu verschieden. Sollte es Sie sehr beruhigen, dann überfliegen Sie eben nochmals Ihre Mitschriften bzw. die markierten Stellen in wichtigen Fachaufsätzen oder Kommentaren. Ich möchte Sie aber mit diesen Prüfungsdenkanstößen davor bewahren, dass Sie plötzlich in der mündlichen Prüfung „den Wald vor lauter Bäumen“ nicht mehr sehen und dies tritt sehr häufig dann ein, wenn Sie bis zur letzten Stunde vor der Prüfung „büffeln“ und Sie, wenn es drauf ankommt, in schlechter psychischer Verfassung sind. Merken Sie sich, Sie können dem Gehirn nicht im letzten Moment noch einen großen neuen Faktenballast eintrichtern, ohne die Flexibilität des Denkens negativ zu beeinflussen. Denn diese geistige Wendigkeit und ein kombinierendes Denken benötigen Sie in der mündlichen Prüfung.

▷ Verhaltensansätze während der Prüfung

Natürlich hängen der Verlauf und das Ergebnis einer mündlichen Prüfung sehr stark von der Persönlichkeit des Prüflings und des Prüfers ab sowie von einer systematischen Prüfungsvorbereitung, soliden Fachkenntnissen und einzelnen Fähigkeiten des Prüflings wie z. B. Abstraktions- und Kommunikationsfähigkeiten. Von großer Bedeutung kann aber auch das Verhalten des Prüflings während der mündlichen Prüfung sein, denn dieses bestimmt mitunter das Beziehungsgefüge zwischen Prüfling und Prüfer und die sich ergebende Bewertung[25]. In diesem Sinne darf ich Ihnen nachfolgend einige allgemeine Hinweise und Grundregeln für Ihr Verhalten während der Prüfung geben, die allerdings nicht verallgemeinerungsfähig sind:

- Denken Sie daran, **Prüfungsnervosität** ist normal und auch dem Prüfer bekannt. Sie legt sich schon sehr häufig nach den ersten Fragen bzw. Antworten.
- Strahlen Sie in Ihrer Haltung und in Ihrem Auftreten **Sicherheit und Gelassenheit** aus. Achten Sie auch auf Ihr äußeres Erscheinungsbild, also Ihr Outfit, denn Prüfer sind ebenfalls nur Menschen, die Einflüssen externer Art wie äußerer Eindruck, Verhalten des Prüflings etc. unterliegen können.
- Zeigen Sie eine **gewisse Bescheidenheit,** nicht zu verwechseln mit Schüchternheit, im Auftreten vor der Prüfungskommission. Diese Tugend ist insbesondere extrovertierten Prüflingen zu empfehlen. So hinterlässt forsches Auftreten nicht gerade positive Eindrücke beim Prüfenden.
- Sowohl bei der gestellten Frage als auch bei deren Beantwortung sollten Sie den Prüfer ansehen **(Blickkontakt)** und nicht verlegen zur Seite oder gar verschüchtert auf den Boden schauen, ebenfalls nicht empfehlenswert ist der „wissenschaftlich-vergeistigte" Blick an die Decke.
- Lassen Sie den Prüfer **ausreden,** fallen Sie ihm mit der vorzeitigen Beantwortung der an Sie gerichteten Frage nicht sofort ins Wort. Überdenken Sie das Gehörte, beachten Sie die Fragestellung, indem Sie diese evtl. aus Verständnisgründen nochmals wiederholen (Rückversicherung), sammeln Sie Gedankengut und strukturieren Sie (evtl. stichwortartig auf einem vor Ihnen liegenden Bogen) oder gedanklich die Antwort/das Ergebnis und antworten dann.
- Denken Sie nicht zu **kompliziert** (nicht alles verkomplizieren), denn häufig wird Einfacheres, Anwendungsbezogeneres und Näherliegenderes gefragt, als Sie häufig vermuten. Denken Sie dabei ruhig auch laut, dabei geben Sie dem Prüfer Gelegenheit, zu erkennen, wie Sie zu dem Ergebnis kommen (Lösungsansatz/-weg).

---

[25] Vgl. u. a.: *Florin, I./Rosenstiel, L. v.:* Leistungssteigerung und Prüfungsangst, München 1976, S. 41 ff.

- Antworten bzw. sprechen Sie nicht **übereilt,** sondern ruhig wie sonst in einem anregenden Gespräch. Legen Sie vor der Antwort eine Pause ein und überlegen Sie sorgsam, was der Prüfende evtl. hören möchte. Fällt Ihnen bspw. eine notwendige Formel oder ein geforderter Gesetzesparagraph nicht sofort ein, werden Sie deswegen nicht kopflos. Verdrängen Sie Gedanken wie „Jetzt ist es aus". Umschreiben Sie den Zusammenhang und gehen Sie das Problem entwickelnd an. Ihr gesunder Menschenverstand, die Gewissheit der guten Prüfungsvorbereitung und Ihr Wissen führen Sie zum Ziel, nämlich zum Wiederfinden des fehlenden Gliedes der Gedankenkette, wenn Sie nicht schon vorher Hilfestellung vom Prüfer erhalten haben. Verzichten Sie jetzt bei der Beantwortung auf Nebensächlichkeiten (Weitschweifigkeit), gehen Sie den **Kern der Fragestellung** direkt an. Denken Sie daran, jedes Fachgebiet ist heute so umfangreich, dass keiner alle Einzelheiten im Kopf haben kann. Dies wird von Ihnen auch nicht gefordert, aber der Prüfende wird verlangen, dass Sie über ein gewisses Kernwissen verfügen, das Sie problemorientiert und anwendungsbezogen anwenden können, Zusammenhänge erkennen und überschauen sowie evtl. Erkenntnisse anderer Wissensgebiete (Wissenstransfer) zur Problemlösung einbeziehen können.
- Beachten Sie auch die **Körpersprache** des Prüfers, sein nonverbales Verhalten. So reagieren Prüfer häufig auf falsche oder korrekte Antworten mit bestimmten Gesten, mit zustimmenden oder ablehnenden Gebärden (z.B. Handbewegungen), mit einer bestimmten Mimik (z.B. Stirnrunzeln, weit aufgerissene Augen, zusammenpressen der Lippen, mit einem Lächeln), also mit Hinweisen, die Ihnen signalisieren, ob Sie auf der richtigen oder falschen Antwortfährte sind.
- Sollten Sie eine an Sie gerichtete Frage nicht beantworten können, geben Sie dies offen zu, bekennen Sie den **„Mut zur Lücke".** Sie verärgern den Prüfer nur, wenn Sie Ihr Nichtwissen durch langatmige Ausschweifungen und bloßes Herumreden dokumentieren. Versuchen Sie sich auch nicht „herauszureden", geben Sie diese Wissenslücke offen zu, ohne in Resignation zu verfallen.
- Versuchen Sie nicht, die Fragen des Prüfers zu **unterlaufen,** indem Sie Ihre Antwort in eine andere, Ihnen vertraute inhaltliche Richtung zu lenken versuchen. Diese evtl. auch nicht offensichtlich beabsichtigte Vorgehensweise sollte Ihnen dann bewusst werden, wenn Sie der Prüfer auffordert, die von ihm gestellte Frage zu beantworten.
- In **Gruppenprüfungen** sollten Ihre Bestrebungen nicht dahin gehen, sich auf Kosten der Mitkommilitonen zu profilieren, indem Sie deren Antworten korrigieren oder gar abqualifizieren.

- Entstehen in einer Gruppenprüfung für Sie Pausen, da zuerst Ihre Mitprüflinge befragt werden, schalten Sie gedanklich nicht ab, denn sehr häufig werden Fragen, die Ihr Prüfungsvorgänger nicht beantworten kann, weitergereicht. Nutzen Sie diese **geistigen Ruhepausen** zur Entspannung, indem Sie sich bequem setzen, mehrfach tief durchatmen, aber den Prüfungsverlauf immer aufmerksam und konzentriert beobachten, um sofort aktionsbereit zu sein, falls sich der Prüfer an Sie wendet.
- Lassen Sie sich nicht dadurch verwirren, dass eines der Prüfungsausschussmitglieder besonders eifrig mitschreibt. Denken Sie daran, dass auch die mündliche Prüfung Teil Ihres Examens sein kann, über den ein schriftliches Protokoll erstellt werden muss, d.h. die vom Prüfer gestellten Fragen sowie Essentielles Ihrer Antworten werden notiert.
- Bleiben Sie ebenfalls ganz **ruhig und gelassen,** wenn während der Prüfung einzelne Mitglieder der Kommission Meinungsaustausch betreiben. Ziehen Sie aus diesem Verhalten keine Rückschlüsse auf das Ergebnis der von Ihnen erbrachten Leistung. Versuchen Sie, darüber hinwegzusehen und lassen Sie sich nicht irritieren.

7.5.2.2.4 Prüfungsernst

Gerade mündliche Prüfungen sind eine ernste und für sehr viele eine bedrohliche Angelegenheit. Allein der Gedanke daran erzeugt meist schon Unbehagen. Gehen Sie dieses Unbehagen, hervorgerufen durch Prüfungsängste, gezielt an, indem Sie sich mit Ihren Prüfungsängsten sachlich beschäftigen und versuchen, diese auf ein motivierendes aber nicht hemmendes Maß zielstrebig abzubauen.

Nutzen Sie dafür die zahlreichen **Anleitungen** und **Anregungen** in der Literatur und im Seminarbereich der verschiedensten Bildungsträger zur Überwindung von Prüfungsängsten, denn blinde Ignoranz dieses Unbehagens ist ein ebenso schlechter Ratgeber wie Angst vor der Angst. Kombinieren Sie dabei die für Sie geeigneten Methoden.

Denken Sie immer daran, dass schon Tausende vor Ihnen mündliche Prüfungen mit mehr oder weniger großem Lampenfieber erfolgreich gemeistert haben. Ein **bisschen Lampenfieber** ist ganz normal. Dies bestätigen Ihnen auch profilierte Schauspieler, die ihre Rolle perfekt beherrschen und denen doch jeder neue Auftritt immer wieder Herzklopfen verursacht.

Gehen Sie so vorbereitet – auch unter Kenntnis vorgenannter Verhaltensanregungen – ausgeschlafen, positiv denkend, hellhörig und mit großer Zuversicht in die mündliche Prüfung.

7.5.2.3 Checkliste „Prüfungsvorbereitung"

▷ **Beginnen Sie rechtzeitig**
Rechtzeitig beginnen heißt nicht, 3 Wochen vor der Prüfung/dem Examen, sondern während des laufenden Semesters. Dies setzt voraus, den Stoff des gesamten Semesters kontinuierlich nachzubereiten, um dann für die intensive Vorbereitung „lernfertige" Unterlagen wie Skripte, Aufsätze, eigene Mitschriften, Handouts usw. zu haben.

▷ **Begrenzen Sie die Stoffmenge**
Sehen Sie den Prüfungsstoff nicht als unabsehbares hohes Wissensgebirge, grenzen Sie diesen klar ab, strukturieren und verteilen Sie ihn auf realistische Zeiteinheiten. Die Prüfungsvorbereitung ist kein Lesemarathon, bereiten Sie daher den Stoff komprimiert auf (z.B. in Exzerptform). Liegt keine offizielle Stoffsammlung (z.B. Zeitschriften, Bücher) vor, fragen Sie nach einer Stoffauswahl.

▷ **Strukturieren Sie die Vorbereitungsphase**
Die Prüfungsvorbereitung sollte einen detaillierten Lernplan voraussetzen, d.h. vereinfacht: Was (z.B. welche Standardwerke) möchte ich wann (Zeit) und wie (z.B. Exzerpte) und evtl. auch mit wem (alleine oder in einer Lerngruppe) abarbeiten? Wann beginne ich mit den Wiederholungsphasen? Durch ein gutes Timing auch für Wiederholungen, Übungen, Fallbearbeitungen und das Lesen aktueller Artikel schaffen Sie sich ein gutes und beruhigendes Gefühl für die Prüfungsvorbereitung.

▷ **Bilden Sie Lerngruppen**
Nutzen Sie die Arbeit in einer Lerngruppe (Kap. 7.2.13) auch für die Prüfungsvorbereitung. Sie meistern dadurch den Prüfungsstoff besser (z.B. Möglichkeit der Diskussion von Unverstandenem) und Sie können sich auch gegenseitig moralisch unterstützen, denn oftmals ist es in der „heißen Phase" der Vorbereitung so, dass Sie sich hinter Ihren Büchern und Skripten verschanzen und soziale Kontakte sowie Gespräche einschlafen lassen. Treten dann in einer Selbstlernphase hintereinander mehrfach Verständnisprobleme auf, fällt der Motivationspegel ins Bodenlose.

Achten Sie aber bei der Gruppenbildung auf eine Gruppenstärke von zwischen drei und fünf Lernwilligen, die themenbezogen gut vorbereitet in eine jeweils ein- bis dreistündige Sitzung etwa zweimal wöchentlich kommen. Die Gruppenmitglieder sind gleichberechtigt und nicht zu heterogen vom Wissenstand her (Überflieger wirken meist belehrend). Die Lerngruppenarbeit eignet sich auch für die Vorbereitung von mündlichen Prüfungen durch die Möglichkeit der Prüfungssimulation.

▷ **Legen Sie Ihr persönliches Lernpensum fest**
Es wäre falsch, sich vorzunehmen, jeden Tag z.B. 8 Stunden zu lernen oder 250 Seiten eines Buches oder Skriptes durchzuarbeiten und dies drei Wochen vor der ersten Prüfung. Lernen Sie dosiert, d.h. pro Vorbereitungstag während der Intensivphase 4–5 Stunden und dies verteilt auf mehrere Lernphasen sowie drei bis vier Sitzungen mit der Lerngruppe pro Woche. Setzen Sie sich Lernziele („Was möchte ich in dieser Woche erreichen?").

▷ **Nutzen Sie Hilfestellungen der Fachbereiche, Professoren, Assistenten und von Studierenden höherer Semester**
Lassen Sie sich von der Anonymität an vielen Hochschulen nicht einschüchtern. Zum Lehrauftrag der Professoren gehören auch Hilfen zur Examensvorbereitung. Fordern Sie diese ein. Suchen Sie den Kontakt zu den Professoren, insbesondere während der Sprechstunden. Solche Hilfen können persönliche Beratungen studieninhaltlicher und -didaktischer Art, Übungsklausuren, „alte Klausuren", Gespräche mit den Assistenten/innen und vieles mehr sein.

▷ **Greifen Sie auf technische Hilfsmittel und Lernhilfen zurück**
Hierzu zählen neben dem „guten alten Karteikasten" (Kap. 7.5.1.5) auch Lernhilfen wie Lernsoftware, Datenbanken, usw. Denken Sie aber daran, DV-Lernhilfen nicht erst wenige Monate vor dem Examen zu aktivieren. Zur effizienten Arbeit mit diesen Lernhilfen gehört eine gewisse Routine, ansonsten geht in der „Intensivvorbereitungsphase" zu viel Zeit für Einarbeitungen verloren.

▷ **Nutzen Sie bei Examensangst die psychologische Beratung an Ihrer Hochschule**
Prüfungsangst hat ihren Ursprung sehr häufig in einer schlechten Organisation des Studiums, die zu Unsicherheit über den Leistungsstand führt. Bekämpfen Sie Ihre Prüfungsängste, indem Sie – als fachliche Voraussetzung – einen vernünftigen Arbeitsstil vom Anfang Ihres Studiums an praktizieren. Sind Ihre Ängste psychischer Art, lassen Sie sich helfen. Auch hier spricht die Zeit im Umgang mit Ängsten eine wichtige Rolle, die beste Strategie hilft dabei nur, wenn sie früh genug befolgt wird. Wenn der Gedanke an das Examen lähmt, sollten Sie eine Beratung langfristig in die Examensvorbereitung einplanen. Achten Sie ferner während Ihres gesamten Studiums auf ein gutes soziales Umfeld. Wer Freundschaften pflegt, hat immer jemanden, mit dem er über seine Ängste und Sorgen reden kann. Wichtig dabei ist auch, Abwehrmaßnahmen gegen Stress und Ängste „auf Vorrat" einzuüben, z.B. autogenes Training, Meditation, Sport.

Ein abschließender Tipp für die letzten Stunden vor der Prüfung: **Ein angenehmes Gespräch mit Freundin oder Freund lenkt ab, macht Mut und stärkt das Selbstbewusstsein.**

7.5.3 Wissenschaft und wissenschaftliches Arbeiten

Um wissenschaftliches Arbeiten zu konkretisieren, ist es sinnvoll, vorab den Begriff der Wissenschaft zu definieren. Dies ist nicht gerade einfach, da es keine einheitliche Begriffsklärung gibt.

Eine interessante Definition ist in Meyers Konversationslexikon, im 17. Band von 1897 zu finden: Dabei ist Wissenschaft „zunächst das Wissen selbst als Zustand des Wissenden, sodann der Inbegriff dessen, was man weiß; im engeren und eigentlichen Sinne der vollständige Inbegriff gleichartiger, systematisch, also nach durchgreifenden Hauptgedanken, geordneter Erkenntnisse. Diese an sich bilden den Stoff, die Materie einer bestimmten Wissenschaft; durch die systematische Form wird er zum wissenschaftlichen Gebäude (Lehrgebäude), welches regelrichtig und den Gesetzen der Logik gemäß aufgeführt, System heißt. Auf dieser Grundlage wächst die Wissenschaft im strengen Sinn als eine Erklärung und Zurückführung der Lehrsätze auf ihre tiefem Gründe und Zusammenhänge hervor und gelangt zu gewissen Prinzipien und Grundsätze, aus denen erklärt wird, die sich aber nicht weiter erklären lassen. (...) Der Versuch, das gesamte menschliche Wissen überhaupt nach seinen verschiedenen Richtungen und Gegenständen als ein geordnetes System darzustellen, führt zu dem Begriff einer systematischen Enzyklopädie oder Wissenschaftskunde“. (S. 819)

In „Der Brockhaus“, Band 15, 1999, wird Wissenschaft definiert als ein „System des durch Forschung, Lehre und überlieferte Literatur gebildeten, geordneten und begründeten, für gesichert erachteten Wissens einer Zeit; auch die für seinen Erwerb typisch methodisch-systematischen Forschungs- und Erkenntnisarbeit sowie ihr organisatorisch institutioneller Rahmen“. (S. 277)

Die Wissenschaft strebt nach der instrumentellen Erfassung von Sachverhalten, deren Beschreibung, Erklärung und regelhafter Gestaltung. Jeder Wissenschaft eigen sind

- Erkenntnisziele (Erklärung, Prognose, Gestaltung)
- Erkenntnisobjekte (z. B. Unternehmen, Mensch)
- Wissenschaftsmethoden (z. B. Befragung)

Gemeinsam ist allen Definitionen das systematisch, geordnete Vorgehen der Erkenntnisgewinnung einer Wissenschaft. Eine wissenschaftliche Arbeit muss sich daher auf gründlich recherchierte Quellen stützen oder mit wissenschaftlichen Methoden erarbeitet und bewiesen sein. Ferner muss die eigene Meinung als solche kenntlich gemacht werden.

Wissenschaftliches Arbeiten bedeutet also, sich auf der Grundlage wissenschaftlicher Erkenntnisse auf den neuesten Stand der wissenschaftlichen Diskussion zu bringen, indem wir uns mit den Gedanken anderer auseinandersetzen (Vielzahl von Meinungen), eigene Gedanken einbringen und das Ergebnis in einer verständlichen Form darstellen. Bei der Darstellung der gewonnenen Ergebnisse/Erkenntnisse müssen wir bestimmte Konventionen beachten, die im Wissenschaftsbetrieb üblich sind, von Disziplin zu Disziplin aber unterschiedlich gehandhabt werden können. Die Einhaltung und Orientierung an formalen Standards sind für das Funktionieren der wissenschaftlichen Gemeinschaft wichtigste Voraussetzungen. Eine wesentliche Informationsquelle ist dabei die Publikation.

Sinn und Zweck wissenschaftlichen Arbeitens im Studium ist, dass der Studierende lernt, sich ein Themengebiet zu erarbeiten, sich kritisch mit einem Thema auseinander zu setzen und dies unter Berücksichtigung wissenschaftlicher Regeln darstellen zu können.

Nach *Preißner*[26] lassen sich folgende Merkmale des wissenschaftlichen Arbeitens indentifizieren:

- Wissenschaftliches Arbeiten ist **systematisches Arbeiten.** Um eine nachvollziehbare Argumentation zu gewährleisten, muss die Arbeit einen klaren Aufbau besitzen, aus dem der Gang der Untersuchung hervorgeht.
- Wissenschaftliches Arbeiten heißt **objektiv begründen.** Verzichten Sie auf gefühlsmäßige Argumentation. Jedes Ihrer Urteile muss auf nachvollziehbaren Kriterien basieren. Die Herkunft und Quelle aller wesentlichen Gedanken sind dabei stets anzugeben.
- Wissenschaftliches Arbeiten ist Streben nach **Allgemeingültigkeit.** Achten Sie darauf, das ihre Aussagen auf mehrere Fälle übertragbar sind. Geben Sie stets den Gültigkeitsbereich Ihrer Erkenntnisse an.
- Wissenschaftliches Arbeiten ist **Auseinandersetzung mit anderen Arbeiten.** Ihr grundlegendes Ziel sollte sein, einen Beitrag zum wissenschaftlichen Fortschritt zu leisten. Dazu ist erforderlich, den Stand der Forschung zu dokumentieren und eigenständige Schlussfolgerungen zu ziehen bzw. durch eigene Forschung darauf aufzubauen.

---

[26] Vgl. *Preißner, A.*, Wissenschaftliches Arbeiten, München 2010, S. 18ff.

- Wissenschaftliches Arbeiten kann auf Basis von **Literaturauswertung, empirischer Analyse** oder einer Kombination aus beidem erfolgen. Bei der Literaturauswertung sollten Sie auf eine ausgewogene Auswahl der Quellen achten. Berücksichtigen Sie unterschiedliche Lehrmeinungen und achten Sie darauf, dass eine verwendete Äußerung allgemein anerkannt ist. Bei empirischen Untersuchungen ist stets zu fragen, ob das Ergebnis repräsentativ ist. Um eine Kritik des Erhebungs- und Auswertungsverfahrens zu ermöglichen, müssen die Materialien auch immer einsehbar sein.
- Die **wesentlichen Begriffe** einer wissenschaftlichen Arbeit **müssen definiert werden.** Die Bedeutung vieler Fachbegriffe ist nicht eindeutig festgelegt. Um eine einheitliche Diskussionsgrundlage zu schaffen, muss das der Arbeit zugrunde gelegte Verständnis eines Begriffes geklärt werden.

Neben diesen Standards und Prinzipien sind bei der Erstellung einer wissenschaftlichen Arbeit auch formale Ansprüche zu berücksichtigen. So verfügen wissenschaftliche Arbeiten über einen fest vorgegebenen Aufbau, bestehend aus Titelseite, Inhaltsverzeichnis, Vorwort, Abstract, Literaturverzeichnis sowie gegebenenfalls Abbildungs-, Tabellen-, Abkürzungs- und Symbolverzeichnis.

7.5.4 Anregungen für die Anfertigung einer schriftlichen wissenschaftlichen Arbeit (Hausarbeit, Referat, Bachelorarbeit)

7.5.4.1 Struktur des Arbeitsprozesses

Für viele Studierende ist die Anfertigung einer schriftlichen Hausarbeit, eines Referates oder einer Bachelorarbeit ein nicht zu unterschätzendes Hindernis auf dem Weg zum Studienerfolg. Dies liegt meist nicht an der mangelnden Befähigung, sich schriftlich zu artikulieren, sondern sehr häufig daran, z.B. sich in ein unbekanntes Thema einarbeiten und damit verbundene Problemfelder überschauen und gar strukturieren zu können, einer gewissen Scheu vor der Fülle von Literatur, die es zu suchen, zu sichten und zu selektieren gilt. Damit verbunden ist, auch aufgrund meist mangelnder Übung, die ungeschickte und unrationelle Vorgehensweise. So vergeudet mancher einen großen Teil seiner kostbaren Zeit, um überhaupt herauszufinden, wie er die Arbeit anpacken soll. Die hierfür verschwendete Zeit fehlt dann bei der Literaturdurchdringung. Hinzu kommt noch, inwieweit gelingt es, die bereits vorgefassten Gedanken und Vorstellungen des themenstellenden Betreuers richtig zu erfassen und einzubinden. Ziel dieses Kapitels ist es, Ihnen, in Anlehnung an mein Kapitel 7.2 Selbstmanagement für Studierende und insbesondere die Ausführungen von *Theisen*[27], einige kurze Anregungen in Sachen „Anfertigung einer schriftlichen Hausarbeit, eines Referates oder einer Bachelor- oder Masterarbeit" zu geben. Erreicht werden soll dies durch die Einteilung dieses wissenschaftlichen Arbeitsprozesses in

- allgemeine organisatorische und arbeitsmethodische Hinweise
- themenbezogene Bearbeitungshinweise

Jede schriftliche Hausarbeit oder Bachelor- und Masterarbeit setzt gründliches wissenschaftliches und methodisches Arbeiten voraus. Denken Sie daran, dass eine derartige Arbeit nicht nur einen Leistungsnachweis für ein Studienfach oder einen wichtigen Prüfungsbestandteil repräsentiert. Darüber hinaus stellt eine derartig selbständige Arbeit auch eine Art **„individuelle Arbeitsprobe"** dar, die es nicht selten bei Bewerbungsgesprächen vorzulegen gilt.

7.5.4.2 Allgemeine organisatorische und arbeitsmethodische Hinweise

7.5.4.2.1 Einstimmung

Wie bereits mehrfach betont, erfordert geistiges Arbeiten, sei es im Studium oder Beruf, eine meist sehr komplexe Planung der Einzelaktivitäten. Um die Vielzahl von Aufgaben erfüllen zu können, die mit einem Hochschulstudium verbunden sind, ist die Kenntnis und Anwendung verschiedener Methoden und Techniken **wissenschaftlichen Arbeitens** eine wesentliche Grundvoraussetzung, die allerdings je nach Arbeitsaufgabe mit unterschiedlichem Umfang und Intensität zum Tragen kommen. Diese Methodenkenntnis ist für die Erstellung fachbezogener Aufzeichnungen, auch Manuskripte, schriftliche Ausarbeitungen der gewonnenen Erkenntnisse, genannt, wichtig.

7.5.4.2.2 Planung des schriftlichen Projektes (Manuskriptarten)

Im Hochschulbereich unterscheiden wir eine Vielzahl von Nachweisen zur Befähigung schriftlichen, wissenschaftlichen Arbeitens so z. B.:

- Das **Protokoll** hält als Verlaufsprotokoll den Ablauf und Inhalt einer Lehrveranstaltung fest, als Ergebnisprotokoll (Beschlussprotokoll) führt es in kurzer und prägnanter Form die wichtigsten Gedanken und Diskussionsergebnisse auf.

---

[27] Vgl. *Theisen, M. R.:* Wissenschaftliches Arbeiten, München 2011, S. 3 ff.

- Das **Thesenpapier** gibt ebenfalls in knapper Form die wichtigsten Ergebnisse einer wissenschaftlichen Arbeit oder einer empirischen Untersuchung wieder, meist angereichert um die Meinung des Verfassers zum Thema.
- Die **Hausarbeit** ist eine schriftliche Leistung, die z.B. zusätzlich zur Klausur für die Erlangung eines Leistungsscheines zu erbringen ist. Sie dient häufig der Vertiefung der Inhalte als vorlesungsbegleitende Aktivität und stellt eine erste sinnvolle Übungsmöglichkeit wissenschaftlichen Arbeitens bereits während des Grundstudiums dar.
- Das **Referat** bzw. die **Seminararbeit** repräsentieren im fortgeschrittenen Studienverlauf neben der Bachelor- oder Magisterarbeit die wichtigste schriftliche Arbeit. Hierbei handelt es sich meist um spezielle Ausarbeitungen zu bestimmten Fachthemen, wobei vom Studierenden so wichtige Funktionen wie die selbstständige Beschaffung und kritische Auswertung von Literatur, eigene Stellungnahme usw. zu erfüllen sind. Die Seminararbeit wird zum Referat, wenn sie auch noch mündlich vorzutragen ist. Dieser mündliche Vortrag macht eine gesonderte Vorbereitung (z.B. Medieneinsatz) notwendig. Einige Anregungen hierzu später.
- Die **Klausur** ist eine schriftliche Prüfungsarbeit unter Aufsicht und Vorgabe einer bestimmten Bearbeitungszeit (z.B. 90–240 Minuten). Während meist in den Klausuren der ersten Semester (Grundlagenstudium) die Reproduktion von Faktenwissen im Vordergrund steht, sind in den Klausuren der höheren Semester Probleme zu diskutieren, einer kritischen Prüfung zu unterziehen und Ergebnisvorschläge zu präsentieren.
- Die **Bachelorarbeit/Masterarbeit** stellt in vielen Studiengängen einen wichtigen Prüfungsbestandteil dar. Dabei hat der Studierende, jeweils orientiert an den hochschuleigenen Prüfungsordnungen, innerhalb z.B. einer Zeitdauer von z.B. 8 Wochen und einem Umfang von ca. vierzig Seiten ein bestimmtes Thema (vom Hochschullehrer gestellt oder einer externen Institution – Unternehmen – vorgeschlagen) systematisch, kritisch, selbständig und unter Berücksichtigung wissenschaftlicher Bedingungen (z.B. Formvorschriften) zu bearbeiten. Die Bachelor- oder Masterarbeit wird nicht selten im Rahmen eines Bewerbungsverfahrens vom möglichen zukünftigen Arbeitgeber als eine Art „Arbeitsprobe“ betrachtet und eingesehen.
- Die **Dissertation,** auch Doktorarbeit genannt, berechtigt nach erfolgreichem Abschluss der schriftlichen Arbeit und einer mündlichen Prüfung (Rigorosum) bzw. einer Verteidigung der Arbeit (Disputation) zur Führung des Doktortitels einer bestimmten Fachrichtung (z.B. Dr. med., Dr. phil., Dr. rer. nat., Dr. rer. pol.). Die Bedingungen

zur Bearbeitung einer Dissertation werden durch die jeweiligen Hochschulpromotionsordnungen geregelt (z. B. mindestens einen Studienabschluss mit der Gesamtnote „gut"). Diese Dissertation soll eine thematisch eigenständige und in wesentlichen Kapiteln ursprüngliche Auseinandersetzung mit einem Thema sein, betreut von einem Doktorvater bzw. einer Doktormutter.

- Die **Habilitationsschrift,** erstellt von einem bereits promovierten Wissenschaftler, ist Voraussetzung für die Erlangung einer Professur im Bereich wissenschaftlicher Hochschulen (Nachweis der Lehrbefähigung). Die Einzelvorschriften bzw. Erfordernisse werden durch die Habilitationsordnung geregelt. Die Habilitationsschrift stellt eine wissenschaftliche Abhandlung dar, die neue Forschungsergebnisse und -erkenntnisse des jeweils angestrebten Lehrgebietes enthält. Heute ist eine Habilitation auch über eine Reihe wissenschaftlicher Einzelbeiträge (Publikationen in Zeitschriften) möglich.

7.5.4.2.3 Häuslicher Arbeitsplatz

Die zweckmäßige Vorbereitung einer Hausarbeit beginnt bereits mit der Beachtung einiger simpler arbeitsorganisatorischer Grundregeln am Schreibtisch. Überprüfen Sie daher Ihren häuslichen **Arbeitsplatz** auf seine Ordnung, denn dieser repräsentiert einen Ort der Konzentration. Nichts gedeiht in Unordnung. Konzentriertes Arbeiten an einer wissenschaftlichen Arbeit erfordert Ordnung. Daher sollten Ihre täglich immer wieder benötigten Arbeitsmittel wie z. B. Lexika, Bücher, Fachzeitschriften, Kopien von Fachzeitschriften und Buchauszügen, Karteien (z. B. Schlagwort- oder Autorenkartei) oder Internetquellen ihren zweckmäßigen Platz haben, wenn möglich immer denselben, da auch automatisierte Zugriffsgewohnheiten Zeit und Nerven sparen. Ordnen Sie daher z. B. Ihre Bücher nach fachlichen Gesichtspunkten im Regal (Vergleichbar dem Ordnungssystem in einer Bibliothek) und die kopierten Zeitschriftenbeiträge nach Schlagworten oder Gliederungspunkten in Ordnern.

7.5.4.2.4 Termine beachten und Kosten berücksichtigen

Halten Sie wichtige **Termine** schriftlich fest, denn dies dient neben einem reibungslosen Arbeitsablauf auch der Gedächtnisentlastung und Dokumentation. Wichtig können dabei während einer Hausarbeitszeit folgende Termine sein, z. B.

- Öffnungszeiten von Bibliotheken,
- Verleihfristen für Bücher zwecks rechtzeitiger Rückgabe bzw. Verlängerung,

- Absprachetermine mit dem betreuenden Professor bzw. den Assistenten,
- mögliche Gesprächstermine mit Fachleuten,
- Frist für die evtl. Beantragung einer Verlängerung der Bearbeitungszeit,
- Abgabetermin der Hausarbeit.

Eine allgemeine Erfahrung aus der betrieblichen Praxis zeigt, dass durch einen Mehraufwand an Planungszeit weniger Zeit für die eigentliche Durchführung benötigt wird. Denken Sie daran.

Bei der Anfertigung zeit- und forschungsintensiver sowie umfangreicher schriftlicher Arbeiten können auch eine Reihe von **Kosten** entstehen, die es ebenfalls im Vorfeld zu bedenken und zu planen gilt, z.B.

- Kosten für Fotokopien, Telefonate, Büromaterial, Schreibkosten,
- Reisekosten für Exkursionen, Auslandsaufenthalte, Anfahrtkosten beim Besuch externer Bibliotheken oder Unternehmen,
- bei empirischen Arbeiten (Umfrage) z.B. Kosten für den Druck von Fragebögen, frankierte Rückumschläge, DV-Auswertungskosten.

7.5.4.2.5 Faktor „Zeit" und Umgang mit dieser Zeit (Time-Management)

Für die hier im Fokus stehenden schriftlichen Arbeiten wie Hausarbeit, Referat und Bachelorarbeit, die zeitlich befristete Arbeiten mit festen Abgabeterminen repräsentieren, ist **Time-Management** unumgänglich. Definieren Sie Zeitvorgaben für wichtige Arbeitsschritte. Berücksichtigen Sie auch zeitliche Restriktionen, hervorgerufen durch Wochenenden, Feiertage, Vorlesungs- und Seminartage, Urlaub, Familienfeiern usw.

Aufgrund der Zeitvorgabe für die Schreibdauer einer Hausarbeit ist es wichtig, dass es Ihnen gelingt, die zur Verfügung stehende Zeit (z.B. 2 Monate) effektiv zu nutzen. Lernen Sie daher, mit dieser kostbaren Zeit umzugehen. Gehen Sie mögliche **„Zeitfresser"** bzw. **„Zeitdiebe"** an und bekämpfen Sie diese, z.B. könnten dies sein:

- Gefahr des „Sichverzettelns",
- Versuch, zu viel auf einmal zu tun,
- individuelle Desorganisation (z.B. überhäufter Schreibtisch, schlechtes Ablagesystem, permanente Suche nach z.B. Kopien von Zeitschriftenbeiträgen) und Internetpublikationen,
- mangelnde Koordination bestimmter Arbeiten,
- Tendenz, die Dinge aufzuschieben, denn man hat ja mehrere Monate Zeit.

Teilen Sie die zur Verfügung stehende Zeit in hausarbeitsspezifische Tätigkeiten ein, z. B. X-Tage/-Wochen für

- die Literaturrecherche (Literatursuche),
- die Literaturdurchdringung (Lesen, Literaturauswahl, Markieren wichtiger Textstellen, Erstellung von Exzerpten usw.),
- den Gliederungsentwurf und dessen Absprache mit dem betreuenden Hochschullehrer,
- die erforderliche Durchführung von Recherchen in Unternehmen, Verbänden usw. sowie die Durchführung von Interviews oder Fragebogenaktionen und deren Auswertung,
- die Schreibphase der Hausarbeit und die Überarbeitung des Geschriebenen,
- Korrekturlesen, Druck, Binden und Abgabe.

Zeitmanagement im Zusammenhang mit der Erstellung einer Hausarbeit bedeutet die bewusste Steuerung dieser spezifischen Aktivitäten. Unterschätzen Sie hier insbesondere nicht die Zeit, die Sie brauchen, um Gelesenes, Recherchiertes und Untersuchtes in eigenen Worten zu Papier zu bringen, denn Sie schreiben ja nicht etwas auf, das Sie schon vollständig vorbereitet und verarbeitet im Kopf bereithalten. Vielmehr wird das Schreiben selbst zu einem Moment der Stoffaneignung und der inhaltlichen Auseinandersetzung. Die meiste Zeit werden Sie wohl darauf verwenden, etwas zu Papier zu bringen, das inhaltlich hieb- und stichfest sowie fundiert ist, wobei bei jedem Durcharbeiten das Gefühl aufkommt, dass inhaltlich immer noch etwas verbesserungswürdig ist und so rückt der Abgabetermin immer näher mit dem oftmaligen Ergebnis, dass man am Schluss kaum noch Zeit hat, sich um die **Darstellungsqualität** (z. B. Integration von Tabellen, Abbildungen, Graphiken) zu kümmern.

7.5.4.2.6 Stille Stunden – Pausen, Freizeit

Vergessen Sie neben der Arbeit an Ihrer Hausarbeit/Bachelorarbeit nicht, auch ab und an Pausen einzulegen, denn diese dienen insbesondere der Entspannung und Regeneration. Machen Sie allerdings keine Pausen auf Kommando, z. B. alle 90 Minuten oder nach dem Lesen von 40 Buchseiten, sondern dann, wenn es Ihre körperliche und geistige Konstitution verlangt, wenn die Konzentration nachlässt. Wichtig ist dann, dass in den **Pausen** die Beschäftigung mit Ihrer schriftlichen Arbeit wirklich ruht, die Gedanken müssen dabei weg vom Arbeitsplatz „Schreibtisch" ihre eigenen Wege gehen können. Jede neue Umgebung, unterhaltsame Gespräche, Fernsehen oder Musikhören erleichtern dieses Umschalten von Anspannung zu Entspannung. Reservieren Sie also

Zeit für „stille Stunden“, vereinbaren Sie mit sich selbst einen Termin, denn derartige Zeiträume unterbrochener Konzentration können Ihre Leistungsfähigkeit und Ihre Leistungsbereitschaft merklich verbessern und steigern. Üben Sie sich daher auch in diesem zweckfreien Tun während der Wochen der Bearbeitung einer Hausarbeit/Bachelorarbeit. Auf diese Weise wird die Pausenzeit zu einer Zeit des sich Sammelns und des sich Besinnens. Manche inhaltsbezogenen Probleme im Zusammenhang mit Ihrem Thema oder mit einzelnen Gliederungspunkten klären sich in dieser Zeit.

7.5.4.2.7 Ordnungsmittel und elektronische Informationsformen

Es gibt eine Reihe von Ordnungsmitteln, die Sie während der Bearbeitung einer schriftlichen Arbeit zum Einsatz bringen sollten. Sie tragen insbesondere auch dazu bei, Erleichterung, Systematik und Einheitlichkeit für den Arbeitsprozess zu bieten. Dies beginnt bereits bei der **Literatursichtung** (Erstellung und Führung einer Autorenkartei), beim Durcharbeiten von Büchern und Zeitschriftenbeiträgen (Erstellung von Textauszügen). Hierzu kann ein vorgefertigter einheitlicher Exzerptbogen große Hilfestellung leisten.

Nutzen Sie insbesondere den Computer. Beginnen Sie schon frühzeitig, sich mit wichtiger Software vertraut zu machen, z.B. mit Textverarbeitungsprogrammen, Grafikprogrammen, EXCEL, PowerPoint, Datenbanken usw. Denn der geübte Umgang mit einem Textverarbeitungsprogramm erspart Ihnen sehr viel Zeit während der Schreibphase, insbesondere Zeit, die Sie – wie früher – für Schneide- und Klebearbeiten sowie Korrekturarbeiten aufwenden müssten.

Nutzen Sie auch elektronische Informationsformen wie z.B. das Internet, denn dort können Sie über das deutsche Wissenschaftsnetz WIN in Datenbanken und Bibliotheken recherchieren und umfangreiche zusätzlich aktuelle Informationen gewinnen. Gehen Sie dabei aber auch sehr kritisch mit manchen Informationsquellen um. So halten z.B. die Beiträge in Wikipedia keiner fundierten, wissenschaftlichen Untersuchung stand.

7.5.4.2.8 Selbstdisziplin

Das wochenlange Erarbeiten eines Themas erfordert hohe Selbstdisziplin, Standfestigkeit und Durchhaltevermögen, insbesondere dann, wenn motivationale Tiefs auftreten, hervorgerufen durch z.B. Probleme bei der Literatursuche, zähe Informationsbeschaffung bei Unternehmen und sonstigen Institutionen bedingt durch lange, interne Instanzenwege (Geheimhaltungspflicht), substanziell wenig ergiebige Gespräche mit Fachleuten, zu wenig Betreuung durch den Themensteller, starke Veränderung der vorgelegten Gliederung durch den betreuenden Hochschullehrer etc. Lassen Sie sich dadurch nicht entmutigen, nehmen Sie sich nach solchen Tiefschlägen eine kurze Pause (Tag, Wochenende), und starten Sie dann einen neuen Versuch.

Arbeiten Sie kontinuierlich an Ihrer Arbeit, und unterliegen Sie nach Erhalt des Themas nicht dem Irrtum: Jetzt habe ich 2 Monate Zeit, da lässt sich noch ein Urlaub von 2 Wochen einschieben. Natürlich sollen Sie sich zeitliche Reserven schaffen, dies kennzeichnet einen guten Organisator, aber diese Reservezeiten sind dazu da, um unerwartete plötzliche Probleme bewältigen zu können. Selbstdisziplin gilt es zu haben und zu trainieren, denn sie ist ein wichtiger Bestandteil individueller Arbeitsmethodik und -systematik.

7.5.4.3 Themenbezogene Bearbeitungshinweise – Prozessstufen wissenschaftlichen Arbeitens

Zum Thema „wissenschaftliches Arbeiten“ sind zwischenzeitlich eine Vielzahl von Publikationen erschienen. Eines der Bekanntesten und auch empfehlenswertesten Werke für die Arbeit im Hochschulbereich ist das Buch von Manuel R. Theisen.[28] Es zeigt die Vielfalt der Facetten eines wissenschaftlichen Arbeitsprozesses sehr deutlich auf. An dieser Stelle sollen daher nur in Kurzform – stichwortartig – die Prozessstufen wissenschaftlichen Arbeitens genannt werden:

- Planung (Projekt-, Kosten-, Steuer-, Zeit- und Terminplanung)
- Vorarbeiten (Arbeitsplatz, -mittel, -technik und -organisation)
- Materialübersicht und Themenabgrenzung
- Materialauswahl
- Materialauswertung
- Manuskripterstellung
- Ergebnisgestaltung und Typoskript
- Druck und Veröffentlichung
- Präsentation und Beurteilung

---

[28] Vgl. *Theisen, M. R.:* Wissenschaftliches Arbeiten, München 2011.

Exkurs: Literaturrecherche[29]

Einige wichtige Tipps:

- Nicht alles selbst ausdenken
  (zu fasst allen Themen ist viel geschrieben worden, nutzen Sie dies als Basis für Ihre Überlegungen und Ausarbeitungen. Systematische Literaturrecherche hilft beim Durchdringen eines Sachgebietes, Literatur hilft, zu strukturieren, zu gliedern und einen Text zu verfassen)
- Die Suchstrategie entscheidet
  daher ist wichtig:
  - Literaturarten (Monographien, Sammelwerke, Fachzeitschriften ...)
  - Start einer Recherche z. B. google-scholar
  - Relevante Literatur zum Thema
  - Wo ist Literatur erhältlich?
  - Literaturbeschaffung
- Dokumentation von Anfang an
  (Dokumentation der Quellen (knowledge base) – systematisch und sorgfältig, Verfasser„kartei“, PC-Software)
- Thema konkretisieren und abgrenzen
  Welche Literatur suche ich: beachte dabei
  - zeitlicher Aspekt, z. B. Zeit für den Einstieg
  - technischer Aspekt, z. B. Standardlehrbücher, Handbücher, Handwörterbücher, Fachzeitschriften, Datenbanken
  - inhaltlicher Aspekt, d. h. Ideen für die Strukturierung der Arbeit entwickeln
- Systematisch recherchieren und auswerten
  z.B. aktuelle Literatur erschließen wie Fachzeitschriften, dann Monographien und Sammelwerke
  Schneeballprinzip, d. h. Überblicksbeitrag, dem weitere Literaturhinweise entnommen werden können
  Katalog der jeweiligen Bibliothek (z. B. online Katalog OPAC)
- Nutzen Sie „Bücher über Bücher“
  Verlagsprospekte (Neuerscheinungen), Bibliographien (Bücher über Bücher)
  z. B. für Wiwi
    - Verzeichnis lieferbarer Bücher) (VLB)
    - Katalogwerke der Bibliothek des Instituts für Weltwirtschaft (Kiel)
    - Journal of Economic Literature der American Economic Association
  Besprechung von Fachbüchern in Fachzeitschriften
  Bibliographien zu Zeitschriftenartikeln
  z. B. – Bibliographie der Wirtschaftswissenschaften
  – Journal of Economic Literature

---

[29] Die folgenden Tipps entstanden in einer Vielzahl von Sitzungen des Autors mit Bibliotheksprofis.
Niedermair, K.: Recherchieren und Dokumentieren, Wien 2010, S. 27 ff.

– Betriebwirtschaftliche Zeitschriftendokumentation (gedruckte Version der Datenbank BLISS = Betriebswirtschliches Literatur-, Informations- und Suchsystem)
– Internationaler betriebeswirtschaftlicher Zeitschriftenreport

Datenbanken

Online-Recherche in Literaturdatenbanken

z. B. – EBSCO, englischsprachige Zeitschriftenauswertung
– E-Book-System (Springer-Link)
– WISO (Back-online) CD-Rom-Datenbank Wirtschafts- und Sozialwissenschaften
– Firmendatenbank Hoppenstedt

Liegt Literatur zum jeweiligen Themenbereich vor, dann Bibliothekskataloge

- Nicht alles kopieren

  Möglichkeiten der Literaturbeschaffung: kaufen, fotokopieren, in Bibliothek lesen oder dort ausliehen, Fernleihe, Vor-Ort-Beschaffung
- Überblick verschaffen und Literatur bewerten
  - was ist für mich/mein Thema wichtig, dann konkreter Einstieg in die Literatur
  - systematische Literaturbewertung (Checkliste)

7.5.4.4 Schreibstil[30]

Das Schreiben wissenschaftlicher Texte unterschiedlichsten Umfangs wird zur Ihrer ständigen Aufgabe während Ihres Studiums werden. Wissenschaftliche Texte in Form von Hausarbeiten oder Seminararbeiten oder der Bachelor- und Masterarbeit bilden eine Grundlage wissenschaftlichen Gedankenaustausches. Das Schreiben eines wissenschaftlichen Textes ist nicht nur die Darstellung von Wissen, sondern durch den Schreibprozess wird vieles er-, be- und verarbeitet. Sie müssen nicht nur das Thema, über das Sie schreiben gut kennen, sondern müssen auch mit Grundregeln einer Wissenschaftssprache und stilistischen Besonderheiten vertraut sein so z. B.:

- Relevante Literatur muss nicht nur zusammengetragen, sondern eigenständig verarbeitet werden (Literaturrecherche und -durchdringung).
- Ein wissenschaftliches Fach bedient sich häufig einer komplizierten, aber trotzdem klar definierten Terminologie. Wichtige Begriffe müssen erklärt werden zum Einen vor dem Hintergrund der jeweiligen Fachdisziplin, zum Anderen im Kontext der eigenen Arbeit, des eigenen Themas.

---

[30] Vgl. hierzu: *Beohncke, H.:* Schreiben im Studium, Niedernhausen 2001; *Kruse, O.:* Keine Angst vor dem leeren Blatt, Frankfurt 2007.

- Eine Wissenschaft lebt von der Vielfalt unterschiedlicher Meinungen, Perspektiven und Argumenten. Ihre Aufgabe ist es, Ihre Ansichten nachvollziehbar zu erklären und erläutern auf der Basis der verschiedensten Quellen.
- Beachten Sie beim Schreiben eine bestimmte Systematik bzw. Methodik: Sei es vom Allgemeinen zum Besonderen, vom Einzelfall zum Generellen, von der Ursache zur Wirkung. Wichtig ist die Nachvollziehbarkeit des Geschriebenen sowie die Beschreibung, Erklärung und Begründung des eingeschlagenen Weges zur Erkenntnisgewinnung.[31]

Wer eine schriftliche wissenschaftliche Arbeit in Form einer Haus- oder Bachelorarbeit erstellt, hat auch die Pflicht, sich an Regeln zu halten, die den **Sprachstil** betreffen. Unterschätzen Sie Stilfragen nicht. Die sprachliche Gestaltung ist auch eine Frage der Ästhetik, wenn wir darunter auch die Formgebung verstehen.

Vermeiden Sie Sprachartistik, Stilschlamperei, Phrasen, die oftmals den Mangel an Gedanken durch tönende Redensarten ersetzen, ferner Satzbaufehler, falsche Wortstellungen, Modewörter und umgangssprachliche Formulierungen.

Schreiben Sie knapp und anschaulich. Dies gilt für die Wortwahl, die Wortstellung und auch den Satzbau. Betreiben Sie für „magere" Inhalte keinen großen Sprachaufwand in Form von langatmigen Umschreibungen. Stellen Sie „reiche" Inhalte auf engem Raum zusammen. Dies ist ja auch eine Kunst wissenschaftlichen Arbeitens, die, auf ein Thema bezogene Vielfalt an Literatur, sinnvoll und vor allem themenbezogen auszuwerten und z.B. auf 10 Textseiten zusammenzufassen. Halten Sie sich dabei auch an den Ausspruch: **„In der Kürze liegt die Würze"**. Die Verfolgung dieses Zieles verlangt von Ihnen Mut zum Rotstift, zum Streichen von Überflüssigem. So muss nach der ersten Niederschrift, die meist über den geforderten Seitenumfang hinausgeht, bereits die sprachliche Selbstkritik einsetzen. Johann Wolfgang Goethe erinnert in diesem Zusammenhang an einen Gedanken des Philosophen *Marcus Tullius Cicero,* indem er sagt: **„Da ich keine Zeit habe, Dir einen kurzen Brief zu schreiben, schreibe ich Dir einen langen"**.

Beachten Sie allerdings: Ob ein Hausarbeitsthema, für dessen Bearbeitung keine Seitenlimitierung vorgegeben ist, knapp oder weitschweifig ist, stellt kein Kriterium für den Wert und somit die Note dieser Ausarbeitung dar. Maßstab bleibt allein die Präzision der Themenbearbei-

---

[31] Vgl. hierzu: *Beohncke, H.:* Schreiben im Studium, Niedernhausen 2001; *Kruse, O.:* Keine Angst vor dem leeren Blatt, Frankfurt 2007.

tung. Zwar verlangt Präzision Knappheit, doch gibt es auch Themen und Problemstellungen, bei deren Bearbeitung eine scheinbare Weitschweifigkeit erst zur Klarheit führt.

Beherzigen Sie **knappe, anschauliche und präzise Darstellungen** eines Sachverhaltes auch für Ihr späteres Berufsleben. Wenn Ihr Vorgesetzter Sie auffordert, für das nächste Abteilungsleitermeeting eine Gesprächsvorlage zum Thema „Mitarbeitermotivation“ zu erarbeiten, erwartet er bestimmt keine 20-seitige Ausarbeitung zu dieser Thematik, die von der Historie bishin zur Neuzeit reicht.

Sprachliche Knappheit darf aber nicht zu einer Verstümmelung der Sprache führen. Die direkte Bezeichnung ist immer besser als die umständliche Umschreibung. Drücken Sie sich also schlicht und anschaulich durch Verben aus und verwenden Sie in wissenschaftlichen Arbeiten keine Modewörter und Allerweltsredensarten. Gerade das Verb trägt in einem Satz den entscheidenden Gedanken. In Wirklichkeit ist es das „Hauptwort“ der Sprache. Für den Lateiner war „verbum“ das Wort schlechthin.

Da die deutsche Sprache keine starren Regeln für die Wortstellung kennt, nutzen Sie die Freiheit, wesentliche und essentiell wichtige Aussagen an die betonten Stellen des Satzes zu setzen. Dies betrifft insbesondere den Satzanfang und auch das Satzende.

Merken Sie sich ferner: Ein wichtiger Gedanke gehört in den Hauptsatz. Verstecken Sie die Hauptaussagen nicht im Nebensatz. Denken Sie auch daran, dass zu viele aneinandergereihte Nebensätze schwerfällig wirken und für den Leser auch schwer verständlich werden. Beherzigen Sie hierzu abschließend folgende kleine Regeln:

- Achten Sie auf die Wortwahl
- Schreiben Sie kurze Sätze unter Verwendung von wenigen Zeilen
- Fassen Sie inhaltlich Wichtiges in Hauptsätze
- Vermeiden Sie Weitschweifigkeit und Schachtelsätze

Visualisieren Sie wichtige Gedanken Ihrer Arbeit. **„Ein Bild sagt mehr als tausend Worte“.** Aber bitte nicht übertreiben, nur wirklich Wichtiges gehört visualisiert, so z.B. eine übersichtliche Zusammenfassung wichtiger Gedanken zum Abschluss eines Kapitels in Abbildungsform. Achten Sie darauf, dass Inhalt und Ziel die Methode der Darstellung bestimmen und nicht umgekehrt.

Auch die Schreibweise „Ich oder wir“ stellt sich in einer wissenschaftlichen Arbeit nicht. Bei sachorientierten Themen tritt der Autor hinter die Sache zurück. In Haus- oder Bachelorarbeiten beschreiben Sie meist Sachverhalte in analytisch-deskriptiver Form. Daher verwenden Sie auch als Tempus das Präsenz.

Lassen Sie Ihre Arbeit vor der Abgabe von einer dritten unabhängigen Person lesen. Oftmals bieten Ihnen gerade Fachfremde nützliche Hinweise, welche Textstellen noch nicht klar genug dargestellt werden. Ein außenstehender Dritter, der Ihre Arbeit liest, soll diese auch verstehen können. Weit verbreitet ist oftmals noch die Ansicht, dass wissenschaftliche Arbeiten durch eine wissenschaftliche Schreibweise und Sprache mit vielen Fremdwörtern schwer verständlich sein müssen. Verwenden Sie nicht einen Großteil Ihrer meist knapp bemessenen Zeit dafür, einfache Sachverhalte kompliziert auszudrücken. Bedienen Sie sich einfacher Formulierungen, bilden Sie kurze Sätze und erläutern Sie Fach- und Fremdwörter bei erstmaliger Anwendung.

Beherzigen Sie nachfolgende Anregung von *G. B. Shaw:* **„Hohe Bildung kann man dadurch beweisen, das man die kompliziertesten Dinge auf einfache Art zu erläutern versteht“.**

7.5.5 Praxisbeispiel „Leitfaden zur Anfertigung schriftlicher Arbeiten"

7.5.5.1 Hinweis

Ergebnis wissenschaftlichen Arbeitens ist eine wissenschaftliche Arbeit, z.B. eine Hausarbeit, eine Bachelor- oder Masterarbeit. Dabei wird auch die Niederschrift nach wissenschaftlichen Standards und Prinzipien unter Anwendung wissenschaftlicher Verfahren und Techniken beurteilt.

Für die Erstellung wissenschaftlicher Arbeiten gibt es eine Vielzahl von Regelungen, sei es für das Titelblatt, das Inhaltsverzeichnis (Gliederung), die Zitation (Quellenarbeit), das Literaturverzeichnis, den Anhang usw. Jede Fachwissenschaft ja sogar jeder Fachbereich bzw. jeder Hochschullehrer vertritt hier einen zum Teil sehr individuellen Ansatz. Um Ihnen dies zu verdeutlichen, finden Sie nachfolgend einen Originalleitfaden zur Anfertigung wissenschaftlicher Arbeiten mit vielen formalen Bedingungen vor, wie er an unserem Fachbereich Wirtschaftswissenschaften den Studierenden an die Hand gegeben wird. Liegt ein derartiger Leitfaden für Ihr Studienfach nicht vor, sollten Sie über die Kriterien wissenschaftlichen Arbeitens mit Ihrem betreuenden Professor oder einem Assistenten des Fachbereichs reden.

7.5.5.2 Vorwort

Der nachfolgende Leitfaden zur Anfertigung von Hausarbeiten, Praxisberichten und Bachelor-/Masterarbeit der Fachhochschule Mainz, Wirtschaftswissenschaften, soll Studierenden eine Hilfestellung und ein Beispiel für die Anfertigung von wissenschaftlichen Arbeiten geben. Beachten Sie in diesem Zusammenhang, dass zwischenzeitlich viele Hochschulen, Fachbereiche und Lehrstühle individuelle Leitfäden zur Erstellung wissenschaftlicher Arbeiten oftmals Aushändigen oder ins Hochschulnetz stellen.

Ähnlich wie die gemeinsame Sprache hat sich eine einheitliche Form von Arbeiten entwickelt; deshalb sollten Sie sich von Anfang an damit vertraut machen.

Die äußere Form einer schriftlichen Arbeit stellt einen wichtigen Faktor innerhalb der Bewertung dar.

Bei den formalen Regeln, die Sie hier erläutert finden, handelt es sich grundsätzlich um allgemein verbindliche Regel. Bitte beachten Sie, dass die formalen Regeln und sonstige Anforderungen an das Layout Ihrer Arbeit immer mit dem betreuenden Professor abzusprechen sind.
Bitte bedenken Sie aber, dass gute Formalien keinen schwachen Inhalt ausgleichen können.

7.5.5.3 Allgemeine Hinweise

Grundsätzliche Hinweise

Nach der geltenden Prüfungsordnung sind mehrere schriftliche Arbeiten wie Praxisbericht, Hausarbeit, Bachelor- und Master-Arbeit Bestandteil der Prüfung.

Mit der Anfertigung einer solchen Arbeit soll der/die Studierende zeigen, dass er/sie in der Lage ist, innerhalb einer vorgegebenen Zeit den Nachweis zum selbstständigen wissenschaftlichen Arbeiten zu erbringen. Das heißt, dass je nach Aufgabenstellung themenspezifische Literatur systematisch aufbereitet und kritisch diskutiert werden muss. Andererseits kann es aber auch Aufgabe sein, eigene empirische Untersuchungen einschließlich Schlussfolgerungen oder bestimmte logische Lösungen zu erarbeiten und darzustellen.

Korrekte Rechtschreibung, Interpunktion, Ausdrucksweise sowie konsequente Systematik sind selbstverständlich.

Abgabe

Für die Abgabe gilt generell:

- Bei dem **Praxisbericht** oder einer Hausarbeit erfolgt die Abgabe – in Absprache mit dem/der Betreuer/-in – bei dem/der Betreuer/-in.
- Die **Bachelor-Arbeit** oder Master-Arbeit muss fristgemäß über das Prüfungsamt (während der Dienststunden) dem/der Betreuer/-in zugeleitet werden. Bei einer Versendung mit der Post gilt das Datum des Eingangs bei der Fachhochschule.
- Bachelor-Arbeit wie auch Master-Arbeit sind gebunden in 2-facher Ausfertigung einzureichen, wobei die Erklärung, die Arbeit selbstständig erstellt zu haben, unterschrieben sein muss.
- Ein weiteres Exemplar der Bachelor-Arbeit oder Master-Arbeit ist in digitaler Form (auf CD) abzugeben.

Hausarbeit, Praxisbericht, Bachelor- und Master-Arbeit sind mit einem Textverarbeitungsprogramm anzufertigen. Es ist ein sauberer, gut lesbarer und nicht zu kleiner Schrifttyp (i.d.R. Arial 11pt oder Times New Roman 12pt) zu verwenden. Nach Absprache mit dem/der Betreuer/-in sind auch andere Schrifttypen oder Schriftgrößen zulässig. Besondere Schrifttypen, wie Kursiv-Schrift, sollten nur zur Hervorhebung verwendet werden. Mit eigenen Hervorhebungen sollte im Textteil sehr zurückhaltend verfahren werden.

7.5.5.4 Inhaltliche Bestandteile einer Arbeit

Grundlegendes

Für alle Teile einer wissenschaftlichen Arbeit gilt es, Eigenleistungen zu erbringen. Ein ausschließliches Abschreiben der verwendeten Quellen (auch wenn dies durch wörtliche Zitate kenntlich gemacht wird) entspricht nicht dem Anspruch einer wissenschaftlichen Arbeit. Die Eigenleistung besteht darin, fremde Quellen zu lesen, zu verarbeiten und auf die Problemschichten der Arbeit bezogen inhaltlich zu argumentieren.

Nachfolgend sind einige grundlegende Aspekte zu den verschiedenen Arbeiten festgehalten.

Praxisbericht	Umfang:	ca. 20 Seiten davon maximal 5 Seiten Tätigkeitsbericht ca. 15 Seiten Aufarbeitung eines Themas, das sich aus einem der Praxismodule ergibt, unter Berücksichtigung entsprechender Literatur
	Themenabsprache:	Die Themenabsprache ist frühzeitig mit dem/der Betreuer/-in zutreffen.

Hausarbeit	Umfang:	der Umfang ist mit der/die Betreuer/-in abzustimmen i. d. R. ca. 15–20 Seiten
Bachelor-Arbeit	Intention:	Die Bachelor-Arbeit ist eine Prüfungsleistung. Sie soll zeigen, dass der/die Studierende in der Lage ist, innerhalb einer vorgegebenen Frist ein Fachproblem selbstständig durch Anwendung wissenschaftlicher Methoden zu bearbeiten.
	Umfang:	ca. 30–40 Seiten (entspricht etwa maximal 10 000 Wörtern)
	Anmeldung:	Zur Anmeldung der Bachelor-Arbeit muss der/die Studierende ein 1–2 seitiges Exposé vorlegen. Das Exposé dient der inhaltlichen und konzeptionellen Vorbereitung der Bachelor-Arbeit und beinhaltet: Ausgangssituation/Umfeld der Bachelor-Arbeit Zielsetzung der Bachelor-Arbeit (zu klärende Fragen) Vorgehensweise (z. B. Gliederung)
	Bearbeitungsdauer:	8 Wochen Das Thema der Bachelor-Arbeit ist in Abstimmung mit dem/der Studierenden von dem/der jeweilig ausgebenden Betreuer/-in so zu begrenzen, dass die Bearbeitung in der vorgegebenen Zeit möglich ist. Der effektive Arbeitsumfang einer Bachelor-Arbeit einschließlich schriftlicher Ausarbeitung entspricht in der Regel einem zeitlichen Aufwand von 8 Wochen. Eventuell notwendige Einarbeitungszeiten (wie z. B. das Einlesen in die Aufgabenstellung, das Kennenlernen betriebsinterner Abläufe) erfolgen i. d. R. vor der Anmeldung der Bachelor-Arbeit.
Master-Arbeit	Intention:	Die Master-Arbeit ist eine Prüfungsleistung. Sie soll zeigen, dass der/die Studierende in der Lage ist, innerhalb einer vorgegebenen Frist ein Fachproblem selbstständig durch Anwendung wissenschaftlicher Methoden zu bearbeiten.

Master-Arbeit	Umfang:	ca. 50–60 Seiten (entspricht etwa maximal 15 000 Wörtern)
	Themenabsprache:	Die Themenabsprache ist frühzeitig mit dem/der Betreuer/-in zu treffen; der/die Betreuer/-in sollte spätestens 4 Wochen vor Anmeldung der Master-Arbeit kontaktiert werden, um ein Thema abzustimmen.
	Anmeldung:	Zur Anmeldung der Master-Arbeit muss der/die Studierende ein ca. zweiseitiges Exposé vorlegen. Das Exposé dient der inhaltlichen und konzeptionellen Vorbereitung der Master-Arbeit und beinhaltet: Ausgangssituation/Umfeld der Master-Arbeit Zielsetzung der Master-Arbeit (zu klärende Fragen) Begründung der Methodik (z. B. Literaturrecherche, Fallstudie, empirische Untersuchung) Vorgehensweise (z. B. Gliederung)
	Bearbeitungsdauer:	5 Monate Das Thema der Master-Arbeit ist in Abstimmung mit dem/der Studierenden von dem/der jeweilig ausgebenden Hochschullehrer/-in so zu begrenzen, dass die Bearbeitung in der vorgegebenen Zeit möglich ist. Der effektive Arbeitsumfang einer Master-Arbeit einschließlich schriftlicher Ausarbeitung entspricht in der Regel einem zeitlichen Aufwand von 5 Monaten. Eventuell notwendige Einarbeitungszeiten (wie z. B. das Einlesen in die Aufgabenstellung, das Kennenlernen betriebsinterner Abläufe) erfolgen i. d. R. vor der Anmeldung der Master-Arbeit.

Einleitung

Im Rahmen der Einleitung sollen kurz und präzise die Problemstellung und Zielsetzung der Arbeit sowie der Gang der Untersuchung dargestellt werden. In der Problemstellung soll ausgeführt werden, welche

Gründe, Faktoren und Entwicklungstendenzen das gewählte Thema bedeutsam machen (Aktualitätsbezug und Relevanz). Es muss ein Problem als solches erkennbar formuliert werden. Das Ziel der Untersuchung muss explizit formuliert werden und soll deutlich machen, was der Autor mit seiner Arbeit zu erreichen beabsichtigt. Der Gang der Untersuchung muss mehr beinhalten als die verbale Wiedergabe der Gliederung. Es sollen deshalb dabei nicht nur die Themenschwerpunkte aufgelistet, sondern vor allem die Vorgehensweise, der Aufbau und die Schwerpunktwahl inhaltlich begründet sowie die Methodik aufgezeigt werden. Hierbei ergibt sich die Pflicht, selbst Prämissen zu setzen, die zur Erarbeitung der wesentlichen Inhalte der Arbeit notwendig sind.

Hauptteil

Im Hauptteil der Arbeit erfolgt die eigentliche Analyse der Problemstellung, wobei das wissenschaftliche Arbeiten in der Betriebswirtschaftslehre allein mit dem Beschreiben von Wirkungszusammenhängen nicht erschöpft ist, vielmehr müssen diese Zusammenhänge erklärt und darauf folgend mögliche Handlungsempfehlungen abgeleitet werden.

Eine begriffliche Abgrenzung themenbezogener Ausdrücke (Definitionen) sollte entweder in der Einleitung vor dem Gang der Untersuchung erfolgen oder an entsprechender Stelle im Hauptteil.

Quellenangaben, Ergänzungen und Verweise auf den Anhang des Textes werden i.a. in Fußnoten platziert. Die Verbindung von Zitat bzw. Text und Fußnote wird hergestellt, indem das Ende des Zitats (oder der entsprechenden Textstelle) und der Beginn der Fußnote dieselbe Kennzeichnung erhalten (hochgestellt). Zur Kennzeichnung werden Zahlen verwendet. Die Nummerierung der Fußnoten ist für die gesamte Arbeit fortzuführen. Textergänzungen sind in Fußnoten in begründeten Fällen sinnvoll und zulässig.

Schluss

Der Schlussteil einer wissenschaftlichen Arbeit sollte weder ein reines Thesenpapier noch lediglich eine Zusammenfassung sein; vielmehr sind Schlussfolgerungen aus den im Textteil gemachten Ausführungen zu ziehen, z.B. Formulierung von Handlungsbedarf. Der Bezug zur Problemstellung sollte deutlich werden und die Lösungsansätze zusammengefasst werden. Hinweise auf weiterführende wissenschaftliche Fragestellungen können die Arbeit abrunden.

7.5.5.5 Hinweise zur formalen Gestaltung

Einband

Bachelor- und Master-Arbeiten sind zu binden und mit einem festen Einband zu versehen.

Hausarbeiten und Praxisberichte sind in einem Schlitz- oder Ösenhefter abzugeben. Das Papier soll DIN A4-Format haben, von einheitlicher, guter Qualität sein und nur einseitig beschriftet werden.

Schriftbild und Ränder

Die Randbreiten der Seiten sollen betragen:

- linke Seite 4-5 cm
- rechte Seite 1,5 cm
- unten 2 cm
- oben bis zur Seitenzahl 2 cm
- oben bis zur ersten Textzeile 4 cm

Der Zeilenabstand beträgt i. a. 1,5 Zeilen.

Die Seitenzahl steht 2 cm unterhalb der oberen Papierkante in der Mitte des Blattes.

Die Abstände zwischen Absätzen, Zwischenräumen, Abschnitten, Kapiteln usw. sowie die Anordnung von Überschriften können nach eigenem Ermessen festgelegt, müssen aber einheitlich durch das ganze Typoskript beibehalten werden. Das Einrücken der ersten Zeile eines neuen Absatzes wie auch die Verwendung von neuen Zeilen („harter Zeilenumbruch“) sind nicht mehr üblich. Abätze sind durch einen entsprechenden Zwischenabstand kenntlich zu machen.

Der Text ist im Blocksatz, der Fußnotentext im Blocksatz mit hängendem Einzug anzufertigen, wobei auf eine korrekte Trennung der Wörter zu achten ist; „Textlöcher“ sind zu vermeiden.

Bei Zitieren mit Fußnoten werden die Fußnoten werden vom übrigen Text durch einen waagerechten Strich getrennt.

Das Einrücken der Zeilen zu Beginn eines neuen Absatzes ist nicht mehr üblich. Das Schriftbild muss einheitlich durch das gesamte Manuskript beibehalten werden.

Wenn sich Abbildungen und Tabellen in der Arbeit (sei es im Textteil oder im Anhang) befinden, ist im Textteil (z. B. durch eine Fußnote) auf diese zu verweisen. Verwendete Abbildungen und Tabellen müssen im Text erläutert und ihr inhaltlicher Bezug dargestellt werden; es genügt nicht, nur auf sie zu verweisen. Zahlenmaterial und Abbildungen sollten dann in die Arbeit aufgenommen werden, wenn sie sinnvoll und relevant sind (auf den begrenzten Umfang der Arbeit achten). Ob Abbildungen oder Tabellen innerhalb des Textflusses oder im Anhang dargestellt werden, ist mit dem/der Betreuer/-in abzuklären.

Die Gestaltung der Arbeit sollte **unbedingt** mit dem/der Betreuer/-in **im Vorfeld** abgesprochen werden.

7.5.5.6 Formale Ordnung der Arbeit

Bachelor- oder Master-Arbeit bzw. Hausarbeit oder Praxisbericht setzt sich aus folgenden Teilen zusammen (die Reihenfolge ist verbindlich):

- ggf. Sperrvermerk
- Titelseite
- Erklärung
- ggf. Vorwort
- Inhaltsverzeichnis
- ggf. Abkürzungsverzeichnis
- ggf. Abbildungsverzeichnis
- ggf. Tabellenverzeichnis
- ggf. Symbolverzeichnis
- Kurzzusammenfassung
  (nur falls von dem/der Betreuer/-in gewünscht)
- Text
- Literaturverzeichnis
- ggf. Anhangverzeichnis
- ggf. Anhang

Alle Verzeichnisse und der Anhang werden römisch nummeriert; die arabische Nummerierung beginnt bei der ersten Textseite und endet auf der letzten Textseite.

Klären Sie mit Ihrem/Ihrer Betreuer/-in, ob ein Wechsel zwischen römischer und arabischer Nummerierung gewünscht ist.

7.5.5.7 Bestandteile der Arbeit im Einzelnen

Sperrvermerk

Sofern die erstellte wissenschaftliche Arbeit Daten enthält, die der Öffentlichkeit nicht zugänglich sein sollen, so ist ein Sperrvermerk als erstes Blatt noch vor dem Deckblatt einzubinden. Dieses Blatt wird nicht nummeriert und ist nicht Bestandteil des Inhaltsverzeichnisses. Eine Vorlage für einen Sperrvermerk finden Sie nachfolgend. Für Hausarbeiten oder Praxisberichte ist ein Sperrvermerk nicht vorgesehen.

> **Sperrvermerk**
>
> Diese Arbeit bleibt aufgrund vertraulicher Informationen und Daten für die nächsten zwei Jahre für die Öffentlichkeit gesperrt.

Titelseite

Die Titelseite der Arbeit muss folgende Angaben enthalten:

- Titel der Arbeit
- das Wort Bachelor- oder Master-Arbeit, Praxisbericht oder Hausarbeit
- den Studiengang z. B. Betriebswirtschaftslehre
- Fachhochschule Mainz, University of Applied Sciences
- den Fachbereich (Fachbereich Wirtschaft)
- vorgelegt von: Vorname Name, Anschrift, Matr.-Nr.
- vorgelegt bei: Betreuer/-in (akademischer Grad), Vorname Name
- eingereicht am: Datum des Abgabetags

Die Titelseite trägt keine Seitenangabe.

Erklärung

Die Erklärung ist jeder Arbeit beizufügen, soll den nachstehenden Wortlaut haben und muss von dem/der Studierenden unterschrieben werden (Originalunterschrift in allen abgegebenen Exemplaren).

> **Erklärung**
>
> Hiermit erkläre ich, dass ich die vorliegende Bachelor-Arbeit
>
> „Thema der Arbeit“
>
> selbstständig und ohne fremde Hilfe angefertigt habe. Ich habe dabei nur die in der Arbeit angegebenen Quellen und Hilfsmittel benutzt.
>
> Zudem versichere ich, dass ich weder diese noch inhaltlich verwandte Arbeiten als Prüfungsleistung in anderen Fächern eingereicht habe oder einreichen werde.

Diese Seite trägt keine Seitennummerierung.

Vorwort oder Vorbemerkung

Dem Text einer Bachelor- oder Master-Arbeit kann bei besonderen Anlässen ein Vorwort bzw. eine Vorbemerkung vorangestellt werden.

Inhaltsverzeichnis

Das Inhaltsverzeichnis spiegelt den logischen Aufbau einer Arbeit wider. Es sollte ausführlich, aber nicht übermäßig detailliert, verständlich und ausgewogen sein und damit dem Leser zeigen, in welcher Weise dem/der Betreuer/-in das Thema verstanden, bearbeitet und dargestellt hat. Bei Hausarbeiten oder Praxisberichten ist eine Untergliederung über die dritte Ebene hinaus, bei Bachelor- oder Master-Arbeiten über die fünfte Ebene hinaus zu vermeiden.

Eine folgerichtige und in sich geschlossene Gedankenführung erfordert eine Gliederung in Haupt-, Neben- und Unterpunkte. Punkte, die dabei auf der gleichen Gliederungsebene stehen, sollten logisch den gleichen Rang einnehmen und von einer übergeordneten Problemstellung ausgehen. Generell gilt, dass die Kapitelüberschriften den Inhalt der Abschnitte, denen sie zugeordnet sind, in prägnanter Form beschreiben sollen.

Im Inhaltsverzeichnis werden alle Bestandteile der Arbeit, die sich mit der Themenstellung befassen, einschließlich der Gliederungspunkte, mit der entsprechenden arabischen Seitenzahl aufgeführt:

- Vorwort/Vorbemerkung (falls vorhanden)
- Abkürzungsverzeichnis
- Tabellen-, Abbildungsverzeichnis und Symbolverzeichnis (falls vorhanden)
- Gliederung des Textes (zwingend)
- Literaturverzeichnis (zwingend)
- Anhangverzeichnis (falls vorhanden)
- Anhang (falls vorhanden)

Die Überschrift muss „Inhaltsverzeichnis“ lauten und erhält eine römische Seitennummerierung. Das Inhaltsverzeichnis soll vollständige, umfassende Überschriften beinhalten. Der Wortlaut der Gliederung im Inhaltsverzeichnis muss mit den Textüberschriften übereinstimmen.

Überschriften einzelner Gliederungspunkte – auch wenn es sich um den Hauptteil handelt – dürfen nicht mit dem Titel der Arbeit vollkommen übereinstimmen. Die Überschriften im Textteil müssen mit dem Wortlaut der Gliederungspunkte übereinstimmen und sollen Indikatoren für die nachfolgenden Inhalte sein.

Überschriften sind grundsätzlich auszuschreiben. Auch Abkürzungen wie „etc." sind deshalb unzulässig.

Bei Untergliederungen ist darauf zu achten, dass beispielsweise einem Unterpunkt 1.1 auch ein Unterpunkt 1.2 folgt. Unterpunkte sollen keine wortgetreuen Wiederholungen des übergeordneten Punkts darstellen (z. B. 3. Begriff und Wesen; 3.1 Begriff; 3.2 Wesen). Zu tiefe Untergliederungen sind im Interesse der Übersichtlichkeit zu vermeiden.

Jeder aufgestellte Gliederungspunkt, dem kein weiterer, tiefer geordneter Gliederungspunkt folgt, ist auch mit einem Textteil zu füllen; ansonsten ist dieser Punkt unnötig aufgestellt.

Folgt ein tiefer geordneter Gliederungspunkt, dann steht nach dem übergeordneten Gliederungspunkt **kein** Text.

Beispiel

2.3 Auswirkungen der Rechtschreibreform

 2.3.1 Auswirkungen auf die Rechtschreibsicherheit

 2.3.2 Auswirkungen auf die Presse

Hier darf zwischen 2.3 und 2.3.1 grundsätzlich kein eigenständiger Text stehen. Eine Ausnahme stellt lediglich ein Textteil dar, der Hinweise zum roten Faden liefert, also beschreibt, was den Leser in 2.3.1 und 2.3.2 erwartet.

Die gewählte Art der Gliederung muss durchgängig verwendet werden.

Abkürzungsverzeichnis

Abkürzungen sind im laufenden Text so wenig wie möglich zu verwenden. Gestattet ist der Gebrauch von geläufigen Abkürzungen (vgl. Duden), wie „z. B.", „etc.", „usw.". Wie zuvor erwähnt, dürfen sie jedoch nicht in Überschriften verwendet werden. Nicht erlaubt sind Abkürzungen aus Bequemlichkeit (z. B. F für Finanzierung). Im Fachgebiet gebräuchliche Abkürzungen sachlicher Art (z. B. BWL) können verwendet werden. Ebenso ist bei Quellenangaben die Abkürzung von Zeitschriftennamen (z. B. ZfB, JoF, BFuP) üblich. Diese sind jedoch unbedingt im Abkürzungsverzeichnis anzugeben. Gleiches gilt für erlaubte Abkürzungen von Namen von Institutionen, Organisationen oder Unternehmen (z. B. BMW, BMFT). Das Abkürzungsverzeichnis wird in alphabetischer Reihenfolge angelegt, es enthält nicht die allgemein geläufigen Abkürzungen, die im Duden als solche aufgelistet sind. Ungewöhnliche bzw. themenspezifische Abkürzungen sind an der Stelle im Text zu definieren, an der sie zum ersten Mal gebraucht werden. Selbst dann, wenn eine Abkürzung nur einmal verwendet wird.

Beispiele:

BFH – Bundesfinanzhof
BAB – Betriebsabrechnungsbogen
DB – Der Betrieb (Zeitschrift)

Allgemein gängige Abkürzungen wie z.B. oder d.h. sind nicht aufzuführen.

Abkürzungen von übernommenen Tabellen und Abbildungen sollten nicht vergessen werden.

Abbildungs- und Tabellenverzeichnis

Im Text und/oder Anhang verwendete Abbildungen und/oder Tabellen sind in einem Verzeichnis aufzuführen. Sie werden jeweils durchnummeriert und textlich gekennzeichnet.

Textteil

Der Textteil beinhaltet alle Ausführungen zum Thema. Der Inhalt ist klar und prägnant zu formulieren (sachlich neutral, nicht lässig-journalistisch oder umgangssprachlich). Die Ich- oder Wir-Form ist i.a. unzulässig und daher nur in Absprache mit dem/der Betreuer/-in zu verwenden.

Tabellen und Abbildungen werden mit einem Titel versehen, fortlaufend nummeriert und in das entsprechende Verzeichnis aufgenommen; die Quellen sind anzugeben. Ist keine Quelle vorhanden, so kann als Zusatz *Quelle: Selbsterstellte Graphik* verwendet werden.

Beispiele:

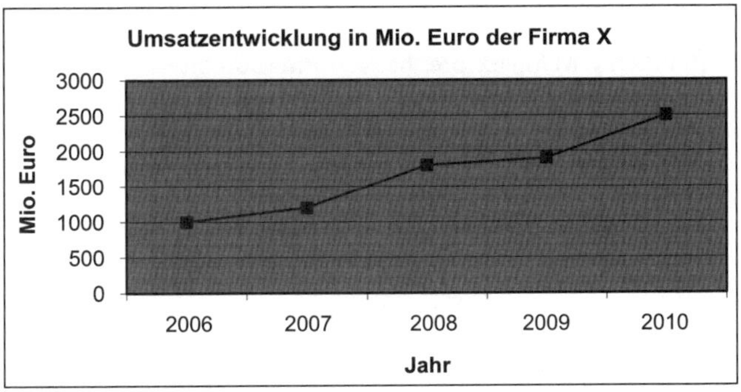

Abbildung 21: Umsatzentwicklung in Mio. Euro der Firma X[32]

[32] Quelle: Selbsterstellte Grafik in Anlehnung an Mustermann (Hrsg.), Versandhandels-Atlas, Hamburg 2006, o.S.

Umsatz inkl. USt Versender	2010/2011 in Mio. Euro	% zum Vorjahr
Schleudermann Katalog	7,716	+3,6
Pleitegeier	5,589	+2,8
Zahlemann & Söhne	4,897	+2,4

Tabelle 1: Die führenden Versandhäuser in Deutschland[33]

Literaturverzeichnis

Die Überschrift „Literaturverzeichnis" wird in der gleichen Art und Weise geschrieben wie die Überschrift „Inhaltsverzeichnis". Aufgenommen wird nur die verarbeitete Literatur. Alle Titel müssen als Vollbeleg (siehe unten) aufgenommen werden. Zu beachten ist:

- Die Titel müssen in den Fußnoten und im Literaturverzeichnis übereinstimmen.
- Das Literaturverzeichnis muss alphabetisch nach Verfassern geordnet sein.
- Bei juristischen Arbeiten ist i.a. eine Untergliederung des Literaturverzeichnisses in Lehrbücher, Kommentare, Aufsätze und Sonstiges vorzusehen.

Anhang

Alle Materialien, die im Text aufgeführt werden, aber nicht von Dritten überprüfbar sind, gehören in den Anhang. Dazu gehören insbesondere unveröffentlichte Manuskripte, betriebsinterne Unterlagen, Dokumente, Urkunden, Gesprächsnotizen, Gerichtsakten, eigene Unterlagen wie Fragebögen, empirisches Material, methodische Erläuterungen, statistische Materialien, Unterlagen, mit denen häufig gearbeitet wird, Internetquellen, etc. In den Anhang gehören ebenso Broschüren und Infoblätter (Praxisthema) sowie Anzeigenbeispiele und oder Story-Bords zu TV-Spots in Kopie.

Dem Anhang wird ein eigenes Verzeichnis vorangestellt, in dem das verwendete Material mit seiner Nummer und der jeweiligen Überschrift aufgeführt wird. Der Anhang ist fortlaufend mit römischen Ziffern zu versehen. Die Seitennummerierung hingegen ist bis zur letzten Seite fortzusetzen.

---

[33] Quelle: Mustermann (Hrsg.): Versandhandels-Atlas, Hamburg 2006, o.S.

Es ist ebenso möglich, Abbildungen, die eigentlich in den Textteil integriert werden könnten, in den Anhang aufzunehmen. Klären Sie bitte mit dem/der Betreuer/-in, welche Variante er/sie bevorzugt.

Bei einem sehr umfangreichen Anhang ist ein separater Materialienband anzulegen.

7.5.5.8 Hinweise zum Zitieren

Zitierpflicht und Zitierfähigkeit

Stützt sich der Verfasser einer wissenschaftlichen Arbeit wörtlich oder sinngemäß auf die Gedanken anderer, so hat er diese zu zitieren. Dadurch wird gezeigt, dass die geäußerte Meinung oder Idee nicht vom Verfasser selbst stammt, man sich aber mit ihr auseinandergesetzt hat und gleicher Meinung ist, mit der Aussage seine eigene Argumentation stützen will oder aber sich ihr aus verschiedenen Gründen nicht anschließen kann. Der Grundgedanke bzw. das Hauptmotiv zur Zitation liegt damit in der Nachvollziehbarkeit der getroffenen Aussagen als eine Mischung aus gedanklicher Eigenleistung des/der Verfassers/-in und der Verarbeitung fremden Gedankengutes aus vorhandenen Quellen.

Eine Befreiung von der Zitierpflicht besteht nur dann, wenn es sich um wissenschaftliches Allgemeingut (z. B. Das Internet boomt.) handelt. In anderen Fällen gilt es als schwerwiegender Verstoß gegen die Wissenschaftlichkeit, fremde Gedanken zu übernehmen, ohne explizit auf die Quelle hinzuweisen.

Ein Verstoß gegen die Zitierpflicht, also das Plagiat, führt unweigerlich zu einer Bewertung der Arbeit mit der Note „mangelhaft“.

Zitierfähig ist grundsätzlich nur das, was vom Leser nachvollzogen und überprüft werden kann. Dies ist in der Regel bei veröffentlichten Werken der Fall. Nicht zitierfähig sind demnach beispielsweise: nicht veröffentlichte Diplomarbeiten, Vorlesungsskripte usw.

Unveröffentlichte, nicht allgemein zugängliche Quellen (z. B. statistisches Material eines Unternehmens, Interviews) sind als Anlage (zumindest auszugsweise) zusammen mit der Arbeit einzureichen und sind dann ebenfalls zitierfähig. Vor der Verwendung derartiger Quellen ist allerdings die Genehmigung des Urhebers einzuholen.

Die Qualität der verwendeten Quellen ist wesentlich. Wikipedia und webblogs oder „die bwl leicht gemacht“-Websites sind nicht zitierfähig.

Zitierregeln

Grundlegendes

Die Verwendung von fremdem geistigem Eigentum – ob als wörtliches Zitat oder als sinngemäße Übernahme oder Anlehnung – ist durch eine genaue, möglichst aktuelle Quellenangabe kenntlich zu machen. Die Quellenangabe hat so ausführlich zu sein, dass sie jederzeit nachprüfbar ist; sie muss also auch die genaue Seitenangabe enthalten.

Ein allgemeiner Verweis auf eine wissenschaftliche Diskussion („In der Literatur wird übereinstimmend ...") erfordert unbedingt die Nennung der wichtigsten Quellen, um die Aussage belegen zu können.

Für jedes Zitat gelten die nachfolgend beschriebenen drei Grundregeln Unmittelbarkeit, Genauigkeit und Zweckmäßigkeit.

Unmittelbarkeit

Das Zitat ist aus der Primärquelle unmittelbar zu übernehmen und nicht von einer Sekundärquelle abzuschreiben. Ist die Primärquelle nicht zur Einsicht zu beschaffen, so kann nach der (zuverlässigsten!) Sekundärquelle zitiert werden. In der Fußnote ist die Originalquelle zu nennen, außerdem wird die Sekundärquelle mit dem Vermerk „... zitiert nach: ..." angegeben.

Das Kürzel „Vgl." bzw. „vgl." leitet eine Anmerkung ein, die Hinweise auf weiterführende Literatur, Arbeiten von grundlegender Bedeutung oder Literaturquellen mit entgegengesetzter oder nuancierter Ansicht enthält. Auch innerhalb der eigenen Arbeit im Rahmen von Querverweisen kann dieses Kürzel eingesetzt werden.

Genauigkeit

Die buchstäbliche Genauigkeit bezieht sich auch auf veraltete und falsche Schreibweisen oder Zeichensetzung. Nach Möglichkeit sollten sogar inhaltliche oder orthographische Fehler der Quelle übernommen werden. Durch die Kennzeichnung [!] vermerkt der/die Verfasserin, dass der Fehler nicht beim Abschreiben entstanden ist.

Zur buchstäblichen Genauigkeit gehört auch, dass Änderungen des Quellentextes kenntlich gemacht werden:

Eigene Ergänzungen werden in eckige Klammern gesetzt.

Kürzungen werden durch Einfügen von drei Punkten in eckigen Klammern [...] gekennzeichnet.

Eigene Hervorhebungen von Teilen des Zitates sind in der Quellenangabe mit dem Vermerk „(Hervorhebungen) im Original nicht vorhanden)" kenntlich zu machen.

Bei umfangreichen Auslassungen wird empfohlen, das Zitat zu schließen; nach einem weiterleitenden Eigentext wird die Fortsetzung als neues Zitat eingesetzt.

Beginnt oder endet ein Zitat mitten im Satz, sind die oben beschriebenen Auslassungspunkte [...] zu verwenden. Grundsätzlich muss die genaue Seitenzahl der herangezogenen Quelle angegeben werden.

Erstreckt sich der Hinweis auf zwei aufeinanderfolgende Seiten der Literaturquelle, so kann in der Fußnote hinter der Seitenzahl der Zusatz „f." (folgend) verwendet werden. Bei mehr als zwei aufeinanderfolgenden Seiten sind die erste und die letzte Seite des Zitats anzugeben. Der Zusatz „ff." (fortfolgend) für mehrere hintereinander folgende Seiten ist unzulässig, weil der Leser im Unklaren bleibt, wie weit sich der Literaturverweis tatsächlich erstreckt.

Bereits beim Erstzitat genügt ein abgekürzter Quellenhinweis (Kurzzitierweise), der neben dem Namen und eventuell Vornamen des Autors bzw. der Namen der Autoren sowie der genauen Seiten- bzw. Spaltenzahl einen weiteren eindeutigen Hinweis auf das zitierte Werk enthalten muss (sei es die Jahreszahl, der ganze Titel oder eine prägnante Kürzung des Titels).

Die Zitierweise der Arbeit sollte **unbedingt** mit dem/der Betreuer/-in **im Vorfeld** abgesprochen werden. Es kann sein, dass seitens des/der Betreuers/-in die Vollzitatweise bevorzugt wird.

Beispiel:

Im Literaturverzeichnis sei eine Quelle wie folgt angegeben:
Männel, Wolfgang (1997): Make-or-Buy-Entscheidungen, in: krp, 41. Jg., Nr. 6/97, S. 307–311.

Wird aus dem Werk zitiert, so kann – durchgängig für die Arbeit – eine der folgenden Kurzzitierweisen angewandt werden:

a) Männel (1997), S. 309.

Sollten mehrere Abhandlungen eines Autors aus dem gleichen Erscheinungsjahr zitiert werden, so wird direkt an die Jahreszahl noch ein Kleinbuchstabe (angefangen mit a, b, c usw.) gesetzt.

Beispiel:

b) Männel, Make-or-Buy, S. 309. oder Männel, Make-or-Buy-Entscheidungen, S. 309.

Wahlweise können bei beiden Kurzzitierweisen auch noch der Vorname bzw. die Vornamen des Autors oder deren Anfangsbuchstaben ergänzt werden.

Beispiel:

Männel, Wolfgang (1997), S. 309. bzw. Männel, W., Make-or-Buy, S. 309.

Soll in einer Fußnote auf mehrere Arbeiten verwiesen werden, so sind die Quellenangaben jeweils mit einem Semikolon getrennt aufzuzählen.

Beispiel:

Vgl. Männel (1997), S. 309; Dichtl (1991), S. 54; Burkart (1995), S. 186.

Fremdsprachige Texte können wörtlich oder als Übersetzung zitiert werden. Gemäß der Zitierregel „Genauigkeit“ sollte das wörtliche Zitat in der jeweiligen Fremdsprache übernommen werden. Eine Übersetzung kann dann in der Fußnote hinzugefügt werden, mit dem Vermerk, dass es sich um eine eigene Übersetzung handelt. Dieses kann allerdings nur bei nicht englischsprachigen Quellen sinnvoll sein. Für die sinngemäße Wiedergabe einer fremdsprachigen Quelle gilt die Forderung der Quellenangabe ebenso.

Zweckmäßigkeit

Ein Zitat sollte das enthalten, was der Zitierende mit dem Zitat belegen möchte.

Dazu ist ein Kompromiss nach folgender Regel zu schließen: Das Zitat muss einerseits umfangreich genug sein, andererseits sollte nicht ausführlicher zitiert werden, als es dem gesetzten Zweck nach notwendig ist. Für den Umfang ist also der eigene Gedankengang maßgebend. Aus diesem Grund sind wörtliche Zitate sehr sparsam zu verwenden und kommen nur dann zum Einsatz, wenn

- man den Gedanken selbst nicht besser und kürzer darstellen kann,
- es ganz exakt auf den Wortlaut ankommt,
- es sich um Begriffsbildungen handelt,
- es sich um eine besonders originelle Formulierung handelt,
- es sich um textkritische Erörterungen handelt, d. h., wenn man die Äußerungen eines/einer Autors/-in analysieren bzw. interpretieren möchte,
- es sich um ausländische Literatur als Ergänzung zur sinngemäßen Übertragung handelt, damit der/die Leser/-in nachprüfen kann, ob der Verfasser den Text richtig übersetzt hat.

Kennzeichnung von wörtlichen Zitaten und sinngemäßer Wiedergabe im Text

Anfang und Ende eines wörtlichen Zitates werden vom übrigen Text durch doppelte Anführungszeichen getrennt („ “); ein Zitat innerhalb eines Zitates wird in einfache Anführungszeichen gesetzt (‚ ‘). Das

Fußnotenzeichen ist am Ende des wörtlichen Zitates zu setzen. Bei wörtlichen Zitaten entfällt der Hinweis „Vgl.“ in der Fußnote.

Für das sinngemäße Zitat wird durch die Stellung des Fußnotenzeichens der Gültigkeitsbereich ausgedrückt:

- am Satzende (nach dem Punkt)
  -> für den ganzen Satz bzw. Absatz;
- in der Satzmitte
  -> für den Teil des Satzes bis zum Fußnotenzeichen;

Fußnoten in Überschriften sind unzulässig.

Quellenangaben

Grundsätzliches

Wenn die Angaben über Verfasser, Erscheinungsort, Erscheinungsjahr in einer Quelle fehlen, wird dieses in der Quellenangabe ausdrücklich vermerkt: o. V., o. O., o. J.

Wegen der besonderen Bedeutung des Erscheinungsjahres wird bei fehlender Angabe nach Möglichkeit ein Ersatzjahr genannt, wenn hierfür eine zutreffende Datierung herangezogen werden kann, z. B. Datierung des Vorwortes. In diesen Fällen ist die Quelle des Ersatzjahres der Jahreszahl eingeklammert beizufügen, z. B. Stuttgart 1975 (Vorwort). Entsprechend kann bei fehlendem Verlagsort verfahren werden.

Akademische Titel des Autors sowie Verlagsnamen gehören nicht in die Quellenangabe.

Je nachdem, welche (Kurz)Zitierweise gewählt wird, unterscheidet sich auch die Darstellung der Quellenangaben im Literaturverzeichnis. Hat man die Jahreszahl als zusätzliches Erkennungsmerkmal gewählt, so folgt jeweils nach Angabe des vollständigen Namens des Autors bzw. der Namen der Autoren in Klammern das Erscheinungsjahr (eventuell mit dem Kleinbuchstabenzusatz, vgl. Abschnitt 5.2.2). Wird ein Teil des Titels angegeben, so muss dieser Teil im Literaturverzeichnis kursiv geschrieben oder unterstrichen werden.

Quellenangaben bei Monographien

Es gilt folgender Aufbau (fett gekennzeichnet):

Nachname des Verfassers, Vorname (mehrere Verfasser werden durch Querstrich getrennt, bei mehr als drei Verfassern genügt nach dem ersten Verfasser der Zusatz „et al.“[34] für et alii (lat. für „und andere“),

---

[34] „et al.“ steht für et alii (lat. für „und andere“)

die Vornamen sind auch hier – soweit bekannt bzw. in der Originalquelle angegeben – auszuschreiben): **Vollständiger Titel der Monographie** (Untertitel durch Gedankenstrich, Doppelpunkt oder Punkt abgesetzt), **Nummer des Bandes: Titel des Bandes** (falls vorhanden), **Nummer der Auflage** (falls es nicht die erste ist), **Erscheinungsort** (mehrere Erscheinungsorte werden analog zu mehreren Verfassern angegeben), **Erscheinungsjahr**.

Das Wort Auflage wird durch „Aufl." abgekürzt. Bei der Angabe der Auflage sind auch eventuelle Zusätze wie „verbessert" oder „erweitert" zu ergänzen.

Beispiele:

Gutenberg, Erich: Grundlagen der Betriebswirtschaftslehre, Bd. 1: Die Produktion, 23. unveränderte Aufl., Berlin/Heidelberg/New York 1979.
Mehler-Bicher, Anett: Mathematik für Wirtschaftswissenschaftler, 2., vollständig überarbeitete und erweiterte Aufl., München, 2002.

An die Stelle eines Verfassers kann auch eine Institution – wie ein Verband oder eine Unternehmung auftreten.

Beispiel:

Daimler-Benz (Hrsg.): Geschäftsbericht 2010, Stuttgart 2011.

Quellenangaben bei Hochschulschriften

Sofern die Arbeit in einem Verlag erschienen ist, geschieht die Angabe wie unter Abschnitt 6.4.2 mit dem Zusatz „Diss." oder „Habil.-Schr." mit einem Komma getrennt vor der Angabe des Erscheinungsortes.

Ansonsten ist statt des Erscheinungsortes und -jahres nach der Angabe des vollständigen Titels mit einem Komma getrennt der Zusatz „Diss." oder „Habil.-Schr.", Hochschulort und Jahr der Promotion bzw. Habilitation anzugeben.

Quellenangaben bei Beiträgen aus Sammelwerken

Es gilt folgender Aufbau:

Nachname des Verfassers, Vorname: Vollständiger Titel des Beitrags, in: Nachname und Vorname des Herausgebers des Sammelwerkes (Hrsg.): Titel des Sammelwerkes, Nummer des Bandes: Titel des Bandes (falls vorhanden), **Nummer der Auflage** (falls es nicht die erste ist), **Erscheinungsort** und **Erscheinungsjahr**, Anfangsseite und **Schlussseite** bzw. **-spalte** des Beitrags.

Quellenangaben bei Zeitschriftenaufsätzen

Es gilt folgender Aufbau:

Nachname des Verfassers, Vorname: Vollständiger Titel des Aufsatzes, in: Name der Zeitschrift, Jahrgang, Nummer des Heftes/Jahr, Anfangs- und **Schlussseite** des Aufsatzes.

Quellenangaben bei Zeitungsaufsätzen und -meldungen

Es gilt folgender Aufbau:

Nachname des Verfassers, Vorname (Erscheinungsjahr): Vollständiger Titel des Aufsatzes, in: Name der Zeitung, Nummer, genaues Erscheinungsdatum, Blattangabe oder **Seitenzahl** oder **Titel der Beilage.**

Quellenangaben aus dem Internet

Aufgrund mangelnder Nachprüfbarkeit sollte die Bezugnahme auf im WWW (World Wide Web) veröffentlichte Informationen möglichst vermieden werden. Sollte keine andere Quelle aufzufinden sein, so gilt bei der Zitation folgender Aufbau:

Nachname des Verfassers, Vorname: Vollständiger Titel des Beitrags, <Internetadresse>, Erscheinungsdatum: dd. mm. yyyy (soweit angegeben), **Abrufdatum: dd. mm. yyyy, Seitenangabe** (soweit vorhanden).

Beispiel:

BMW AG (Hrsg.), Geschäftsbericht 2009: http://www.bmw.de, Erscheinungsdatum: 02.09.2010, Abrufdatum: 13.12.2010

Alle Internetquellen sind auf Anfrage des/der jeweiligen Betreuer/-in nachzureichen. Bitte klären Sie mit dem/der Betreuer/-in, ob die ausgedruckte Version im Anhang oder einem zusätzlichen Hefter beizufügen ist.

Quellenangaben bei Gesetzen

Gesetze sind in der jeweils gültigen Fassung zu verwenden. Werden ältere Gesetzestexte oder Gesetzesentwürfe verwendet müssen die jeweiligen Versionen im Literaturverzeichnis erfasst werden.

Bezeichnung des Gesetzes, ggf. amtliche Abkürzung des Gesetzes, vom (Datum), Fundstelle, Seitenangabe

Beispiel:

Einkommensteuergesetz (EStG) vom 19.10.2002, BGBl I 2002, S. 4212

Gesetz zur Anpassung der Vorschriften über die Amtshilfe im Bereich der Europäischen Union sowie zur Umsetzung der Richtlinie 203/49/ EG des Rates vom 03. Juni 2003 über eine gemeinsame Steuerregelung zur Zahlung von Zinsen und Lizenzgebühren zwischen verbundenen Unternehmen verschiedener Mitgliedstaaten (EG-Amtshilfe-Anpassungsgesetz) vom 02.12.2004, BGBl I 2004, S. 3112

Quellenangaben bei Erlassen

Erlasse oder z.B. Schreiben des Bundesfinanzministers werden wie folgt zitiert:

Gängige Abkürzung des Verfassers (z.B. BMF), Datum, Aktenzeichen, Titel/Überschrift, Fundstelle.

Beispiel:
BMF Schreiben vom 23.12.1991 – S 2170, Ertragsteuerliche Behandlung von Teilamortisations-Leasing-Verträgen über unbewegliche Wirtschaftsgüter, BStBl I 1992, S. 13

Quellenangaben bei Urteilen

Gerichtsurteile und -beschlüsse werden wie folgt zitiert:

Gericht und Art der Entscheidung vom TT.MM.JJJJ, Urteilsnummer und/oder Aktenzeichen, Publikationstitel und Erscheinungsjahr, Seite(n)

Beispiel:
Bundesfinanzhof Urteil vom 24.06.2004, III R 50/01, BStBl II 2005, S. 80
Finanzgericht Berlin Urteil vom 12.08.2005, 7 K 4443/01, NWB Dok I D: HAAAB-65990, NWB SteuereXpert (CD ROM), Version 4/2005, Stand: 01.01.2005

Bei veröffentlichten Entscheidungen gilt die Angabe der Fundstelle.

Fußnoten

In Fußnoten sind Quellenangaben als Kurzbeleg (siehe Beispiel) aufzunehmen; teilweise wird auch das Vollzitat gewünscht.
Die Fußnoten sind vom Textteil der Seite durch einen kurzen Strich abzugrenzen und müssen fortlaufend durchnummeriert werden. Sie werden in einzeiligem Abstand in entsprechend kleinerer Schrift geschrieben.

Beispiel

Wöhe, 2010, S. 20.

Bei mehreren Werken desselben Autors wird das betroffene Lehrbuch genannt.

In der Literatur sind weitere Zitierweisen, wie z.B. Harvard-Methode[35] zu finden, die in Absprache angewendet werden können.

Die Zitierweise ist **unbedingt** mit dem/der Betreuer/-in abzustimmen.

7.5.5.9 Besonderheiten bei unternehmensbezogenen Arbeiten

Wird die Bachelor- oder Master-Arbeit in Zusammenarbeit mit einem Unternehmen geschrieben, ergeben sich viele Informationen in Interviews.

Ein Interview wird durch ein Protokoll, das dem Anhang beigefügt wird, belegt. Ob ein Verlaufs- oder ein Ergebnisprotokoll anzufertigen ist, ist mit dem/der Betreuer/-in abzuklären.

In diesem Protokoll sind neben dem ausführlichen Wortlaut/wesentlichen Ergebnissen des Interviews folgende Informationen zu nennen:

- Name und Anschrift des Interviewpartners,
- Name des Unternehmens, der Organisation oder der Institution,
- Position des Interviewpartners,
- Tätigkeitsbereich des Interviewpartners in dem Unternehmen, der Organisation oder der Institution,
- Datum und die Art der Auskunftserteilung (telefonisch oder persönlich).

Ein Interview ist wie folgt zu zitieren: Vgl. Interview vom dd. mm. yyyy mit Herrn/Frau (evtl. Titel) Vorname Nachname, Name des Unternehmens, des Verbandes oder der Institution. Siehe Anhang, S. ??.

Beispiel:

Vgl. Interview vom 01. 03. 2007 mit Herrn Erik Mustermann, Deutsche Verlagsgesellschaft. Siehe Anhang, S. XX.

7.5.5.10 Exposé

Bevor eine wissenschaftliche Arbeit, wie eine Bachelor- oder Masterarbeit erstellt wird, ist es wichtig, ein Thema zu finden bzw. sich mit einem gestellten Thema vertraut zu machen und dieses zu konkretisieren. Der Abschluss dieser Planungs- und Orientierungsphase mündet in die Erstellung eines Exposés, einer vorausschauenden Inhaltsangabe, das die Grundidee der wissenschaftlichen Arbeit sowie den groben Handlungsverlauf vorstellt. Mit Hilfe dieses Textes können Sie als Studierende sowie Ihr betreuender Professor beurteilen, inwieweit dieses wissen-

---

[35] Eine Anleitung zur Nutzung der Harvard-Methode finden Sie z.B. unter http://www.wirtschaftsinformatik.de/wi_text.php?pid=29&nob=1#litziti.

schaftliche Vorhaben sinnvoll und durchführbar ist. Damit können Probleme im konzeptionellen Sinne schon frühzeitig ausgeschaltet werden und für Sie als Studierende taucht dies nicht erst bei der Bearbeitung auf. Bereits jetzt können schon Verbesserungsvorschläge und Anregungen in eine geplante Arbeit einfließen. Folgende Punkte sollten in ein Expose eingehen:

1. **Thema/Arbeitstitel:** Welchen Titel sollte meine Bachelor-Arbeit tragen? Dabei sollte der Titel sachlich formuliert sein und zwar so, dass schon einige Informationen über den Inhalt der Arbeit vermittelt werden. Sinnvoll ist hier auch eine Eingrenzung vorzunehmen und die Relevanz zu begründen.
2. **Zielsetzung:** Formuliert wird dabei, welches Ergebnis mit der Arbeit verknüpft ist. Handelt es sich dabei um die Beantwortung von Forschungsfragen, der Überprüfung von Hypothesen, der Erstellung von Konzepten, der Beschreibung von Praxisgegebenheiten.
3. **Literatur**: Wie ist der Stand der Diskussion zu diesem Thema in der Literatur? Dokumentieren Sie, welche Materialien (z.B. Bücher, Zeitschriften, Interviews, Zeitungen, Archivdokumente) als nützliche Quellen identifiziert und zur Orientierung herangezogen werden.
4. **Forschungsdesign und Methodik:** In Abhängigkeit davon, ob Sie eine theoretische, eine empirische oder eine praxis- und anwendungsorientierte Arbeit schreiben, ergeben sich unterschiedliche Fragen, z.B. welche Methoden empirischer Sozialforschung wenden Sie an? Welche Daten werden wie erhoben? Bei einer Theoriearbeit: Was sagt die Theoriediskussion zu diesem Thema? Unter Einbindung welcher Theorieansätze lässt sich die Arbeit betrachten?
5. **Ergebnisse:** Was soll am Ende das Ergebnis sein? Welche Antwort erwarte ich auf die eingangs gestellten Leitfragen? Wie unterscheiden sich meine Resultate von bisherigen Ergebnissen? Welche Handlungsbedarfe lassen sich formulieren?
6. **Zeitplanung:** Die methodische Vorgehensweise gilt es chronologisch zu ordnen und in einzelnen Bearbeitungsschritten zu konkretisieren unter Berücksichtigung einer groben Schätzung des Zeitbedarfs.

7.5.6 Begutachtung/Bewertung von Hausarbeiten, Bachelor- und Masterarbeiten

Eine Hausarbeit, insbesondere die Bachelorarbeit soll zeigen, dass Sie in der Lage sind, innerhalb einer vorgegebenen Frist und unter Vorgabe eines bestimmten seitenmäßigen Umfangs ein Thema bzw. ein Problem Ihres Studienfaches selbstständig nach wissenschaftlichen Methoden zu bearbeiten. Dabei wird von Ihnen nicht verlangt, dass Sie inhaltlich etwas gänzlich „Neues“ schaffen. Ihre Aufgabe ist, unter Zuhilfenahme aktueller Literatur (z.B. Bücher, Zeitschriften, Kommentare) und evtl. Einbindung von Ergebnissen empirischer Untersuchungen sowie Beispielen aus der Praxis einen meist abgegrenzten Themenbereich auch unter Anwendung der zur Zeit gültigen wissenschaftlichen Erkenntnisse und deren Methoden sowie Verfahren zu bearbeiten. Aufgabe dieser Formen schriftlichen wissenschaftlichen Arbeitens ist es nicht, dass Sie das „Rad neu erfinden“. Eine kritische Durchleuchtung und Weiterentwicklung wissenschaftlicher Erkenntnisse erfolgt in Dissertationen (Doktorarbeiten) und Habilitationen.

Nach Abgabe Ihrer Arbeit erfolgt die **Begutachtung bzw. Bewertung**[36]. Dies wird meist in Form einer frei formulierten Leistungsbeschreibung – **Gutachterform** – vorgenommen und durch eine Zensur bzw. Note als gebundene Leistungsbewertung abgeschlossen. Damit Sie sich in groben Zügen ein ungefähres Bild darüber machen können, nach welchen Aspekten derartige schriftliche Arbeiten bewertet/begutachtet werden, soll Ihnen nachfolgender Kriterienkatalog erste Einblicke und Anregungen bieten.

Mögliche Bewertungskriterien zur Begutachtung von Hausarbeiten und Bachelorarbeiten

I. Formale Aspekte (Technik der Darstellung)
  (a) Gliederung (formal korrekt, logischer, themenbezogener Aufbau und Schlüssigkeit)
  (b) Übereinstimmung der Gliederung mit dem Textteil
  (c) Quellenarbeit/Literaturarbeit
    • Heranziehen von Quellen (Literaturrecherche)
    • Auswertung der Quellen (Literaturauswahl)
      – Aktualität der Literatur
      – Zitate, Fußnoten
  (d) Visualisierung (Tabellen, Graphiken, Schaubilder)
  (e) Literaturverzeichnis
  (f) Anhangarbeit, Einbindung Anhang-Text
  (g) Sonstiges wie z.B. Seitengestaltung, Regeln der Rechtschreibung beachtet, Grammatik

II. Materielle Aspekte (Inhalt der Ausführungen)
  (a) Problemerfassung
  (b) Problemverdeutlichung

---

[36] Vgl. hierzu auch: *Lohse, H.:* Bewertung von Diplomarbeiten, in: *Engel, S.* und *Woitzik, A.* (Hg.): Die Diplomarbeit, Stuttgart 2003, S. 249–261.

(c) Auswertung der Literatur (Literaturrecherche/Literaturdurchdringung)
   - logische Verknüpfung mit dem Textteil
   - kritische Analyse (Theoretische Grundlagen – Anwendung)
   - kritische Auseinandersetzung mit Auffassungen, Erkenntnissen und Lehrmeinungen

(d) Logische Verknüpfung von Tabellen, Abbildungen, Anhang etc. mit dem Textteil

(e) Originalität und Eigenständigkeit des Lösungsansatzes, Mut zu neuen Gedankengängen

(f) Übereinstimmung Lösungsansatz – Problemstellung

(g) Schriftliche Fixierung und Formulierung der Lösung
   - Klarheit, Prägnanz, Verständlichkeit
   - Vollständigkeit, Gründlichkeit
   - Exaktheit der Ergebnisdarstellung

(h) Bei Durchführung eigener Untersuchungen/Erhebungen
   - methodischer Ansatz (z.B. Interview, Umfrage) mit Begründung und wissenschaftlich einwandfreier Ausweitung
   - Expertengespräche
   - Auswertung/Ergebnisdarstellung
   - Schlussfolgerungen/Handlungsbedarf/Empfehlungen

(i) Sonstiges

III. Gesamtbeurteilung/Note

Die praktische Anwendung und Handhabung dieser Beurteilungs- bzw. Begutachtungskriterien wird dabei von den begutachtenden Kolleginnen und Kollegen nicht schematisch erfolgen. Für Sie soll dieser Kriterienkatalog nur Fingerzeige und Leitlinien für eine planmäßige Erforschung und Auswertung geben und Ihnen in einer zusammenfassenden Form die Fülle der möglichen Begutachtungspunkte und Betrachtungsweisen darbieten, die es Ihnen auch ermöglicht, nach getaner schriftlicher Arbeit diese auf den Erfüllungsgrad einzelner Begutachtungspunkte hin zu überprüfen.

7.5.7 Anregungen für die Präsentation einer Hausarbeit

7.5.7.1 Einstimmung

„Tritt fest auf, mach's Maul auf, hör bald auf!" *Martin Luther* hatte klare Vorstellungen von einer guten Präsentation und einem guten Redner. Studierende an deutschen Hochschulen hingegen befällt meist große Unsicherheit, wenn sie Zuhörer im Seminar in ihren Bann ziehen müssen.

Möglicherweise werden Sie schon in den ersten Semestern Ihre schriftliche Hausarbeit bzw. ein Referat vor Ihren Kommilitonen vortragen bzw. präsentieren müssen. Bestimmte Sachverhalte einem Kreis von Personen **„präsentieren zu müssen"**, wird in Ihrem späteren Berufsleben zu einer wichtigen Aufgabe; denn Fachkenntnisse allein reichen oftmals nicht aus, um in einem Projekt überzeugen und eine Führungsposition einnehmen zu können. Gerade die sprachliche Darstellungsfähigkeit und Überzeugungskraft sind notwendige Voraussetzungen für die Übernahme einer Managementaufgabe. Eine solide fachliche Ausbildung im Hochschulbereich schließt aber noch keine **sprachlich-rhetorische Kompetenz** mit ein.

Muss es aber nicht auch Aufgabe der Hochschule sein, ihren Studierenden kommunikative Qualifikationen mit auf den Weg zu geben? Ich meine schon. Denn das Gespräch ist ein wichtiges Werkzeug der Erkenntnisgewinnung. So reifen viele Gedanken erst, wenn sie ausgesprochen und gemeinsam diskutiert werden. Sprachlosigkeit und Kommunikationsarmut hat an deutschen Hochschulen eine lange Tradition. *Ernst Bernheim,* führender Vertreter der Gesellschaft für Hochschulpädagogik, beklagte schon im Jahre 1912 die ungenügende Ausdrucksfähigkeit der Studierenden. Auch im internationalen Vergleich ist immer wieder zu hören, dass das Studium in Deutschland eher ellbogenbewährte Einzelkämpfer fördere. Dabei sind gerade heute kommunikative Fähigkeiten ebenso wichtig. So wusste schon *Aristoteles,* wie viel wichtiger es ist, dass **„der Redner wacker erscheine, als dass seine Rede schlüssig sei".**

So ist es nicht verwunderlich, dass sich viele Menschen scheuen, vor einer Gruppe Rede und Antwort geben zu müssen, da sie sich beobachtet fühlen, weil sie plötzlich im Mittelpunkt stehen und befürchten, sich zu blamieren. Schon *Kurt Tucholsky* wusste, dass **ein Podium eine unbarmherzige Sache ist, „... da steht der Mensch nackter als im Sonnenbad..."** Mit etwas Geschick und solider Vorbereitung Ihrer Präsentation lassen sich nicht nur Studienerfolge erzielen, Sie gewinnen hierdurch auch mehr Selbstsicherheit. Auf dem Gebiet der Rhetorik werden eine Vielzahl von Seminaren angeboten, und es gibt eine Fülle von Literatur[37]. Unser Ziel an dieser Stelle ist es, auf einige rhetorische Grund- und Wirkungsregeln aufmerksam zu machen und verschiedene Anregungen für den methodischen Aufbau einer Präsentation anzusprechen.

---

[37] Vgl. hierzu: *Böhringer, A./Hülsbeck, M.:* Die wissenschaftliche Präsentation, München 2005; *Friedrich, W.:* Die Kunst zu präsentieren, Berlin 2000; *Ruhleder, R.:* Vortragen und Präsentieren, Würzburg 2001; *Seifert, J. W.:* Visualisieren – Präsentieren – Moderieren, Speyer 2006.

Merken Sie sich schon mal vorab, dass reden können mehr eine Sache der Übung als der Begabung ist.

7.5.7.2 Einige Grundlagen der Kommunikation und Präsentation

Was wir für die Wahrnehmung und Verarbeitung von Informationen schon festgestellt haben, gilt auch für die **Kommunikation.** In ihr findet ein wechselseitiger Austausch von Informationen statt, der sowohl rationale als auch emotionale Komponenten hat, wie wir gleich noch sehen werden. Dabei geht es einerseits um Sachthemen, Argumente, logische Gedankenführung, usw., andererseits wird im emotionalen Wechselspiel die Beziehung der einzelnen Kommunikationspartner definiert.

Um Ihnen die Schwierigkeiten mit dem wechselseitigen Informationsaustausch, der Kommunikation, zu verdeutlichen, bediene ich mich einer Aussage des Verhaltensforschers **Konrad Lorenz,** der dies wie folgt treffend formuliert:[38]

> Gedacht heißt nicht immer gesagt!
> Gesagt heißt nicht immer richtig gehört!
> Gehört heißt nicht immer richtig verstanden!
> Verstanden heißt nicht immer einverstanden!
> Einverstanden heißt nicht immer angewendet!
> Angewendet heißt noch lange nicht beibehalten!

In der Kommunikation mit anderen Menschen können eine Vielzahl von **Informationspannen** auftreten, die es zu vermeiden gilt. Daher ist die bewusste Beachtung bestimmter Grundregeln im Rahmen einer Präsentation besonders wichtig. Berücksichtigen Sie dabei Folgendes:

- Klar ist, was den anderen, Ihren Kommilitonen/innen klar ist und nicht was Sie meinen, was diesen klar sein müsste.
- Jede Kommunikation, so auch eine Präsentation, verläuft auf einer Inhaltsebene (rationale Ebene) und einer Beziehungsebene (emotionale Ebene).
- In jedem Gespräch, bei jeder Präsentation, lassen sich neben sprachlichen auch nichtsprachliche Aspekte (nonverbale Ebene wie Gestik, Mimik, usw.) beobachten.
- Sie als Präsentatorin/Präsentator sind für die Präsentation verantwortlich.

---

[38] *Konrad Lorenz,* Zitate, www.zitate.de.

In diesem Sinn kann es das Ziel einer Präsentation sein, zu informieren, zu motivieren, zu überzeugen, zu verkaufen, ein Image aufzubauen, zu repräsentieren, eine Handlung auszulösen.

Dies lässt sich bildhaft so darstellen:

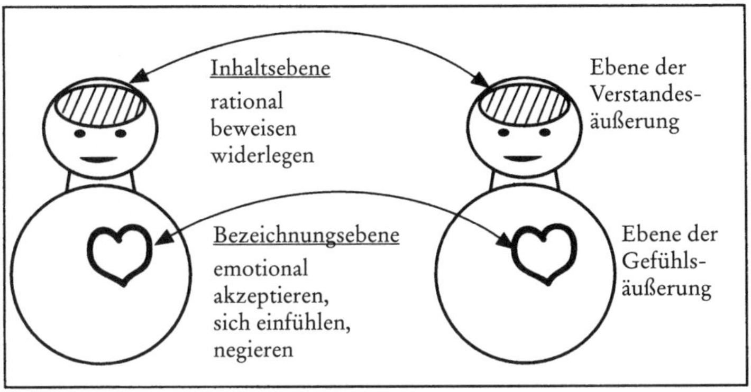

Abb. 22: Kommunikationsebenen

7.5.7.3 Inhaltlicher und methodischer Aufbau

7.5.7.3.1 Ziel, Zielgruppe und Zeitplanung

Bevor Sie mit der Vorbereitung einer Präsentation beginnen, ist es wichtig zu wissen, was Sie mit dieser Präsentation erreichen wollen.

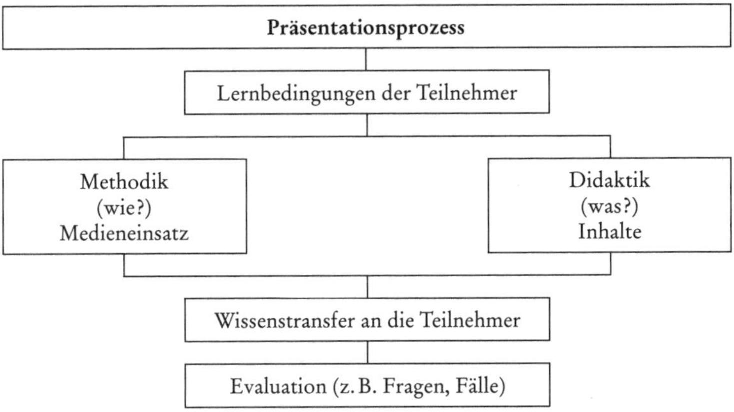

Abb. 23: Präsentationsprozess

Sie legen also das **Ziel Ihrer Präsentation** fest. Dies können Sie nur, wenn Sie wissen,

- **was** Sie präsentieren wollen. Sehr häufig müssen Sie, in Absprache mit dem jeweiligen Fachdozenten, nur bestimmte Kapitel Ihrer Hausarbeit vortragen.
- **vor wem** Sie präsentieren (Teilnehmeranalyse/Lernbedingungsanalyse siehe Abb. 23). Damit Sie sich auf die Zuhörer einstellen können, ist es wichtig, die Teilnehmer „zu kennen" bzw. möglichst viel über diese in Erfahrung zu bringen (z.B. ihre Vorkenntnisse, berufliche Tätigkeit). Eine derartige Teilnehmeranalyse ist für Ihre Kommilitonen/innen, die am Seminar teilnehmen, nicht mehr erforderlich. Aber oftmals sind zu solchen Veranstaltungen auch Gäste geladen, z.B. Mitarbeiter von Unternehmen oder sonstiger Institutionen. Es ist sicher nicht leicht, Daten über die externen Teilnehmer in Erfahrung zu bringen oder die einzelnen Teilnehmer entsprechend einzuschätzen, dennoch ist es notwendig, auch um sich selbst innerlich darauf einstimmen zu können.
- **wieviel Zeit** Ihnen zur Verfügung steht (z.B. zwanzig Minuten oder gar eine Lehreinheit von neunzig Minuten). Gerade bei einer Präsentation von neunzig Minuten ist es wichtig, sich auch intensiver Gedanken über den Einsatz verschiedener Medien zu machen (z.B. Aushändigung eines Gliederungsentwurfes, Einsatz von Projektor, Tafel, Flipchart, PowerPoint).

7.5.7.3.2 Darbietung der Inhalte

Nachdem Thema, Ziel und Teilnehmerkreis feststehen, sollten Sie überlegen, wie Sie die Inhalte darbieten. Denken Sie daran, dass jede Präsentation und jeder Vortrag aus einer Einleitung, einem den wesentlichen Inhalt umfassenden Hauptteil und einem Schluss besteht. Bedenken Sie, welche inhaltlichen Informationen im Hinblick auf das angestrebte Ziel für Ihren Teilnehmerkreis in der zur Verfügung stehenden Zeit absolut notwendig **(MUST)**, wichtig **(NEED)** oder noch wissenswert **(WANT)** sind.

Die **Einleitung** im Rahmen der Präsentation einer möglichen Hausarbeit dient dazu, in das Thema einzuführen (z.B. über die Vorstellung der Gliederung), die Ziele der Arbeit vorzustellen und somit eine gemeinsame Ausgangsbasis zu schaffen, den Kontakt zu den Zuhörern herzustellen, Interesse für das Thema zu wecken sowie eventuell auch Seminargäste zu begrüßen.

Wichtig beim Aufbau des **Hauptteils** Ihrer Präsentation ist, dass die Gedanken in logischer Abfolge dargestellt sind und somit die Seminarteilnehmer von Gliederungspunkt zu Gliederungspunkt geführt werden. Die Art der Informationsvermittlung sollte sich ebenfalls sachlogisch ergeben, d.h., dass Sie sich auch bei jedem visuellen Medium (z.B. Folie, Tafel, Flipchart, Beamer), das Sie einsetzen, danach fragen, welchen Sinn und Zweck dies im Rahmen Ihrer gesamten Präsentation erfüllt und welches Ziel Sie mit dem Einsatz dieses Hilfsmittels an der jeweiligen Stelle verfolgen? Der Schlussteil als Zusammenfassung sollte mit Blick auf das gesamte Ziel Ihrer Präsentation wichtige Kernpunkte nochmals herausstellen. Sie können aber auch in großem Bogen auf die Einleitung zurückverweisen, auf eine mögliche Fragestellung, die in der Einleitung steht (rückführender Schluss) oder aber, Sie wählen gar einen **Schluss,** der gedanklich über das Thema hinausführt und mögliche Konsequenzen/Fragen/Anregungen für weitere Problemstellungen gibt (weiterführender Schluss).

Verwenden Sie als Unterlage für Ihre Präsentation nicht die Textseiten Ihrer Hausarbeit, sondern erstellen Sie sich ein **Vortragsmanuskript,** das Ihnen hilft, dem „roten Faden“ zu folgen und auch die meist vorgegebene Vortragszeit einzuhalten. Gefragt ist aber kein lückenloses und bis ins Kleinste ausformuliertes Manuskript, denn die damit verbundene Abhängigkeit vom Manuskript geht auf Kosten des Kontaktes zu den Zuhörern. Im Manuskript sollte die Gliederung der Präsentation deutlich zum Ausdruck gebracht werden. Arbeiten Sie optisch wirksam durch z.B. Unterstreichungen und farbliche Kennzeichnung. Möchten Sie losgelöst von einem Rednerpult oder der sitzenden Position hinter einem Tisch präsentieren, eignet sich der Einsatz von **Karteikärtchen,** vergleichbar mit der Lernkartei, auf denen Sie, nach Gliederungspunkten angeordnet, Ihre Manuskriptteile in kurzer prägnanter Form festgehalten haben. Notieren Sie auf diesen Karten nur Stichworte, keine ausführlichen Definitionen/Sätze, die Sie dann vorlesen. Halten Sie es mit Günther Jauch, der über seine Stichwortkärtchen sagt: **„Ich brauche die Verzahnung von Denken und Sprechen, die nur gelingt, wenn man nicht vorliest“**[39]**.**

Das Format einer derartigen **Stichwortkarte** (Postkartengröße) erlaubt auch eine leichte Unterbringung in Ihrer Jackentasche/Handtasche. Sie sichert Ihnen ferner bei der Verwendung während des Vortrages eine bequeme Handhabung auch für den Fall, dass Ihnen kein Tisch oder kein Rednerpult zur Verfügung steht. Um der Nervosität zu begegnen und vor allem um die „Hände zu beschäftigen“ (unkontrolliertes Ab-

---

[39] *Schuhmacher, H.:* Das Jauch-Prinzip, in: Managermagazin, Heft 5/2007, S. 200.

weichen der Hände an die Nase, durch das Haar u. v. m.) ist es wichtig, dass Sie etwas zum Festhalten, aber nicht zum Spielen, haben. Dafür eignen sich besonders Stichwortkärtchen. Sie bieten auch eine gewisse Sicherheit, falls Sie den roten Faden verlieren sollten.

Bei einer Redezeit von ca. 45 Minuten genügen, natürlich in Abhängigkeit vom Thema, 8–12 Stichwortkarten. Ein möglicher Aufbau einer derartigen Stichwortkarte geht aus *Abbildung 24* hervor.

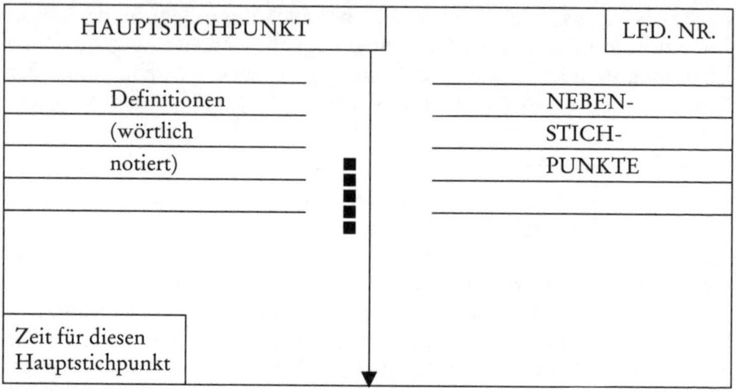

Abb. 24: Stichwortkarte

7.5.7.3.3 Medien und ihr Einsatz

Wie bereits schon mehrfach angesprochen, gibt es viele Gründe, warum Sie im Rahmen Ihrer Präsentation **visualisieren** sollen, so z. B.:

- Informationen werden schneller aufgenommen. Sie sparen Zeit.
- Missverständnissen wird vorgebeugt bzw. sie werden beseitigt.
- Sie erreichen mehr Wirkung, mehr Überzeugung.
- Die Teilnehmer können Sachverhalte leichter nachvollziehen.
- Die visuelle Unterstützung bewirkt, dass Inhalte besser im Gedächtnis haften bleiben.
- Ein Bild kann tausend Worte ersetzen. Das spart Zeit und verhindert, dass die Teilnehmer abschalten.
- Visuelle Unterstützung ist abwechslungsreicher. Sie können dadurch das Interesse an Ihrer Sache erhöhen.

Die Präsentation Ihrer Hausarbeit sollte also unter verstärktem Einsatz von visuellen Hilfsmitteln und Medien wie Overhead Projektor (Folien), Flipchart, Tafel, Handouts (Gliederung), Beamereinsatz etc. erfolgen.

Visualisieren und veranschaulichen Sie Inhalte und tragen Sie damit zur Konkretisierung verbaler, häufig abstrakt erscheinender fachwissenschaftlicher Aussagen bei. Denken Sie daran, dass der Mensch von seiner biologischen Anlage her als ein **„Augentier"** bezeichnet werden kann **(Lernen durch Sehen).** Beim Einsatz visueller Hilfsmittel für eine Präsentation sollten Sie sich daher folgendes merken:

- Verwenden Sie visuelle Hilfen nie ohne vorherige Probe (z.B. Kontrolle von Qualität und Wirkung einer Folie – Helligkeit und Lesbarkeit bei Beamereinsatz – Funktionsprüfung).
- Beachten Sie, dass diese visuellen Hilfsmittel den Lernprozess der Zuhörer unterstützen und nicht behindern sollen (z.B. PowerPoint, Flipchart oder Folie: einfache und verständliche Darstellung, Schriftbild aufgelockert, farbliche Hervorhebung wichtiger Daten/Tatbestände).
- Setzen Sie visuelle Hilfsmittel gezielt und dosiert ein, und lassen Sie es nicht zu einer „Materialschlacht" werden, z.B. 40 Charts in 45 Minuten. Wenn Sie Handouts ausgeben, lassen Sie etwas Zeit zum Betrachten und geben Sie dann erklärende Hinweise.
- Geben Sie allen Zuhörern freie Sicht auf Ihre visuellen Hilfsmittel wie Folienprojektion, Flipcharteinsatz, Tafelbild, Beamerleinwand. Stellen Sie sich seitlich daneben oder setzen sich hin. Arbeiten Sie mit einem Zeigestab/Laserpointer und erläutern Sie Ihre Darstellungen nicht mit dem Rücken zum Zuhörerkreis.
- Lassen Sie visuelle Hilfen wirken, bevor Sie dazu sprechen, und nutzen Sie diese lediglich zur Unterstützung Ihres Vortrages und nicht als Konzept (Manuskript).

Die am häufigsten eingesetzten Medien zur Präsentation von Referaten sind Tafel, Flipchart, Overheadprojektor mit Folien, Metaplantechnik, Beamer.

▷ Tafel und Flipchart

Hinsichtlich ihrer Einsatzmöglichkeiten eignen sich beide **Visualisierungsinstrumente** zum Entwickeln von Gedankengängen und zur kontinuierlichen Aufzeichnung von Wortmeldungen.

Die Gedankengänge lassen sich besonders beim Flipchart protokollartig festhalten, wenn die einzelnen, erarbeiteten Bögen an Wände oder an Metaplantafeln geheftet werden.

Einige **Anregungen** zur Handhabung:

- Nach kurzer Einübung leicht zu handhaben, aber auf die Schrift achten.
- Die Wirkung auf die Teilnehmer ist aktuell, aktiv und nachvollziehbar.

- Benutzt man Flipchart-Blätter zu einem Protokoll, so sollte man bedenken, dass diese im Gegensatz zu Overhead-Folien nochmals abzuschreiben/zu fotografieren sind.
- Erklärung des Anschriebs nur zu den Empfängern gewandt abgeben, nach Anschrieb neben die Tafel oder den Flipchartständer treten.
- Nur von der Seite auf die Tafel, oder den Flipchartständer zeigen.
- Genügend Zeit zum Abschreiben lassen.
- Nicht zum Flipchart, zur Tafel oder zur Beamerleinwand sprechen.

Die Präsentation durch Notebook und Beamereinsatz bietet insbesondere für den Vortragenden viele Erleichterungen, verleitet allerdings auch zur Anwendung von Überflüssigem, zum verspielten Missbrauch und vor allem zu oftmals viel zu vielen Charts. Mitschreiben ist kaum noch möglich, meist werden die Inhalte nicht mehr Schritt für Schritt entwickelt und die Vielfältigkeit der Variationsmöglichkeiten des Bildes/der Darstellung lenkt sehr häufig ab. Hier muss die Devise ausgegeben werden: **Aus weniger mache mehr.** Ein Nachteil der Beamerpräsentation ist die anfällige Technik. Daher ist es bei wichtigen Präsentationen im Studium und später im Beruf wichtig, Reservefolien bzw. Ausweichmedien zur Verfügung zu haben. Da ferner bei der Beamerpräsentation kein interaktiver Eingriff in die vorgefertigte Präsentation möglich ist (z.B. Beantwortung einer Frage in visueller Darstellungsform), sollten Sie ein weiteres Medium wie z.B. Flipchart oder Metaplan vorrätig halten.

Gut überlegen sollten Sie sich die Ausgabe eines **Handout,** sei es zu Beginn oder am Ende einer Präsentation. Eine zu frühe Verteilung führt häufig dazu, dass die Teilnehmer Ihrem Vortrag nicht mehr folgen bzw. durch Blättern nach vorne die Dramaturgie Ihrer Präsentation nicht mehr aufgeht. Ein Handout sollte nie so aufgebaut sein, dass die Zuhörer sich mit der Vorstellung zurücklehnen können, dies alles ja zuhause nochmals eins zu eins nachlesen zu können. Im Handout sollten nur Gedankensplitter übersichtlich dargestellt werden, aber nicht wortgetreu die verbalen Ausführungen hierzu.

▷ Folien-, Overheadprojektor und PowerPoint

Zu den **Grundregeln effizienter Folien- und PowerPointgestaltung** zählen:

Die Folien müssen lesbar und verständlich, klar und anschaulich sowie einfach sein. Ferner sollen Folien motivierend wirken. Sie sollen daher vom Stil her in Ihre Präsentation und das Gesamtbild der Präsentation passen. Das trifft auch für Ihre PowerPoint-Präsentationen zu.

Auch hier einige **Anregungen** zur Foliengestaltung und zum Einsatz des Projektors/Beamers:

- Die Aussagen sind groß und deutlich zu schreiben.
- Sie sollten nicht zuviel Text auf eine Folie bringen.
- Ein Vorteil des Overheads/Beamer ist, dass Sie ständig Blickkontakt zu den Seminarteilnehmern halten können.
- Folien/PowerPointcharts sollten beim Vortrag lange genug liegengelassen werden, sonst verliert die Visualisierung ihren Sinn.
- Ein protokollartiges Vorgehen, wie beim Flipchart, ist kaum möglich; man muss dann die Folien bei Rückfragen wieder hervorholen bzw. bei PowerPoint zurückblättern. Hierbei ist „Foliensalat" zu vermeiden.
- Zu viele Folien/Charts wirken stark ermüdend.
- Bei der Erstellung von Folien/Charts vor einer Präsentation sollten Sie sich immer das Verhältnis von Aufwand zu Nutzen vor Augen halten.

Um zu verhindern, dass die Teilnehmer einer Präsentation die Informationen, die auf den Folien stehen, mitschreiben müssen, ist in der Regel die Aushändigung einer schriftlichen Vorlage erwünscht. Es reicht allerdings aus, wenn die Folien/Charts verkleinert ausgedruckt werden. Dies spart vor allem Papier. Dennoch können alle Teilnehmer der Präsentation die wichtigsten Daten und Ergebnisse einer Präsentation mit nach Hause nehmen.

Überlegen Sie es sich aber vorher, zu welchem Zeitpunkt – zu Beginn, zwischendurch (abschnitt-/kapitelweise) oder am Schluss – Sie dieses Handout ausgeben. Berücksichtigen Sie bei der Anfertigung dieser Unterlagen für Ihre Zuhörer folgende Grundsätze:

- Unterlagen müssen ihren Zweck erfüllen (d.h., Unterlagen zur Gedächtnisstütze müssen eine Rekapitulation des Stoffes ermöglichen).
- Unterlagen müssen klar gegliedert sein.
- Sie müssen inhaltlich den Stoff der Veranstaltung abdecken.
- Weitergehende Informationen nur geben, wenn Empfänger den Stoff weiterbearbeiten oder weiterlernen soll.
- Die Darstellungsweise soll knapp sein.
- Geben Sie evtl. eine Gliederung Ihres Vortrages vorher aus, um den „roten Faden" ständig vor dem geistigen Auge zu haben.
- Ausgabe von Unterlagen vorher ankündigen (erspart den Empfängern Mitschreibearbeit).
- Unterlagen können für die Studierenden ins Netz gestellt werden (OLAT).

Trotzdem es heute sehr interessante Möglichkeiten der eindrucksvollen, farblichen Projektion von Daten gibt, ersetzen Medien den eigentlichen

Vortrag nicht, sie haben lediglich Unterstützungs- und Veranschaulichungsfunktion. Im Medieneinsatz selbst sollen nur wichtige Punkte dargestellt werden. Im Fokus einer Präsentation stehen der Vortragende selbst sowie das von ihm Gesagte.

Abschließend hierzu noch **einige Regeln,** die Sie in Sachen „Visualisierung" beherzigen sollten:

Regel 1: **Niemals visuelle Hilfen ohne vorherige Probe verwenden**

- Reihenfolge korrigieren.
- Qualität und Wirkung kontrollieren (Helligkeit, Lesbarkeit).
- Handhabung üben (Besonders wichtig bei den verschiedenen Projektoren und bei PowerPointpräsentationen).

Regel 2: **Sicherstellen, dass visuelle Hilfen den Lernprozess unterstützen und nicht behindern**

- Einfache und verständliche Darstellung (Maximal 10 Zeilen pro Folie oder Flipchart).
- Nur eine Idee auf einmal.
- Maximal drei Farben verwenden.
- Visuelle Hilfen nur solange einsetzen, wie Sie mit Ihren Aussagen Bezug darauf nehmen.

Regel 3: **Visuelle Hilfen gezielt einsetzen**

- Visuelle Hilfen erst zeigen, wenn sie „an der Reihe" sind.
- Muster, Modelle oder Handouts nicht in der Gruppe in Umlauf geben und weiter verbal unterrichten; Zeit zum Betrachten lassen.
- Verschiedene visuelle Hilfsmittel kombinieren (Medienmix).

Regel 4: **Allen Teilnehmern freie Sicht auf Ihre visuellen Hilfsmittel geben**

- Seitlich neben der Projektionsfläche stehen oder hinsetzen.
- Nicht mit dem Rücken zum Teilnehmerkreis Ihre Projektionsbilder erläutern.
- Zeigestab verwenden, „Zeigefinger" auf die Folie legen, Laserpointer einsetzen.

Regel 5: **Visuelle Hilfen wirken lassen**

- Geben Sie Ihren Teilnehmern die Gelegenheit, Ihr visuelles Hilfsmittel erst ganz aufzunehmen, bevor Sie dazu sprechen.
- Visuelle Hilfen zur Unterstützung Ihrer Präsentation verwenden und nicht als Konzept.

Regel 6: Lauter als normal sprechen

- Die Aufmerksamkeit Ihrer Teilnehmer ist geteilt, auf Ihr visuelles Hilfsmittel und auf Sie; berücksichtigen Sie dies bei der Wahl Ihrer Lautstärke.

Regel 7: An den Anfang und an den Schluss denken

- Entwickeln Sie einen einstimmenden Anfang und einen aufbauenden Abschluss. Die Zuhörer benötigen anfangs etwas Zeit, mit dem Redner und seinem Vortrag warm zu werden. Der Abschluss sollte nochmals ein krönender Höhepunkt sein.

Regel 8: Arbeiten Sie Schritt für Schritt und alle kommen mit

- Orientieren Sie sich an Ihrem methodisch-didaktischen Konzept, indem sich Ihre Präsentation in nachvollziehbaren Schritten aufbaut und zielorientiert angelegt ist.

Regel 9: Charts als Chance

- Nutzen Sie die Charts als Visualisierungsinstrument zur Veranschaulichung Ihres Vortrages. Wenig Volumen, aber viel Substanz. Textlich überladene Charts lenken zu sehr ab, Selbstleseaufwand zu groß.

Regel 10: Zeigen Sie Stehvermögen

- Ihr Vortrag gewinnt an Präsenz, wenn Sie stehend präsentieren. Suchen Sie sich zentrale Orte, die Sie von Fall zu Fall einnehmen. Vermeiden Sie oftmaligen und schnellen Standortwechsel (Hin-und-her-Rennen).

Regel 11: Medienwechsel/-mix

- Wechseln Sie zwischen den Medien Tafel, Flipchart, PowerPoint. Nutzen Sie gerade für Beispiele oder für einen Exkurs ein anderes Medium z.B. Tafel. Gerade durch das Medium Tafel oder Flipchart erkennen die Studierenden den Werdegang und den Aufbau einer Thematik (stufenweise Nachvollziehbarkeit des Ergebnisses).

Regel 12: Der Mensch ist ein „Augentier“

- Bauen Sie in Ihre Textfolien auch gezielt Schaubilder, Fotos oder vielleicht auch Videosequenzen ein, vor allem um auch die Spannung bei den Zuhörern hoch zu halten.

Vermeiden Sie gerade bei PowerPoint eine Folienschlacht mit zu vielen Charts und vor allem albernen Bildern.

„Eine gute Präsentation verlangt, dass man ein Thema intellektuell erfasst, geistreich rüberbringt und optisch anspruchsvoll darstellt. Das sind so viele Ansprüche, das es die meisten Menschen einfach überfordert“ (*D. Schicke,* Chefredakteur PowerPoint aktuell).

7.5.7.3.4 Präsentator – einige Anregungen zur Person

Zwischenzeitlich reagieren die Hochschulen im Rahmen Ihrer didaktischen Ausrichtung in Bachelor- und Masterstudiengänge auf die steigenden Anforderungen zukünftiger Arbeitgeber der Studierenden an die Präsentationsfähigkeiten (Soziale Kompetenz – soft skills). Viele Unternehmen prüfen diese Fähigkeit auch im Rahmen ihres Einstellungsverfahrens z.B. im Assessment-Center. Gerade hier ist die Präsentation eine wichtige Darstellungsmethode.

Für Sie als Studierende ist es trotzdem eine oft noch ungewohnte Situation, vor Ihrem Professor, vor Kommilitonen evtl. auch vor Gästen aus der betrieblichen Praxis ein Thema präsentieren zu müssen und womöglich auch bewertet (Teilleistungsnachweis) zu werden. Nutzen Sie während Ihres Studiums jegliche Möglichkeit des Übens, des Umgangs mit einer solchen Situation. Nur durch häufiges Üben und insbesondere auch durch eine gute Vorbereitung verringern Sie Lampenfieber, entsteht Ruhe und Gelassenheit für eine effiziente Präsentation.

Person und Erscheinung des Präsentators lassen sich nicht trennen. Wollen Sie in einer Präsentation Erfolg haben, müssen Sie sich mit Ihnen als Person auseinandersetzen. Denken Sie daran, Sie möchten Ihre Zuhörer von Ihren Ideen, von Ihrem Thema und von sich selbst überzeugen. Daher ist es wichtig, dass Sie im Vorfeld Folgendes beachten und berücksichtigen:

- **Erscheinungsbild:** Durch den ersten (optischen) Eindruck werden Weichen gestellt, die für die anschließende Kommunikation von erheblicher Bedeutung sind, z.B. spontane Sympathie, spontane Abneigung.
- **Verhalten:** Verstecken Sie sich nicht hinter einer Maske, verzichten Sie darauf sich zu produzieren, bei einer Gruppenpräsentation insbesondere nicht auf Kosten anderer und wirken Sie nicht zu „gekünstelt“.
- **Einfühlungsvermögen und Takt:** Einfühlungsvermögen ist die Voraussetzung für eine nachhaltige Beeinflussung. Ein guter Präsentator muss feine Antennen haben für das, was sein Publikum ihm signalisiert.
- **Selbstmotivation:** Sie als Präsentator/in müssen von Ihrer Idee, von Ihrem Vortrag begeistert, d.h. überzeugt sein. Diese Überzeugung beruht auf Kenntnissen und Erfahrungen.

- **Selbstakzeptanz:** Sich selbst zu akzeptieren heißt, mit dem einverstanden sein, was man im Augenblick ist, denkt, fühlt und kann. Es ist Voraussetzung für Ihre Souveränität.
- **Selbstsicherheit:** Während der Präsentation legt sich das Lampenfieber erfahrungsgemäß nach einiger Zeit, wenn Sie sich an die Situation gewöhnt haben und spüren, dass Sie mit Ihrem Publikum in Kontakt gekommen sind.

Abschließend hierzu noch **drei wichtige Grundsätze** für eine gute Präsentation Ihrer Hausarbeit:

- Spezialgebiet nicht verlassen,
- andere Meinungen nicht verwerfen,
- sich in das Publikum hineinversetzen unter Berücksichtigung des Wissens, der Vorurteile, der Haltungen, Erfahrungen und Wünsche.

7.5.7.4 Redeängste

Angst, Inhalte anderen vortragen zu müssen, haben eigentlich die meisten Menschen. Daher ist es keine Schande, Redeangst zu haben. Sie sollten nur wissen, wie Sie diese Angst, dieses **Lampenfieber,** minimieren bzw. überwinden. Lampenfieber ist dabei entweder **Angst vor sich selbst** oder **Angst vor der Umwelt.** Beide Ängste lassen psychologische Barrieren entstehen, denn sie wirken sich nicht nur lähmend auf die Gedanken aus, sie beeinflussen auch Ihre Bewegungen (Motorik), machen Sie geistig und körperlich unfrei.

Wenn Sie im Seminar Ihre Hausarbeit vortragen müssen, erfordert dies nicht unbedingt besondere Redegewandtheit oder eine geschickte Gestik und Mimik und hohe sprachliche Exaktheit und Ausdrucksfähigkeit. Zu den Seminarteilnehmern sprechen bedeutet, diesen etwas zu sagen, was für sie neu, interessant und von Bedeutung ist. Sicherheit beim Sprechen erhalten Sie nicht durch eingeübte, übernommene Verhaltensweisen, sondern durch **ungezwungenes, natürliches Verhalten.** Sicheres Auftreten erlangen Sie, indem Sie sich so geben, wie Sie tatsächlich im Alltag sind.

Auch der **Dialekt** sollte Sie nicht hemmen. Warum sollen die Zuhörer nicht hören, dass ein Norddeutscher, ein Schwabe oder ein Bayer einen Vortrag hält. Oftmals gibt diese Tatsache der Präsentation noch eine persönliche Note. Lassen Sie sich dadurch nicht stören; wichtiger ist, dass Sie auf Ihre Aussprache achten, die klar, deutlich und für jedermann verständlich sein sollte. Verwenden Sie auch aus Verständlichkeitsgründen eine einfache Sprache, kurze Sätze, viele Verben; somit wird Ihr

Vortrag lebendig. Denken Sie ferner an **Beispiele,** die immer helfen, trockene fachliche Inhalte aufzulockern. Übertreiben Sie auch nicht die Verwendung von Anglizismen.

Welches sind nun häufige Redeängste und wie lassen sich diese dämpfen bzw. überwinden?

Ängste, vor anderen reden bzw. zu anderen sprechen zu müssen, sind oftmals zurückzuführen auf z.B.

- die Furcht vor ungewohnten Situationen,
- die Furcht vor den Blicken der Zuhörer,
- die Furcht vor Kritik und vor Blamage,
- den Mangel an Übung,
- den Mangel an rhetorischen Fähigkeiten und rhetorischer Technik,
- die Furcht, Eingeübtes zu vergessen und dann steckenzubleiben,
- die Furcht vor stimmtechnischen Fehlern.

Verbunden damit treten dann eine Vielzahl von Erscheinungen bzw. Reaktionen, hervorgerufen durch diese Sprech- und Redefurcht, zutage, die sich z.B. wie folgt kategorisieren lassen:

- **kognitive Erscheinungen,** wie Leere im Kopf, Denkblockaden, Konzentrationsmängel
- **emotionale Erscheinungen,** wie Angst, Hemmungen, Lampenfieber, Nervosität, Verunsicherung, Gereiztheit

7.5.7.5 Einige Anregungen zur Reduzierung der Sprech- und Redefurcht

Was können Sie nun dagegen unternehmen, um die auftretende Sprech- und Redefurcht und die damit verbundenen Erscheinungen wie z.B. Lampenfieber, Hemmungen zu minimieren?

Bereiten Sie sich **gründlich** auf Ihre Präsentation vor, und zwar

- **inhaltlich,** durch ein gut strukturiertes Manuskript, das eine Vielzahl von Regieanweisungen (z.B. für den Medieneinsatz, für das Einfügen von Beispielen, eventuell sogar kleinen Übungen) enthält
- in Bezug auf die **Körpersprache:** Üben Sie den Vortrag auch mit Mimik, Gestik, Haltung, Gang und in der Stimmführung, aktivieren Sie also alle rhetorischen Komponenten (Sprache, Gestik etc.), vermeiden Sie aber dabei alles, was nicht zu Ihnen passt und „gekünstelt“ erscheinen kann

Üben Sie sich in Selbstbejahung und denken Sie optimistisch, denn gerade die Vorbereitungsphase verlangt positives Denken. Verdrängen Sie Gedanken wie „Das schaffe ich nie“ oder „Das muss ja schief gehen“.

Üben Sie sich im Reden allein vor dem Spiegel oder vor Freunden bzw. Bekannten. Um eventuell auftretenden Ängsten (wie z.B. Steckenbleiben beim Einstieg in den Vortrag) entgegenzuwirken, lernen Sie die Anfangspassagen auswendig, ähnlich können Sie auch beim Schlussteil verfahren.

Stellen Sie sich auch rechtzeitig auf Ihre Zuhörer ein (Adressatenanalyse).

Unmittelbar vor Ihrem Vortrag entspannen Sie sich, indem Sie versuchen, sich auf etwas anderes zu konzentrieren. Atmen Sie ruhig und tief, entspannen Sie die Gesichtsmuskeln, die Schultern und die Armmuskeln.

7.5.7.6 Grundregeln der Rhetorik und der „nonverbalen Kommunikation"

Ist es dann soweit, denken Sie an einige **wichtige rhetorische Wirkungsregeln:**

- Fangen Sie nicht mit Sprechen an, wenn Sie vor Ihre Zuhörer treten, eventuell sogar noch, solange Sie im Gehen sind. Stellen Sie sich entspannt und sicher vor Ihre Zuhörer. Nehmen Sie **Augenkontakt** auf und lassen Sie durch Ihr Schweigen die bewusste Stille wirken; denn dadurch erhalten Sie auch die Aufmerksamkeit, die Sie zur Präsentation Ihrer Inhalte benötigen. Ferner begünstigt diese Art der Kontaktaufnahme die Wechselwirkung zwischen Ihnen, dem Vortragenden und den Zuhörern. Mit der Praktizierung **bewusster Stillphasen** während Ihres Vortrages bewältigen Sie auch Störungen, z.B. durch flüsternde und tuschelnde Zuhörer. Ferner entstehen durch die bewusste Stille Pausen, mit denen Sie auch die Spannung und das Interesse an Ihrem Vortrag erhalten bzw. gar steigern können.
- Sie haben während Ihres Vortrages bzw. Ihrer Präsentation nicht nur Zuhörer, sondern auch Zuschauer vor sich sitzen. Daher wird nicht nur das gesprochene Wort zum Kommunikationsmittel, sondern Sie sprechen auch mit Gestik, Mimik, etc. Diese **nonverbale Kommunikation,** die Körpersprache, soll den gedanklichen Kurs Ihrer inhaltlichen Ausführungen mitbestimmen[40].
  Setzen Sie aber die Gestik sinnvoll, sparsam, gezielt und ruhig ein, um die Zuschauer und Zuhörer durch z.B. das Herumfuchteln mit den Armen und Händen nicht nervös machen. Das inhaltlich zu Vermittelnde soll nicht sekundär werden.

---

[40] Vgl. *Molcho, S.:* Körpersprache im Beruf, München 1996.

Unterstützen Sie die Sprache durch Handgesten, vermeiden Sie unruhiges Hin- und Hergehen, z.B. zwischen Tafel/Flipchart und Arbeitsprojektor. Suchen Sie beim Schreiben an der Tafel und am Arbeitsprojektor sowie beim Erläutern einer Folie oder eines Tafelbildes **Zuwendung zu den Teilnehmern** über z.B. Blickkontakt, Haltung.

- Stehen Sie nicht mit undurchdringlichem Gesichtsausdruck vor den Zuhörern, schauen Sie entspannt, lassen Sie vor allem Ihre Augen sprechen. Nehmen Sie **Augenkontakt** auf und lassen Sie diesen nicht abbrechen.
  Zuhörer haben meist eine starke Abneigung gegen Vortragende, die ihr Manuskript ablesen und es dadurch zu wenig dauerhaftem Augenkontakt kommen lassen können. Tragen Sie Ihre Hausarbeit möglichst **frei** vor, bedienen Sie sich Ihrer **Manuskriptgliederung** und eines **Stichwortmanuskripts.** Somit sind Ihre Augen nicht zu stark an das Manuskript gefesselt. Da jeder Zuhörer angesprochen werden möchte, lassen Sie den Blick auch langsam schweifen, indem Sie die Zuhörer nacheinander ansehen, denn ansprechen bedeutet immer auch anschauen. Beachten Sie in diesem Zusammenhang auch nichtsprachliche Signale der Zuhörer, z.B. Zeichen der Langeweile oder Unruhe (Müdigkeit, Unverstandenes, Konflikte).
- Denken Sie bei Ihrer Präsentation auch an den Ausspruch **„Der Ton macht die Musik“**, d.h. schenken Sie bei Ihrem Vortrag auch dem Tonfall Aufmerksamkeit. Monotones Vortragen wirkt einschläfernd. Passen Sie daher Ihre Stimmlage dem jeweiligen Vortragsgegenstand an, modulieren Sie Ihre Stimme, denn die Effizienz Ihres Vortrages hängt stark vom richtigen **Tonfall** und der gezielten **Betonung** ab. Variieren Sie also die Lautstärke, wobei diese allerdings nicht Argumente ersetzen kann.
  Die Dynamik Ihres Vortrages wird aber nicht nur durch den richtigen Tonfall, sondern auch vom **Sprechtempo** bestimmt. Achten Sie auf fließendes aber dennoch nicht zu schnelles Sprechen. Legen Sie auch gezielt Redepausen ein. Bei der Arbeit mit Tafel, Flipchart oder Folienbeschriftung **zuerst sprechen, dann schreiben** und umgekehrt.
- Viele Inhalte, die Ihnen aufgrund der intensiven Auseinandersetzung und Vorbereitung Ihrer Präsentation klar erscheinen, müssen für Ihre Kommilitonen nicht ohne Weiteres verständlich und einleuchtend sein. Daher ist es wichtig, dass Sie im Rahmen der Vorbereitung inhaltlich Abstraktes und Umfangreiches durch Abbildungen, Tabellen, Vergleiche und Beispiele veranschaulichen. **„Reden Sie auch hier zum Auge“** und schaffen Sie Klarheit und Verständlichkeit, indem Sie z.B. über Beispiele eine Verständnisbrücke aufbauen und somit

an Bekanntes anknüpfen. Visualisiert Dargestelltes bleibt im Gedächtnis eher haften als abstrakt Gesprochenes.

- Bringen Sie die Teilnehmer auch **ins Spiel,** indem Sie diese durch Fragen zu aktiven Zuhörern machen, denn als Vortragender setzt man meist stillschweigend voraus, dass sich die Zuhörer für das Thema interessieren und den Gedanken des Referierenden folgen. Dies ist nicht immer der Fall, daher ist es wichtig, Interesse zu wecken und dies können Sie, indem Sie in Ihren Vortrag Fragen einbauen und diese stellen. Fragen können stimulieren, wecken Interesse, schaffen Neugierde und aktivieren die Bereitschaft zuzuhören. Scheuen Sie sich auch nicht, gerade beim Vortrag vor Seminarteilnehmern, einen Sachverhalt ein zweites Mal kurz zu erläutern, wenn Sie den Eindruck haben, dass die Teilnehmer Sie nicht verstanden haben (ratloser Blick).

  Aktive Zuhörer werden natürlich auch Fragen an Sie als Referenten haben, bei denen es häufig darum geht, Unverstandenes zu erklären, auf Detailfragen näher einzugehen, Beispiele zu schaffen etc. Machen Sie sich daher im Vorfeld der Vorbereitung schon Gedanken darüber, ob Sie Fragen während des Vortrages oder im Anschluss an den Vortrag im Rahmen einer Diskussion beantworten werden. Beantworten Sie Fragen während des Vortrages, so tragen Sie damit der gedanklichen Spontanität der Zuhörer Rechnung. Andererseits ist zu beachten, dass Sie nach der Beantwortung den roten Faden in Ihren Darlegungen wiederfinden. Weisen Sie daher zu Beginn Ihres Referates darauf hin, wie Sie mit der Beantwortung von Zuhörerfragen verfahren möchten.

  Halten Sie es mit *Shakespeare,* der im Hamlet folgende Rede-Anregungen gibt:

  „Seid so gut und haltet die Rede, wie ich sie Euch vorsagte, leicht von der Zunge weg. Sägt auch nicht zu viel mit den Händen durch die Luft, sondern behandelt alles gelinde, …

  Seid Euch auch nicht allzu zahm, sondern laßt Euer eigenes Urteil Euer Meister sein: Paßt die Gebärde dem Wort, das Wort der Gebärde an, wobei ihr sonderlich darauf achten müßt, niemals die Bescheidenheit der Natur zu überschreiten … Wird dies nun übertrieben oder zu schwach vorgestellt, so kann es zwar den Unwissenden zum Lachen bringen, aber den Einsichtsvollen muß es verdrießen; …"

7.5.7.7 „Roter Faden" verloren? Verhaltensregeln

Auch das kann Ihnen passieren. Mitten in Ihrem gut aufgebauten, klar gegliederten und wohldurchdachten Vortrag fehlen die passenden Worte.

Die berühmte und vielzitierte **„Mattscheibe"** hat auch Sie erwischt. Eine heiße Welle der Angst durchdringt jetzt Ihren Körper. Die medizinische Erklärung hierfür: auf Geheiß des Gehirns produziertes Adrenalin wird in den Blutkreislauf geschickt.

Achten Sie auf nachfolgende **Anregungen,** dann wird Ihnen vielleicht bei der nächsten sich bietenden Gelegenheit eine der aufgezeigten Möglichkeiten den Moment des Steckenbleibens überwinden helfen.

Unbedingt wichtig ist ein gesundes Maß an Selbstbejahung nach dem Motto: Ich werde mich in der nächsten kritischen Situation an diese Tipps erinnern. Wenn ich mich danach richte, kann mir nichts passieren.

- Versuchen Sie, durch besonders **langsames Sprechen** wieder den „Anschluss" zu finden.
- Legen Sie ruhig des öfteren eine **Pause** ein. Seien Sie versichert, eine Pause stört in den seltensten Fällen. Nur Sie haben das Gefühl, dass jeder Zuhörer den Aussetzer sofort bemerkt hat.
- **Fassen** Sie den gesamten letzten Abschnitt **zusammen.** Sagen Sie zum Beispiel: „Lassen Sie mich zusammenfassend die Situation noch einmal umreißen." Oder bringen Sie „als plötzliche Eingebung" noch ein Beispiel zu den letzten Ausführungen.
- **Wiederholen** Sie ihren letzten Satz. So gewinnen Sie Zeit zum Überlegen. Etwa: „Ich möchte noch einmal betonen, dass …"
- **Stellen Sie Fragen** an die Zuhörer. So schaffen Sie sich eine Atempause. Zum Beispiel: „Haben Sie noch Fragen zu meinen bisherigen Ausführungen?"
- **Wechseln** Sie einfach das Thema: „Kommen wir nun zu einem neuen Abschnitt …"
- Halten Sie eine **lustige Geschichte** (Gag) bereit:
  „An dieser Stelle fällt mir eine lustige Episode ein . . ."
  Natürlich muss sie zu Ihrem Thema in irgendeiner Verbindung stehen und zum Anlass passen.
- Setzen Sie **visuelle Hilfsmittel** ein, die Sie bisher in Reserve gehalten haben: „Zur Vervollständigung meiner Ausführungen nochmals ein Schaubild …"
- Verlassen Sie sich auf Ihren **Stichwortzettel.** Dieser wird Ihnen bestimmt, wenn er entsprechend aufgebaut ist, als Rettungsanker dienen: farbig und großzügig unterteilt, nur einseitig beschrieben, nicht zu viele Stichworte pro Seite.
- Sagen Sie ehrlich die Wahrheit: **„Nun habe ich den Faden verloren".**

7.5.7.8 Nachbereitung/Kontrolle des Vortrages

Haben Sie Ihre Präsentation gehalten, sollte dies jetzt für Sie der Anlass sein, dass Sie sich in Ihrer Redefertigkeit kontrollieren, um sich für die Vortrags- bzw. Präsentationstätigkeit bei späterer Berufsausübung zu verbessern.

Auch wenn das Ziel der Präsentation nicht oder nicht ganz erreicht wurde, können Sie aus dem Ergebnis lernen und dadurch Ihre Chancen auf künftigen Erfolg vergrößern.

Aus Fehlern lernen zu können, setzt aber voraus, dass die Fehler erkannt und analysiert werden. Deshalb muss jeder Präsentation eine **Manöverkritik** folgen, in der die Stärken und Schwächen der Präsentation offengelegt werden. Dabei unterscheiden wir dann zwischen den Einflüssen auf Verlauf und Ergebnis der Präsentation, die Sie beeinflussen konnten, und jenen, denen Sie ausgeliefert waren.

Hüten Sie sich davor, allzu leicht die Schuld für Fehler woanders zu suchen. In Ihrem eigenen Interesse sollten Sie ehrlich gegenüber sich selbst sein und alle Möglichkeiten der Verbesserung von Präsentationsvorbereitung und -durchführung auszuschöpfen versuchen.

Um **Feedback** zu Ihrer Präsentation zu erhalten, ist es am einfachsten, Sie fragen Ihre Kommilitonen und Ihren Professor, wobei Sie folgendes **Beurteilungsraster** zugrunde legen können:

Kriterien		Wertung z. B.	
1. Manuskript 1.1 Aufbau/Gliederung	logisch	2 1 0 -1 -2	unlogisch
1.2 Inhalte	verständlich	2 1 0 -1 -2	unverständlich
2. Durchführung 2.1 Ziel des Vortrages „Kernbotschaft“	klar	2 1 0 -1 -2	unklar
2.2 Äußeres Auftreten • Haltung • Sicherheit • Natürlichkeit • Gestik • Mimik/Blickkontakt	ungezwungen	2 1 0 -1 -2	verkrampft
2.3 Sprachverhalten • Tonlage • Sprechtempo • Aussprache • Stimmlage • Pausen • Stimmmodulation	gut, fließend deutsch	2 1 0 -1 -2	dürftig/holprig, undeutlich

2.4 Sprach- und Stilmittel — verständlich 2 1 0 -1 -2 unverständlich
- Satzaufbau
- Anwendungs- und Beispielorientiertheit
- Redewendungen
- Rhetorik
- Zuhörer-Ansprache

3. Sonstige Bemerkungen

Abb. 25: Beurteilungsbogen Seminarvortrag

Halten Sie die gewonnenen Ergebnisse schriftlich fest, sodass Sie bei künftigen Präsentationen darauf zurückgreifen können.

7.5.7.9 Checkliste „Präsentationsvorbereitung"

▷ **Inhaltliche Vorbereitung (Thema)**
- der Inhalt ist auf die Zielgruppe abzustimmen
- Festlegung der Arbeitsteilung (Einzel- bzw. Gruppenpräsentation)
- wer ist verantwortlich für welchen Inhalt
- Stoffsammlung, Faktensammlung
- logischer Aufbau der einzelnen Punkte
- Gliederung erstellen
- mögliche Gegenargumente und Einwände einkalkulieren

▷ **Zieldefinition**

Festlegung eines genauen Ziels und des Anlasses

▷ **Ablaufplan**

Festlegung der Anteile: Einstieg, Hauptteil, Schluß

▷ **Zielgruppe/Publikum**
- Konkretisierung der Zielgruppe (Teilnehmeranalyse)
- Versuchen, die Gedankengänge des Publikums zu erraten
- Beteiligung/Einbindung des Publikums durch Bereitstellung einer Teilnehmer-Unterlage (kleine Übung/Fall) oder das Stellen von Fragen

▷ **Zeitplan**

Konkrete Festlegung eines Zeitplans für
- die Vorbereitung
- eine mögliche Probe-Präsentation
- die organisatorische Vorbereitung
- Beschaffung eines geeigneten Raumes

- zweckmäßige Ausstattung des Raumes
- Bereitstellung von technischen Hilfsmitteln
- Bereitstellung von audio-visuellen Medien
- die eigentliche Präsentation (Redezeit, Präsentationszeit, Diskussionszeit)

▷ **Auswahl und Einsatz von Hilfsmitteln**

Welche Visualisierungsmöglichkeiten gibt es und welche sollen zum Einsatz kommen?

▷ **Räumlichkeiten**

- Größe des Seminarraumes
- Anordnung der Bestuhlung (U-Form, hintereinander, mit Tischen)
- Technische Ausstattung (z.B. Flipchart, Tafel, Projektor, Beamer ...)

▷ **Störfaktoren**

Welche technischen, aber auch zwischenmenschlichen Störfaktoren können auftreten?

▷ **Gliederung/Struktur des Referates**

Erstellen Sie eine Gliederung, bei der die logischen Abläufe der Präsentation nachvollziehbar aufgezeigt werden.

▷ **Manuskript**

Im Manuskript sollten die wichtigsten Punkte der Präsentation für eine nachträgliche Durcharbeitung zusammengestellt werden.

▷ **Generalprobe**

Vor die eigentliche Präsentation sollte eine Probe-Präsentation geschaltet werden. Diese dient zur Beseitigung von etwaigen Schwachstellen (z.B. Zeit, Anzahl, Charts ...) und somit zur Optimierung der Haupt-Präsentation.

Präsentainment heißt, sich durch originelles und professionelles Präsentieren von Anderen abzuheben, den Zuhörer zu fesseln, zu informieren und zu überzeugen. Machen Sie sich die zehn zentralen Leitsätze des Präsentainments zueigen[41]:

1. Nur was ich verinnerlicht habe, kann ich auch nach außen präsentieren.
2. Die Betroffenen wollen stets auch die Beteiligten sein.
3. Wer gründlicher voraussieht, hat seltener das Nachsehen.

[41] *Paschek, L.:* Überzeugend präsentieren, in: Salesprofi, Heft 1/98, S. 62–63.

4. Je besser die Stimmung, desto eher erfolgt die Zustimmung.
5. Wer alle Sinne anspricht, präsentiert am sinnvollsten.
6. Je virtuoser die Betonung, desto überzeugender klingt der Inhalt.
7. Je mehr Leute Sie bei Ihrer Präsentation ansehen, desto angesehener werden sie sein.
8. Wer mit dem „Ja, aber“ richtig umgeht, wird viele „Ja, aber“ umgehen.
9. Autorität heißt nicht, zu sagen, was gemacht wird, sondern zu machen, was gefragt ist.
10. Schwäche zu zeigen, bedeutet, Stärke zu haben.

7.6 Ratschläge für einen schlechten und guten Redner von Tucholsky

Welche **Merkmale** kennzeichnen nach **Kurt Tucholsky** einen schlechten Redner:

„Fang nie mit dem Anfang an, sondern immer drei Meilen vor dem Anfang! Etwa so:

‚Meine Damen und Herren! Bevor ich zum Thema des heutigen Abends komme, lassen Sie mich Ihnen kurz …‘

Hier hast du schon so ziemlich alles, was einen schönen Anfang ausmacht: eine steife Anrede; der Anfang vor dem Anfang; die Ankündigung, dass und was du zu sprechen beabsichtigst, und das Wörtchen kurz. So gewinnst du im Nu die Herzen und die Ohren der Zuhörer …

Sprich nicht frei – das macht einen so unruhigen Eindruck.

Am besten ist es: du liest deine Rede ab. Das ist sicher, zuverlässig, auch freut es jedermann, wenn der lesende Redner nach jedem viertel Satz misstrauisch hochblickt, ob auch noch alle da sind …

Sprich mit langen, langen Sätzen …

Fang immer bei den alten Römern an und gib stets, wovon du auch sprichst, die geschichtlichen Hintergründe der Sache … Du hast ganz recht: man versteht es ja sonst nicht, wer kann denn das alles verstehen, ohne die geschichtlichen Hintergründe … sehr richtig! Die Leute sind doch nicht in deinen Vortrag gekommen, um lebendiges Leben zu hören, sondern das, was sie auch in den Büchern nachschlagen können … sehr richtig! Immer gib ihm Historie, immer gib ihm.

Kümmere dich nicht darum, ob die Wellen, die von dir ins Publikum laufen, auch zurückkommen – das sind Kinkerlitzchen. Sprich unbekümmert um die Wirkung, um die Leute, um die Luft im Saale; immer sprich, mein Guter …

Trink den Leuten ab und zu ein Glas Wasser vor – man sieht das gerne.

Wenn du einen Witz machst, lach vorher, damit man weiß, wo die Pointe ist.

Eine Rede ist, wie könnte es anders sein, ein Monolog. Weil doch nur einer spricht …

Zu dem, was ich soeben über die Technik der Rede gesagt habe, möchte ich noch kurz bemerken, dass viel Statistik eine Rede immer sehr hebt. Das beruhigt ungemein, und da jeder imstande ist, zehn verschiedene Zahlen mühelos zu behalten, so macht das viel Spaß …

Kündige den Schluss an, und dann beginne deine Rede von vorn und rede noch eine halbe Stunde. Dies kann man mehrere Male wiederholen …

Der gute Redner zeichnet sich aus durch:

Hauptsätze, Hauptsätze, Hauptsätze.

Klare Disposition im Kopf – möglichst wenig auf dem Papier.

Tatsachen, oder Appell an das Gefühl. Schleuder oder Harfe. Ein Redner sei kein Lexikon. Das haben die Leute zu Hause.

Der Ton einer einzelnen Sprechstimme ermüdet; sprich nie länger als vierzig Minuten. Suche keine Effekte zu erzielen, die nicht in deinem Wesen liegen. Ein Podium ist eine unbarmherzige Sache – da steht der Mensch nackter als im Sonnenbad …“[42]

---

[42] *Tucholsky, K.:* Gesammelte Werke, 1930, hrsg. von *Gerold-Tucholsky, M.* und *Raddatz, F.*, 8. Bd., Reinbek 1975, S. 290 ff.

8. Selbststudium

8.1 Definition und Funktionen

Wie bereits erwähnt (Kapitel Bachelor- und Masterstruktur) findet durch die Umstellung auf Bachelor- und Masterstudiengänge ein Paradigmenwechsel in der Lehre, vom **„Lehrkonzept zum Lernkonzept“** statt. War bisher die Organisation des Studiums stark bezugspersonenorientiert (dozentenorientiert), auf der Grundlage von Lehrzeiten der Professoren in Semsterwochenstunden ausgerichtet, steht nun in den Bologna-Studiengängen die Lernzeit bzw. Selbststudienzeit der Studierenden im Vordergrund. Somit wird auch der Stellenwert eines Studienfaches auf der Basis des für einen typischen Studierenden erforderlichen Lernaufwandes errechnet. Es gibt zwar immer noch Präsenzzeiten in Lehrveranstaltungen (class contact hours), die verstärkt zur Vertiefung und Diskussion von Inhalten genutzt werden, darüber hinaus gewinnt in diesem ECTS-Kreditpunktesystem die Vor- und Nachbereitung von Lehrveranstaltungen, das Literaturstudium, das Erstellen von Hausarbeiten, Präsentationen und die Prüfungsvorbereitung, also das **Selbststudium,** eine größere Bedeutung. In diesem Sinne ist das Selbststudium wichtiger didaktisch-methodischer Bestandteil jedes Studienganges und jeder Studienform, sei es in Voll- oder Teilzeit.

„Selbst studieren“, „selbstständiges Lernen“ heißt nicht einfach individuelles Lesen bzw. Lernen, Lernen als Autodiktat. Es beruht auch nicht nur allein auf dem selbständigen Stofferwerb z.B. aus Büchern und Zeitschriften. Unzulänglich ist es auch, unter Selbststudium nur einseitig bestimmte Elemente eines Lehr- und Lernprozesses zu verstehen, so z.B. Hausaufgaben oder das Erweitern, Vertiefen und Üben von Stoffinhalten, die in den Vorlesungen und Seminaren vermittelt werden. Das Selbststudium muss als eine Form gezielten, systematischen Lernens/ Studierens gesehen werden, unter dem Aspekt der selbständigen Aneignung und Verarbeitung von berufs- und anwendungsbezogenen sowie allgemeinen Kenntnissen, der Entwicklung von Fähigkeiten sowie der kritischen Auseinandersetzung mit Meinungen und der Gewinnung von Überzeugungen mit dem Ziel individueller Persönlichkeitsbildung. Und noch eins: Das selbständige Lernen muss den Studierenden zusätzlich helfen, über das eigene Lernen (z.B. Vorgehensweise, Lernstrategien,

Lösungswege) mehr zu erfahren und zu wissen. Somit bekommt das Selbststudium für Sie nur einen Sinn[1], wenn Sie

- Ihre eigenen Stärken und Schwächen beim Lernen kennen und situations- sowie aufgabengerecht darauf reagieren können,
- über Ihre eigenen Lernhandlungen nachdenken (Studienerfolge und -misserfolge auf ihre Ursachen untersuchen) und daraus Lehren und Anstöße für Ihr weiteres Studieren ziehen.

Daher sollen Sie beim Selbststudium nicht nur Wissen und Können gewinnen, sondern insbesondere auch Einsichten in Ihr eigenes Lernvermögen mit all seinen Stärken und Schwächen. Somit ist selbständiges Lernen mehr als das Einüben und Umsetzen von Lernstrategien. Insofern kann das Selbststudium nicht mehr nur eine Disziplin ausschließlich des Personenkreises sein, der traditionell an der Hochschule studiert, sondern es gilt auch für all jene, die es mit „lebenslangem Lernen" ernst nehmen. **Schließen Sie Ihr Studium ab, aber nicht das Studieren, das lebenslange Lernen.**

Daraus folgt, dass nach der Überreichung des Hochschulzeugnisses der Aneignungsprozess von Wissen und Können nicht abgeschlossen ist. Aktualisiert werden muss beides in permanenter Weiterbildung. Ihr kommt immer mehr die Aufgabe zu, den veränderten fachlichen und sozialen Anforderungen Rechnung zu tragen. Dahinter steht die einfache Erkenntnis, dass keine Ausbildung, auch nicht eine akademische, einen Vorrat an Wissen, Erkenntnissen und Fähigkeiten schafft, die für das **ganze Berufsleben** ausreichen könnten. Vor dem Hintergrund der Tatsache, dass die **Halbwertzeit des Fachwissens** in nahezu allen Berufen immer schneller abnimmt, ist eine Eichhörnchen-Mentalität, sprich eine Wissenakkumulation, schlicht und einfach nicht mehr zeitgemäß, nicht mehr ausreichend. Weiterbildung muss aus diesen Gründen ein dynamischer, lebenslanger Prozess sein und nicht nur eine Anpassungsleistung an sich verändernde Gegebenheiten. Berufe mit Zukunft und Berufe mit Karriere sind die Berufe, in denen der Einzelne die Möglichkeiten der Weiterbildung nutzt. Daneben ist die Bedeutung **lebenslangen Lernens** auch darauf zurückzuführen, dass sich

- **soziale und ökonomische Strukturen** rasch verändern und sich nicht nur die Arbeitsbereiche, sondern auch andere Lebensbereiche zunehmend verwissenschaftlichen,

---

[1] Vgl. *Dubs, R.:* Selbständiges (eigenständiges oder selbstgeleitetes) Lernen: Liegt darin die Zukunft? in: Zeitschrift für Berufs- und Wirtschaftspädagogik, Heft 2/1993, S. 113–117.

- der **individuelle Wissens- und Informationsstand** erweitert und Bewusstseins- sowie Verantwortungsbereiche ausdehnen,
- **Flexibilitätsaspekte,** die sich nicht nur für Arbeitnehmer in Unternehmen ergeben, immer mehr in den Vordergrund drängen.

8.2 Notwendigkeiten/Erfordernisse lebenslangen Lernens/Studierens

8.2.1 Verwissenschaftlichungstendenzen

Ein erstes Motiv für die Notwendigkeit ständigen Lernens ist im wachsenden Bedarf wissenschaftsorientierter Kenntnisse zu sehen. Die Gründe hierfür können zum Einen im zunehmenden Prozess der Lösungsfindung betrieblicher Probleme durch Anwendung wissenschaftlich-ökonomischen bzw. -technologischen Instrumentariums, zum Anderen aber auch in der **Verwissenschaftlichungstendenz** vieler Funktions- und Arbeitsbereiche in Unternehmen und sonstigen Institutionen gesehen werden. Gerade letztere Tendenz findet ihren Niederschlag in einem immer stärker rational und abstrakt-theoretisch geprägten Verhältnis des Menschen zu seinen Lebens- und Arbeitsbereichen. Der enorme Fortschritt wissenschaftlicher Forschung und Erkenntnisse im Bereich der Arbeitswelt zwingt nicht nur den Berufstätigen im Unternehmen, sondern auch Schüler und Studenten zu einer ständigen Aneignung, Anpassung und Erweiterung ihres Wissens. Für den betrieblichen Mitarbeiter ergibt sich dieses Weiterlernen im Bereich einfacher, operativer Tätigkeiten meist im Vollzug der sich wandelnden Berufsarbeit von selbst. Aber je stärker wissenschaftliche Erkenntnisse und technologische Neuerungen in die betriebliche Praxis und auch den Privatbereich eindringen, vor allem bei Erfüllung dispositiver Arbeiten (Planungs-, Organisations-, Führungs-, Steuerungs- und Kontrollfunktionen), desto zwingender wird ein parallel zur Berufstätigkeit praktiziertes lebenslanges Studieren/Lernen.

Je stärker dieser Wandel im Berufsanforderungsbereich als Konsequenz entsprechender Wissenschaftsfortschritte anzusehen ist, desto dringlicher wird ein planmäßiges lebenslanges Lernen, orientiert an wissenschaftlichen und technologischen Grundsätzen und Entwicklungen. Das Eindringen dieser Wissenschaftsdisziplinen in viele Lebens- und Arbeitsbereiche macht kontinuierliches Studieren verstärkt zur Bedingung bewusster und kritischer Lebensführung.

8.2.2 Individuelle Motive

Die wachsende individuelle Nachfrage nach Bildung stellt nicht zuletzt das Ergebnis ständiger Reduktionsbestrebungen der Arbeitszeit und der damit verbundenen Erhöhung des zeitlichen Dispositionsspielraumes (z.B. 35-Stunden-Woche) dar. Dieses durch technologische, produktionstechnische Veränderungen und gesellschaftspolitische Forderungen erhöhte Freizeitbudget erlaubt ein Weiterlernen neben und im Verbund mit der Berufstätigkeit. Derartige Lern- und Bildungsbedürfnisse können als Ergebnis zweier Erwartungstypen gewertet werden. So bündelt sich in der Gruppe individueller Ziele einerseits all jenes, was der Persönlichkeitsentwicklung und Selbstverwirklichung dient. Andererseits geht es darum, die Fortschritte einer Fachdisziplin zu studieren, d.h. sich fachlich auf den neuesten Stand zu bringen, was den Berufsaussichten einerseits und der Beschäftigungssicherung und -verbesserung andererseits dienen kann.

8.2.3 Flexibilitätsaspekte

Um den wechselnden Anforderungen ökonomischer, sozialer und technologischer Entwicklung zu genügen, reicht eine berufliche Erstausbildung nicht als Qualifikation für ein ganzes Berufsleben aus.

Anpassung an **neue bzw. veränderte berufliche Qualifikationen/ Kompetenzen** kann daher ohne lebenslanges Studieren/Lernen während, neben oder im Verbund mit der Berufstätigkeit nicht oder nur unzureichend bewältigt werden. Flexibilitätsbereitschaft und Kreativität sind damit selbstverständliche Erscheinungen unseres dynamischen Gesellschaftssystems geworden. Diesem, sich dem wirtschaftlichen und sozialen Wandel anpassenden Bildungsprozess kommt die Aufgabe zu, eine Flexibilität in den Qualifikationen der Einzelnen zu schaffen, verbunden mit der Intention, dem einzelnen Bildungsinteressierten auch die Möglichkeit zu bieten, sich umzuorientieren und sich Veränderungen in der Arbeitswelt nicht nur passiv anzupassen, sondern diese aktiv zu betreiben.

Bildungspolitische Arbeit darf sich demzufolge nicht nur an den Qualifikationsanforderungen des derzeitigen Arbeitsplatzes orientieren, sondern muss vielfältige Qualifikationen vermitteln, angelegt auf berufliche Korrektur-, Ergänzungs- und Weiterbildungsmöglichkeiten.

Ohne im Einzelnen auf weitere Argumentationen einzugehen, lässt sich der Sinngehalt lebenslanger Lernerfordernisse in folgender Kurzformel vereinen: Der Einzelne, sei es in der Schule oder in der Hochschule und im Unternehmen, ist zukünftig in verstärktem Maße gezwungen, mehr, permanent und vor allem auf eine veränderte Art und Weise zu lernen. **„Wir müssen von der Zukunft lernen“.** Mit dieser These des *Club of Rome* stellen die Verfasser des Berichtes schon vor vielen Jahren dem traditionellen Lernen das innovative und partizipative Lernen/Studieren gegenüber. Damit nicht genug: Es wird sogar das antizipative Lernen gefordert, da dieses mit Hilfe von Simulationen und Szenarien ein breites Spektrum möglicher Ergebnisse enthüllen kann, die einerseits sichtbare Veränderungen im Verhalten herbeiführen können und werden, andererseits auch Veränderungen in der Vorbereitung und Zielsetzung. Diese Entwicklung scheint nicht nur Konsequenz gesellschaftlicher Wandlungsprozesse, sondern auch Ergebnis veränderter Auffassung von Bildung zu sein.

Doch zurück zum Selbststudium als Bestandteil des Studierens.

8.3 Selbststudienprozess

8.3.1 Phasen des Selbststudiums

Vom Selber-Studieren, das Ihnen niemand abnehmen kann, haben wir schon mehrfach gesprochen. Das Selbststudium als Element des Workload ist wichtiger Bestandteil des Studierens, nämlich überall dort, wo Sie z.B. mit einem Buch oder einer Zeitschrift allein arbeiten, wo Sie Inhalte für eine Hausarbeit oder ein Referat zusammentragen, wo Sie sich mit Ihren Mitschriften auf eine Klausur vorbereiten usw.

Für Sie als Studierende kommt es jetzt darauf an, dass Sie sich zum selbständigen, systemvoll angelegten Lernen befähigen. So ist es zum Einen wichtig, sich bestimmte Inhalte und Fähigkeiten anzueignen, zum Anderen auch Selbststudienerfahrung zu sammeln. Vieles lässt sich häufig rationeller erlernen, wenn Sie dabei richtig vorgehen und Zusammenhänge und Schwierigkeiten erkennen.

Der **Einstieg** in die Selbststudienphase ist von besonderer Bedeutung, da es hier darauf ankommt, dass Sie richtig motiviert sind (z.B. Neugierde, Interesse, Problemlösungsfreude, Reiz des Unbekannten). Ferner muss gewährleistet sein, dass das Lernmaterial (z.B. Bücher, Zeitschriftenbeiträge, Übungen, Fallstudien, Internet, Zugriff auf diverse Datenbanken) bereitliegt und dass Sie erkennen, was Sie lernen müssen (Lerndefizite erkennen).

In der **Verlaufsphase** des Selbststudiums ist es wichtig, dass Sie notwendiges Methodenbewusstsein (z.B. Art und Weise, die Lern- und

Studientätigkeit zu organisieren) entwickeln, die Selbstständigkeit muss sich erhöhen und die jeweils erreichten Ergebnisse sind zu nutzen (Anwendungsumsetzung und Praxisvergleich), um hiervon ausgehend neue, weitere Ziele anzustreben. Nur wenn Sie methodisch rationell vorgehen, können Sie einen effektiven Verlauf des Selbststudiums sichern. Die Qualität der Selbststudienphase hängt wesentlich davon ab, wie zielbewusst und methodisch bewusst Sie studieren. Planen Sie das Selbststudium, setzen Sie sich erreichbare Teilergebnisse (z. B. Wochen-, Monatsergebnisse). Arbeiten Sie die bereitgelegten Materialien durch, indem Sie je nach beabsichtigtem Ziel Textauszüge, Übersichten etc. anfertigen. Suchen Sie nach Vergleichsmöglichkeiten des Gelernten mit bisherigen Erkenntnissen, Erfahrungen, Praxisbeobachtungen usw. In dieser Phase des Selbststudiums müssen Sie auch Ihren eigenen Lernfortschritt einschätzen können. Dies ist ein besonders schwieriger Schritt selbständigen Lernens, denn einerseits müssen sie einen Soll-Ist-Vergleich anstellen, andererseits sollten Sie ehrlich mit sich sein, damit im Falle des Misserfolges der Selbstlernprozess wiederholt wird.

Erziehen Sie sich zu methodisch bewusstem Arbeiten, zur Befähigung, Methoden selbst für neue zu lösende Aufgaben anwenden zu können. Gerade die Unterschätzung der richtigen Methoden macht den Selbststudienprozess uneffektiv. In dieser Phase kommt neben der Selbsttätigkeit (individualisiertes Lernen) auch dem Lernen in der Gruppe erhöhte Bedeutung zu, denn dies entspricht auch der Vorgehensweise bei der Erledigung beruflicher Aufgaben am Arbeitsplatz (Teamarbeit/Projektarbeit).

8.3.2 Prozessmodell „Selbststudium"

Alle Überlegungen und Festlegungen beginnen mit der Bestimmung des anzustrebenden Ziels. Das gesetzte Ziel bestimmt die Lernrichtung, den Umfang des zu vermittelnden bzw. anzueignenden Wissens, den Grad der zu beherrschenden Kenntnisse und Fähigkeiten. Es umreißt ferner die zu entwickelnden Persönlichkeitseigenschaften. Bewerten Sie also den Selbststudienprozess, indem Sie hinterfragen: Ist das Ziel erreicht? Sind die Übungen gelöst? Sind Lernlücken erkennbar? Was ist zu tun, um die Lernarbeit zu intensivieren? Welche neuen Ziele/Teilziele können bzw. müssen (in Vorbereitung z. B. von Klausuren) gesetzt werden? In welcher Weise kann und muss der Verlauf des Studiensemesters/Studiums besser gestaltet werden?

Der Selbststudienvorgang ließe sich somit als Prozessmodell vereinfacht wie folgt darstellen:

- Zielbestimmung (z.B. Bestehen der Klausur im Fach x);
- Motivationsphase/Vorbereitung auf das Lernen;
- selbständiges Aneignen von Kenntnissen, Verhaltensweisen, Persönlichkeitseigenschaften etc. (kontinuierlich und zeitlich dosiert);
- Übungen (allein oder gemeinsam mit Kommilitonen), Entwicklung von Fähigkeiten, Vertiefung der Erkenntnisse, Berücksichtigung der Gedanken anderer;
- Herausfiltern des Wesentlichen, bestimmter Gesetzmäßigkeiten, Begriffe, Definitionen, Zusammenhänge, Interdependenzen;
- Praxis- und Anwendungsbezug, Verbindung von Theorie und Praxis, Berichtigung früherer Einsichten, Erkenntnisse, Erfahrungen;
- Systematisierung der neuen Erkenntnisse, Kontrolle (Übungen), Ermittlung eventueller Lernlücken (noch Unverstandenes);
- Zielrealisierung und neue Zielsetzung.

Das Lernen bzw. Studieren im Hochschulbereich ist also gekennzeichnet durch einen zeitlichen Anteil von Phasen, in denen Sie als Studierende den Lernprozess unabhängig von der Person des Lehrenden (Professoren) und der Unterrichts- bzw. Vorlesungssituation selbst steuern müssen. Dieser Eigenaktivität kommt bei indirekten Studiengängen größte Bedeutung zu (z.B. Fernstudium). Während im schulischen Bereich noch eine Vielfalt institutioneller Vorkehrungen zur Kontrolle des Lernprozesses getroffen werden (z.B. Anwesenheitspflicht, Vielzahl von Erfolgskontrollen in Form von Tests und Klassenarbeiten), stellt das Lernen im Hochschulbereich und auch in der beruflichen Weiterbildung sehr viel höhere Anforderungen an die Autonomie des Lernenden, denn die Steuerung des Lernprozesses wird zu überwiegenden Teilen in die Hand des Studierenden gelegt (z.B. Wann wird was wie gelernt?).

Insgesamt ist somit das **Selbststudium** gekennzeichnet durch

- den eigentlichen Prozess des Lernens/Studierens (Erwerb von Wissen, Fähigkeiten, Kenntnissen);
- die Besonderheit der Lernorganisationen, z.B. durch die individuelle Wahl der Lernzeit (morgens, abends, nachts) und des Lernraumes (z.B. häusliches Arbeitszimmer, Bibliothek, Lerngruppe), das Erkennen des Lernbedarfes, das Planen von Lernschritten und die Ausführung dieser Lernschritte sowie das Einschätzen von Lern- und Studienfortschritten;
- die Lernkoordination, d.h. der Studierende muss seine Lerntätigkeit mit anderen, das alltägliche Leben bestimmenden Tätigkeiten/Verpflichtungen (z.B. Familie, Arbeit, Freunde) koordinieren.

Alle drei Charakteristika gilt es sinnvoll und effizient aufeinander abzustimmen.

8.3.3 Checkliste „Gestaltung einer Selbststudienphase"

▷ **Mögliche Störungen der Selbstlernphase ausschalten**

z. B.
- unzweckmäßige und ungenügende Ausstattung des Arbeitsplatzes „Schreibtisch"
- Mängel in der Arbeitsplanung (z. B. fehlende Literatur, chaotische Mitschriften, fehlende Charts, die ins Hochschulnetz gestellt wurden)
- Mangel an Kenntnissen der Fachgebiete
- Konzentrationsmängel
- „Lernen müssen" aufgrund von Zeitdruck und Mengendruck
- unzureichende Arbeitstechniken
- Störungen durch Familienmitglieder, Freunde, Bekannte, Lärm, Termine, usw.

▷ **Phasen des Selbststudiums**

- Aufwärmphase: Zunächst solche Studienfächer bzw. Aufgaben/Übungen/Fälle, die Sie gerne bearbeiten, die zu weiterer Arbeit motivieren („Lieblingsfächer" motivieren); durch den Ansatz „Vom Leichten zum Schweren" schaffen Sie erste Erfolgserlebnisse
- Konzentrationsphase: Schwierigere Inhalte angehen und erledigen, die Konzentration, Ausdauer und problemlösendes Verhalten verlangen
- Lese- und Repetitionsphase: Wiederholende Arbeiten werden geleistet

▷ **Vorbereitung des Selbststudiums**

- Sammeln und Vorinformieren: Zeitungen, Zeitschriften, Bücher, Tabellen, graphische Darstellungen und Informationen aus Gesprächen, Vorlesungsmitschriften, Handouts, Internetbeiträge
- Beobachten: wirtschaftlicher Entwicklungen z. B. für wirtschaftswissenschaftliche Studierende wie Konjunktur, Steuerpolitik, Aktienkurse etc.

▷ **Selbststudienaufgaben**

- Lesen: gründliches und genaues Lesen/Durcharbeiten der gesammelten Literatur
- Zusammenfassen: Gelesenes markieren und exzerpieren (Vertiefung und Ergebnissicherung)
- Üben: Anwendungsorientierung, Aneignung und Verbesserung des Wissens und bestimmter Fertigkeiten; Fach- und Sinnzusammenhänge erkennen

- Transfer: Erfahrungen, Einsichten, Lösungswege etc. sollen auf andere Situationen und Sachverhalte übertragen werden
- Wiederholen: Auffrischung von Lerninhalten und Einsichten
- Einprägen: bestimmte Inhalte und Informationen sollen behalten und gespeichert werden

Das Selbststudium muss noch stärker in die tägliche Studienplanung, sowie die Methodik und Didaktik der Hochschulausbildung einbezogen werden (Forderungen an die Workload-Gestaltung). Dies kann von Hochschullehrerseite durch die Ausgabe von Fragen zu Themengebieten, Fallstudien, Aufgaben und konkreten Lesehinweisen von Buchkapiteln und Zeitschriftenbeiträgen erfolgen. Nur so wird es für das Studium und für Sie selbst ertragreich.

8.4 Lerntagebuch als Instrument selbstorganisierten Lernens

Das Lerntagebuch, auch learning log genannt, stellt ein pädagogisches Instrument dar, die eigene Lernpraxis und das eigene Lernverhalten zu dokumentieren, zu überprüfen (Selbstevaluation) und möglicherweise zu verändern. Der Einsatz von Lerntagebüchern im Hochschulbereich dient der Dokumentation und Reflektion der persönlichen Auseinandersetzung von Studierenden mit Lehrinhalten und Lernzielen[2]. Das Führen eines Lerntagebuches ist insbesondere für Lehrveranstaltungen geeignet, in denen es eigene Erfahrungen und Einstellungen zu aktualisieren und sich mit diesen kritisch auseinanderzusetzen gilt. Empirische Untersuchen zeigen, dass das Lerntagebuch im Vergleich zum traditionellen Prüfungslernen (kurzfristiges Prüfungswissen-Lernen) ein tieferes Verständnis und damit auch das langfristige Behalten komplexer Lehrinhalten, also das praxis- und anwendungsorientierte Lernen fördert[3].

Die Besonderheit des Lerntagesbuches liegt darin, dass persönliche Erkenntnisse, der Wissenszuwachs und die Lernerfahrungen „verschriftlicht“, also schriftlich in eigenen Worten festgehalten werden, was zu einer intensiveren Verarbeitung führt als das bloße Lesen und Zuhören.

---

2 Vgl. hierzu: *Nückles, M.* u. a.: Selbstreguliert lernen durch Schreiben von Lerntagebüchern, in: *Gläser-Zikuda, M.* (Hg.): Lerntagebuch und Portfolio aus empirischer Sicht, Landau 2010; *Stangl, W.:* Lerntagebücher als Werkzeug für selbstorganisiertes Lernen (http: arbeitsblätter.stangl-taller.at/Lerntechnik/ Lerntagebuch.shtml.

3 Vgl. *Mayr, J.:* Evaluieren, in: *Buchberger, H.* u. a. (Hg.): Seminardidaktik, Innsbruck 1997, S. 224–256.

Durch Tagebucheintragungen versucht der Studierende nach seiner Präsenzveranstaltung an der Hochschule, die wesentlichen Inhalte dieser Lehrveranstaltung nochmals nachzuvollziehen und sich zu vergegenwärtigen und dies in schriftlicher Form und in eigenen Formulierungen. Von großer Hilfe sind dabei folgende Fragen:[4]

- Was habe ich Neues gelernt, was ist mir aufgefallen
  - in Hinblick auf die Inhalte fachlicher und übergreifender Art (meine inhaltliche Kompetenz)?
  - im Hinblick auf mich als Person (meine personale und soziale Kompetenz)?
- Woran werde ich inhaltlich noch arbeiten: Wann? Wo? Wie?
- Was möchte ich in den nächsten Tagen/in nächster Zeit einmal anwenden?
- Was will ich noch nachholen? Was gilt es noch zu klären?

Wichtig für die Arbeit mit einem Lerntagebuch ist, dass es über einen längeren Zeitraum und regelmäßig geführt wird, insbesondere um Lernverhalten zu vergleichen und Veränderungen zu bewerten. Somit trägt das Lerntagebuch durch die regelmäßige Beschäftigung mit den Lerninhalten zu dessen Vertiefung und besserem Verständnis bei. Ein Learning Log ist ein Lernprotokoll mit einer vorgegebenen Struktur, in denen der Studierende die Lerninhalte dokumentiert, über Lerngewinne berichtet und Lernerfolge reflektiert[5]. *Bett*[6] schlägt folgende alternative Strukturierungsvorgaben vor:

1. Strukturierung anhand von Fragen
   - Was sind die Hauptgedanken im Lernstoff?
     Wie hängen diese zusammen?
   - Welche weiteren Beispiele fallen Ihnen zum Lernstoff ein?
     Können Sie Erfahrungen aus Ihrem persönlichen Umfeld nennen?
   - Mit welchen anderen Inhaltsbereichen hängt das Thema zusammen?
   - Welche Aspekte des Lernstoffs haben Sie besonders gut verstanden?
   - Welche Aspekte des Lernstoffs sind unklar?
     Welche Fragen sind offen geblieben?

---

[4] Vgl. *Stangl, W.:* Lerntagebücher …

[5] Vgl. *Rambow, R.* und *Nückles, M.:* Der Einsatz des Lerntagebuchs in der Hochschullehre, in: Das Hochschulwesen, 50/2002, S. 113-120

[6] *Bett, K.:* Das Lerntagebuch – eine Methode zur Unterstützung des individuellen Lernens im virtuellen Raum, in: www.online-tutorium-journal.de/Ausgabe April07/bett2.htm, ferner auch das Online-Lerntagebuch der Universität Potsdam unter „www.uni-potsdam.de/agelearning/tipps/lerntagebuch.html“.

   - Welche Lernziele würden Sie für sich definieren?
     Und haben Sie diese erreicht?
   - Sind Sie mit Ihrer Vorgehensweise im Umgang mit dem Lernstoff zufrieden?
2. Strukturierung anhand von Satzanfängen (siehe http://arbeitsblaetter.stangl-taller.at/LERNTECHNIK/Lerntagebuch.shtml)
   - Für mich war heute sehr hilfreich, dass ...
   - Es wäre heute wichtig gewesen, wenn ...
   - Ich empfand Langeweile, als ...
   - Für mich war besonders interessant, dass ...
   - Ich fühlte mich abgehängt, weil ...
   - Ich war froh, dass ...
3. Tabelle mit folgenden Spalten:
   - Die fünf wichtigsten Aspekte
   - Verständnisprobleme
   - Fehlendes Wissen
   - Konkrete Beispiele zum Lernstoff
   - Querverbindungen zu anderen Themengebieten
   - Beurteilung meiner Lernstrategie

Zusammenfassend lassen sich die Vorteile von Lerntagebüchern für Studierende in nachfolgenden Aspekten begründen: **Lernen durch Schreiben** (Verarbeitung durch „Verschriftlichung") und **Studieren lernen**. Durch die kontinuierliche Dokumentation der Inhalte wird ein roter Faden durch den gesamten Lehrstoff gelegt. Querverbindungen zu anderen Inhalten werden hergestellt, neue Inhalte werden mit dem individuellen Vorwissen und Vorerfahrungen, z.B. aus dem Beruf, dem Praktikum, einem anderen Studium, verknüpft, Inhalte werden bewertet. Dadurch versteht der Studierende sein eigenes Lernverhalten besser, neue Lernstrategien und -methoden lassen sich entwickeln. Durch diesen strukturierten Ansatz wird der eigene Lernprozess gefördert, indem der Studierende sich selbst gegenüber Rechenschaft ablegt (Protokoll), Verantwortung für die eigene Informationsaufnahme und -verarbeitung übernimmt, was wiederum die Lernmotivation beflügelt. Lerntagebücher fördern somit den individuellen Erwerb, die Verarbeitung und den Transfer von Wissen mittels eines strukturierten Ansatzes, der den Lernprozess definiert und reflektiert. Gerade in Bachelor- und Masterstudiengängen, in denen der Selbststudienanteil (Workload minus Präsenzzeiten in Vorlesungen) und somit die Zeit des „selbst zu organisierenden Lernens" sehr hoch ist, ist es wichtig, schon sehr frühzeitig im Studium individuelle, auch zum Teil formalisierte Hilfestellungen zu bieten, um das Studium und dessen Verlauf positiv zu beeinflussen.

9. Einige für das Studium wichtige Denkansätze

9.1 Überblick

Jede Wissenschaftsdisziplin befasst sich systematisch mit einem abgegrenzten Gegenstandsbereich. Dieser Gegenstandsbereich wird auch als **Erkenntnisobjekt** einer Wissenschaft bezeichnet. So ist z. B. Erkenntnisobjekt bzw. gemeinsames Untersuchungsobjekt aller wirtschaftswissenschaftlicher Teildisziplinen die Wirtschaft, der Bereich des Menschen, der der Bedürfnisbefriedigung dient. Die Betriebswirtschaftslehre als eine dieser wirtschaftswissenschaftlichen Teildisziplinen bezieht ihre Erkenntnisse, wie aus dem Namen dieser Wissenschaft erkennbar, aus der wirtschaftlichen Seite von Betrieben (als produktionstechnische Einheiten) und Unternehmen (juristisch-organisatorische Einheiten).

Neben dem Erkenntnisobjekt repräsentieren die zu gewinnenden Erkenntnisse **(Erkenntnisziele)** ein weiteres Wissenschaftselement. Wiederum bezogen auf die Betriebswirtschaftslehre zählt die Erklärung ökonomischer betrieblicher Zusammenhänge sowie deren interdependente Wirkungen zu einem Erkenntnisziel dieser Wissenschaftsdisziplin.

Um diese Erkenntnisse zu gewinnen und hierbei auftretende Probleme zu lösen, bedienen sich die einzelnen wissenschaftlichen Disziplinen einer Vielzahl von Methoden bzw. wissenschaftlicher **Denkrichtungen/ -ansätze,** die Sie sich zur Lösung und Erleichterung Ihrer Studientätigkeiten zueigen machen sollten. Denn während Ihres mehrjährigen Studiums werden Sie ständig mit Erkenntnisobjekten und daraus für den Studienerfolg wichtigen zu gewinnenden Erkenntnissen und zu lösenden fachlichen Problemen konfrontiert. Seitdem sich die Menschen darum bemühen, ihr Wissen, Denken und Handeln systematisch zu entwickeln, haben sie sich auch besonders Gedanken darüber gemacht, wie dies methodisch umgesetzt werden kann. Dabei sind sie eigentlich immer fragend vorgegangen, was auch heute noch ein Zeichen denkender Menschen ist, wobei diese schematische Methode des Fragens die Studieninhalte nicht erschöpft. Aber Sie liegen immer richtig, wenn Sie sich von einem Thema ausgehend über die in diesem enthaltenen, seiner Eigenart entsprechenden Fragen den Weg zu den Fachinhalten suchen.

Für die Erkenntnisgewinnung wichtig ist ferner eine gewisse methodische Vorgehensweise, indem Sie schon von Anfang an inhaltlich Wesentliches von Unwesentlichem trennen. Aus diesem Grunde werden Sie in diesem Kapitel in kurzer Form mit einigen **Methoden zur Erkenntnisgewinnung** konfrontiert, wobei diese Einzelmethoden eng miteinander verknüpft sind und Sie im jeweiligen konkreten Fall auf deren zweckmäßige Auswahl und Kombination angewiesen sind. Auf dieses methodische Instrumentarium greifen insgesamt gesehen alle wissenschaftlichen Disziplinen zurück, natürlich mit unterschiedlicher Intensität. Einige dieser Denkansätze vorab im Überblick.

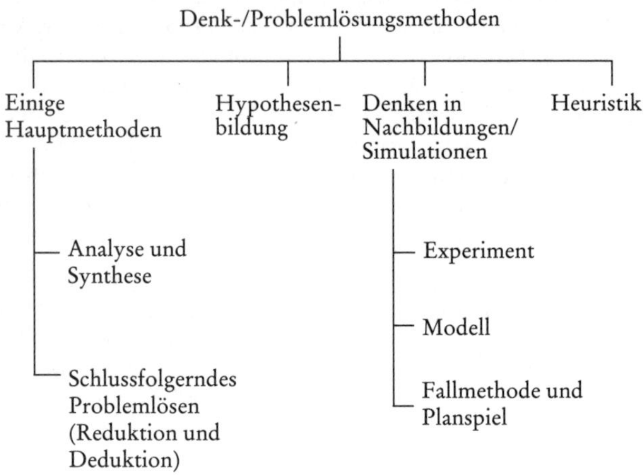

Abb. 26: Denkmethoden im Überblick

9.2 Hauptdenkansätze/-methoden

9.2.1 Analyse und Synthese

Um wesentliche Bedingungen eines Problems von unwesentlichen zu trennen, um die in der Aufgabenstellung wichtigen, echten Bedingungen herausfiltrieren zu können, bedienen wir uns vorab des Vergleichs, der vergleichenden Betrachtung. Diese Vorgehensweise bietet die Möglichkeit, umfangreiche und unübersichtliche Tatbestände überschaubar zu machen sowie Unterschiede und Gemeinsamkeiten herauszuarbeiten. Die **vergleichende Betrachtung** als Vorstufe bzw. Vorbedingung für wissenschaftliche Erkenntnisgewinnung ist durchaus in der Lage, Zusammenhänge, Interdependenzen und Gesetzmäßigkeiten bestimmter Erscheinungen aufzudecken. Eine Erweiterung dieser vergleichenden Betrachtung ist in den beiden Denkrichtungen **„Analyse und Synthese"** zu sehen, die auf sämtlichen Stufen der Erkenntnisgewinnung und des Erkenntnisvorganges überwiegend zum Einsatz kommen, unabhängig davon, um welches Wissenschaftsgebiet bzw. Studienfach es sich handelt. Gemeinsam bereiten diese beiden Denkrichtungen, teils nacheinander, teils miteinander zu untersuchende Tatbestände durch Zergliederung und neues Zusammenfügen dergestalt auf, dass durch Einsatz weiterer Denkoperationen wie Schließen, Schlussfolgern und Verallgemeinern, aus bereits bekannten Aussagen neue, weitreichendere und weiterführende Erkenntnisse und Aussagen gewonnen werden.

Die Verknüpfung von Analyse und Synthese, auf einen möglichen Erkenntnisgegenstand, ein zu untersuchendes Objekt bezogen, lässt sich in folgender Übersicht verdeutlichen:

Analyse	Trennung/Aufspaltung/Zergliederung des Untersuchungsgegenstandes in seine Einzelelemente, Eigenschaften, Teilbereiche etc., die anschließend geordnet, untersucht und ausgewertet werden
Synthese	Trennung der für die Problemlösung wesentlichen Gedanken von den unwesentlichen, Bestimmung der Bedeutung und der Funktionen des sich als wesentlich ergebenden im Ganzen und deren Beziehungen/Abhängigkeiten untereinander
	Verknüpfung und neues Zusammenfügen der sich jetzt bestimmten Aussagen zur Ganzheit des Erkenntnisobjektes

Abb. 27: Analyse – Synthese: Funktionsaufteilung bezogen auf ein Untersuchungsobjekt

Analyse und Synthese sind zwei einander entgegengerichtete erkenntnistheoretische Denkverfahren. Dabei geht man von der zunächst unklaren Vorstellung (eines Problems) durch z. B. schlussfolgerndes Denken zum Urteil, Ergebnis, Begriff.

Wichtig für Sie und Ihr Studium ist es, zu erkennen, dass beide Denkansätze trotz ihrer Verschiedenheit in der methodischen Vorgehensweise ein unzertrennliches Ganzes darstellen.

9.2.2 Schlussfolgerndes Denken – Reduktion und Deduktion

Diesen beiden Denkrichtungen sind wir in Kapitel 7.3.1 „Zuhören" bereits begegnet. Das schlussfolgernde Denken **(logisches Schließen)** erlaubt es uns, Zusammenhänge zwischen Untersuchungsgegenständen herzustellen, da derartige Zusammenhänge zwischen Erscheinungen, Vorgängen, Abläufen etc. in der Realität tatsächlich bestehen. Durch schlussfolgerndes Denken, in Zusammenarbeit mit der analytisch-synthetischen Denkrichtung, gewinnen wir neue Erkenntnisse, neues Wissen.

Vereinfacht ausgedrückt, schließen wir

entweder **reduktiv,** d.h. von der Wirkung auf die Ursache, aber auch vom Besonderen auf das Allgemeine, vom Konkreten auf das Abstrakte.
Diese Denkmethode der Schlussfolgerung bezeichnet man auch als Reduktion (lat. reducere = zurückführen auf etwas). Reduktives Denken führt bestimmte Erscheinungen auf das Wesen zurück.
Die am häufigsten praktizierte reduktive Schlussfolgerung ist die Induktion (lat. inducere = hineinführen – in das Wesen –). Sie schließt von einem bestimmten Teil auf das Ganze (Hochrechnung einer Wahl auf der Basis der Ergebnisauswertung von xxx Wahlbezirken). Man müsste eigentlich sagen, bei der Induktion handelt es sich um Verallgemeinerungen, wie z.B. Schlüsse von den Studienmotiven eines Erstsemesters auf die gesamte Studentenschaft;

oder **deduktiv,** d.h. von der Ursache auf die Wirkung, oder aber auch vom Allgemeinen auf das Besondere, vom Abstrakten auf das Konkrete.
Diese Denkmethode wird als Deduktion bezeichnet (lat. deducere = ableiten von etwas). Die Deduktion leitet also aus dem Wesen bestimmte Erscheinungen ab, aus Regeln und Gesetzen wird die Erkenntnis einzelner Untersuchungsgegenstände abgeleitet.

Analyse und Synthese, in Verbindung mit Reduktion und Deduktion, lassen sich hinsichtlich der verschiedenen Aspekte/Anschauungen vereinfacht wie folgt darstellen:

Das Abstrakte, das Allgemeine,
Regeln und Gesetze,
gewonnen durch Synthese bzw.
erschlossen
durch reduktives Denken (Induktion).

↑ Reduktion | Deduktion ↓

Das Konkrete, das Besondere,
Einzeltatsachen,
gewonnen aus Analyse bzw. erschlossen
durch deduktives Denken.

9.3 Hypothesenbildung

Wissenschaftliche Erkenntnisse gewinnen wir auf der Grundlage einer Vielzahl von Denkrichtungen. Gerade in dieser denkenden Durchdringung praktischer Gegebenheiten bleiben aber auch Lücken, z. B. Erfahrungslücken. Wir versuchen, diese Lücken für die Erkenntnisgewinnung zu schließen, indem wir mit **„Annahmen"** arbeiten, mit sogenannten **„Unterstellungen"** (Bedeutung des aus der griechischen Sprache stammenden Wortes „Hypothese"). Hypothese kann gedeutet werden als eine Vermutung über strukturelle Eigenschaften der Realität, meist formuliert in einer Wenn-dann-Aussage. (Wenn diese Bedingungen vorliegen, dann könnte dies eintreffen.) Wichtig ist, dass auch bei fachwissenschaftlicher Anwendung die Hypothese nicht einfach eine auf Willkür basierende Annahme darstellt. Es müssen bereits vorliegende Theorien und bekannte Tatbestände für eine wissenschaftlich begründete Vermutung sprechen, ansonsten würde es sich um eine Spekulation handeln. Versuche, Beobachtungen, Erfahrungen etc. zeigen dann, ob die Hypothesen richtige oder falsche Annahmen warten, d. h. die Hypothese wird bestätigt (**verifiziert,** von Veritas = Wahrheit). Stellt sich heraus, dass eine bestimmte Hypothese falsch ist, also nicht verifiziert werden konnte, lassen sich bei Vorliegen gewisser Umstände auch hier weiterführende Schlüsse/Erkenntnisse ableiten, die zu neuen Ergebnissen führen können. Je mehr Fakten und Erkenntnisse gefunden werden, die sich mit den formulierten Annahmen in Übereinstimmung befinden, desto gesicherter ist die Hypothese, desto eher erhält sie auch den Charakter eines wissenschaftlichen Gesetzes, einer Theorie. Im umgekehrten Falle kann es aber auch sein, dass Hypothesen aufgestellt werden, die über lange Zeit hinweg weder durch Experimente und Beobachtungen noch durch Erfahrungen bestätigt werden können, so z. B. die Frage der Existenz von UFO's.

9.4 Denken in Nachbildungen/Simulationen

9.4.1 Experiment

Experimente kennen Sie noch aus Schülertagen als wichtige Unterrichtsbestandteile in Fächern wie Chemie, Physik etc. Aufgabe dieser Experimente war es, bereits Bekanntes anschaulich vorzuführen und zu demonstrieren.

Im Rahmen der wissenschaftlichen Erkenntnisgewinnung übernimmt das **Experiment** so wichtige Funktionen wie das Herauslösen bestimmter Ausschnitte aus einer Vielzahl von Erscheinungen und deren Nachbildung, indem z.B. bestimmte Gegebenheiten isoliert und einem festgelegten Bedingungsrahmen unterworfen werden. Wir schaffen „künstliche Bedingungen" zur Erhaltung gewünschter Erscheinungen in „reiner Form".

Genaues Beobachten, Ordnen, Klassifizieren usw. stellen wichtige Bausteine für die Erkenntnisgewinnung mittels Experiment dar, wissenschaftliche Exaktheit in der Durchführung und damit die Nachvollziehbarkeit sind wichtig.

Dabei sollen Experimente aufgetretene Probleme untersuchen, Behauptungen begründen/widerlegen, Hypothesen bestätigen, die Wirksamkeit von Gesetzen überprüfen bzw. deren Gültigkeit erhärten.

Experimente werden heute nicht nur im naturwissenschaftlichen und technischen Bereich erfolgreich eingesetzt, auch die Soziologie, die Pädagogik, die Psychologie und auch die Wirtschaftswissenschaften (z.B. Marktforschung) und weitere Wissenschaftsgebiete nutzen das Experiment als Forschungsmethode.

9.4.2 Modelle

Auch die Modellbildung spielt in nahezu sämtlichen Wissenschaftsgebieten eine wichtige Rolle, so insbesondere im Bereich der Wirtschaftswissenschaften (z.B. Prognose- und Entscheidungsmodelle). Jeweils in Abhängigkeit des Wissenschaftsbereiches werden Modelle erarbeitet (mathematische, technische usw.), die hinsichtlich ihrer Funktionen, ihrem Aufbau und ihrer Struktur sowie ihren Eigenschaften und Verhaltensähnlichkeiten dem zu untersuchenden Original möglichst genau (optimal) entsprechen. Modelle stellen also **Nachbildungen der Wirklichkeit** dar, die speziell zum Zwecke solcher Problemlösungen genutzt werden, deren Durchführung am Original nicht möglich oder gar zu zeitaufwendig ist, z.B. Marktgegebenheiten in einem Unternehmungsplanspiel. Modelle gestatten die Ermittlung von Werten und Daten, mit deren Hilfe das der Wirklichkeit nachgebildete, noch unvollständige oder gar unübersichtliche Modell zu einem Gesamtbild erweitert werden kann. Die sich aus der Modellbetrachtung ergebenden Strukturen lassen sich dann auf andere Objekte übertragen und erlauben somit neuen wissenschaftlichen Erkenntnisgewinn.

9.4.3 Fallmethode und Planspiel

Fallstudien und Planspiele wurden bereits in Kapitel 3 als wichtige Formen des Lehrens und Lernens in der Hochschulausbildung gerade im Bereich der Wirtschaftswissenschaften gekennzeichnet. Aber auch in der Medizin und insbesondere in juristischen Studiengängen wird fallorientiert gearbeitet, dies gilt auch für verhaltenswissenschaftliche Studiengänge wie die Psychologie, die Pädagogik und die Soziologie. Daher an dieser Stelle nur nochmals in Kürze einige Charakteristika.

Sinn und Zweck der **Fallmethode** ist es, eine vorliegende Problemsituation (z.B. Organisationsproblem im Unternehmen) zu lösen, indem eine bestimmte methodische Schrittfolge zugrundegelegt wird, wie z.B. Sachverhalt strukturieren, Problem erkennen und formulieren, Aufgliederung des Problems in Teilprobleme, Analyse der Tatbestände, Formulierung möglicher Lösungsansätze und Entscheidung für eine „optimale“ Lösung. Die wissenschaftlich begründete Entscheidungsfindung verlangt analytisches und synthetisches Denken auf der Basis fundierter Fachkenntnis.

Eine Weiterentwicklung der Fallmethode ist das **Planspiel,** wobei als zusätzliches Element der dynamische Charakter des Spielens hinzukommt, d.h. auf den gefundenen Lösungsansatz hin erfolgt eine neue Entscheidung.

9.5 Heuristik

„Heureka“, so wird gesagt, soll *Archimedes,* ein bedeutender Naturwissenschaftler der griechischen Antike, gerufen haben, als er das physikalische Gesetz des Auftriebs entdeckte. In unserer Sprache würde man „Ich hab's“ oder „Geschafft“ sagen, wenn ein Schlusspunkt unter die gelungene Lösung eines Problems gesetzt wird. Als **Heuristik** bezeichnen wir das wissenschaftliche Bemühen um das **Finden bzw. Lö-**

sen eines Problems. Heuristik wird definiert als Methode, durch z. B. Hypothesen, neue Erkenntnisse zu gewinnen, als Lehre von den Suchmethoden nach Problemlösungswegen. Im philosophischen Sinne verstehen wir unter Heuristik soviel wie Erfindungskunst oder Anweisung, auf methodischem Wege Neues zu finden.

Vereinfacht dargestellt, gehen Sie heuristisch vor, wenn Sie im Vorfeld zur Bearbeitung einer Hausarbeit, eines Referates oder einer Bachelorarbeit überlegen, ob Sie eine Literaturarbeit anfertigen oder aber Untersuchungen vor Ort in der Praxis (z. B. Unternehmen, Institut) vornehmen. Beachten Sie dabei, dass insbesondere das Thema als Gegenstand der schriftlichen Arbeit die Richtung bestimmt, für die Sie sich zu entscheiden haben.

Die Heuristik tastet also ein Problem ab, um über Teillösungen zum richtigen Lösungsweg zu gelangen. Ein derartiger Ansatz zu einer systematischen Heuristik könnte (z. B. für ein erhaltenes Bachelorarbeitsthema) in verkürzter Form wie folgt aussehen, wobei die Arbeitsweise, das Vorgehen und die Methodik auf alle wissenschaftlichen Disziplinen und Fragestellungen übertragbar ist.

Schritt I: **Vertrautmachen mit dem Sachverhalt**

- Zielanalyse (z. B. Was ist gefragt?)
- Situationsanalyse (z. B. Was ist gegeben?)
- Konfliktanalyse (z. B. Welche Probleme liegen vor?)
- Mittelanalyse (z. B. Was steht mir zur Verfügung?)

Schritt II: **Lösungsidee/-plan und Durchführung**

- Einstieg
- Weiterführung
- Ergebnis

Schritt III: **Schlussbetrachtung**

- Zusammenfassung (z. B. Was habe ich erreicht?)
- Vergleichende Betrachtung
- Ausblick und Anregungen (z. B. Was bieten mir die Ergebnisse?)

Abrunden möchte ich diesen kleinen Exkurs in den Bereich wissenschaftlicher Denkansätze zur Erkenntnisgewinnung mit einigen **Aussagen namhafter Denker** zu dieser Thematik:

„Das letzte Ziel aller wissenschaftlichen Erkenntnis besteht darin, das größtmögliche Tatsachengebiet aus der kleinstmöglichen Anzahl von Axiomen und Hypothesen zu erhellen." *(A. Einstein)*

„Alles wissenschaftliche Arbeiten ist nichts anderes, als immer neuen Stoff in allgemeine Gesetze zu bringen.“ *(W. v. Humboldt)*

„Wahre Wissenschaft ist vollendete Anschauung.“ *(Schleiermacher)*

„Die Tragödie der Wissenschaft – das Erschlagen einer schönen Hypothese durch eine häßliche Tatsache.“ *(Th. H. Huxley)*

„Die Wissenschaft fängt eigentlich erst da an, interessant zu werden, wo sie aufhört.“ *(J. v. Liebig)*

„Eine jede Lehre, wenn sie ein System, d.i. ein nach Prinzipien geordnetes Ganzes der Erkenntnis, sein soll, heißt Wissenschaft.“ *(E. Kant)*

10. Checklisten zur Effektivierung des Lernens/Studierens

Checkliste: Effektives Studieren/Lernen

(1) **Selbsttätig sein – kreativ-schöpferisch Arbeiten**

z. B.
- Aha-Erlebnisse suchen
- Merkhilfen heranziehen
- Diskutieren, im Team arbeiten (Lerngruppe)
- Effektivierung des Zuhörens und Mitschreibens unter Einbindung des Markierens und Exzerpierens (Inhalte hervorheben, gliedern und veranschaulichen)
- Lesen mit Methodik
- Wiederholungen des Lernstoffes selbst gestalten (eigene Worte und stark visualisiert)

(2) **Motiviert lernen**

z. B.
- Glaube an den Erfolg, durch Misserfolge nicht demotivieren lassen
- Motive des Lernens/Studierens bewusst machen
- nicht ablenken lassen (Selbstdisziplin)
- Selbstbelohnungen planen und realisieren

(3) **Planen – Managen**

z. B.
- Selbstmanagementsystem aufbauen und danach arbeiten
- Lernplan aufstellen, Lernstoffe dosieren
- Lernziele abstecken
- nach einem möglichen Schema „Informationen sammeln – ordnen – gliedern – besprechen/diskutieren" vorgehen
- Lernpausen einbeziehen
- Zeiten zum Üben/Wiederholen planen
- Lesen mit Methodik und Effizienz
- Lernerfolg kontrollieren

(4) **Abwechslung – Variation**

z. B.
- Ähnliche Stoffinhalte nicht nacheinander lernen, da diese sich wechselseitig hemmen können (kann zu Verwirrung, Unsicherheit und Verwechslungen führen);
  Reiz des „Neuen" wirkt oftmals motivierend

- Variation in den Lernwegen (hören, diskutieren, nachlesen, visualisieren)
- Starres, unmotiviertes Lesen vermeiden
- Variation in der Lernmethodik (allein, in Lerngruppe)
- Variation in den Lernorten (mal in der Studentenbude, mal in der Bibliothek, mal im Freien)
- Wiederholungen des Lernstoffes verschiedenartig gestalten (mit Buch, Zeitschriftenbeitrag, Lernkartei, eigene Mitschriften, Lernen über Internet)

Checkliste: Steigerung der persönlichen Leistungsfähigkeit

(1) **Körperliche Leistungsfähigkeit**

z. B.
- richtige Ernährung (Dosierung des Essverhaltens)
- erholsamer Schlaf
- sinnvolle und ausreichende Pausenplanung
- Zeit für stille Stunden (z. B. zur Realisierung von Ausgleichstätigkeiten)
- positive Beeinflussung der körperlichen Verfassung durch Sport, gesunde Lebensführung, Erholung, Entspannung
- Begrenzung der seelischen Belastungen

(2) **Äußere Lernbedingungsgestaltung**

z. B.
- Erhöhung der Konzentrationsfähigkeit durch Vermeidung von Reizen, die ablenken
- Orientierung am persönlichen Arbeits- und Leistungsrhythmus
- Überwindung von äußeren (falsche Lernzeit und falscher Lernort) und inneren (Desinteresse am Fach, Antipathie gegen den Dozierenden) Lernbarrieren
- Vermeidung lernorganisatorischer Beeinträchtigungen – Lernen mit System und nach Plan (Lernordnung)
- Festlegung der Lernschritte
- Nutzen sämtlicher Möglichkeiten, etwas zu lernen (in der Hochschule, im Unternehmen, im Alltag, im Gespräch, auf Reisen)
- Sehen Sie Belohnungen vor (Abendessen, Kinobesuch, Kurzurlaub), die sich motivierend auf den Studientag oder das Studiensemester auswirken

11. Erwartungen an Studienabsolventen – ein Praxisexkurs

Unternehmen aller Branchen haben längst erkannt, dass in Zeiten der Globalisierung und Internationalisierung, zunehmend komplexer werdender Märkte, des steigenden Wettbewerbsdrucks und vor allem des demographischen Wandels qualifizierte, identifizierte und motivierte Mitarbeiter einen wichtigen Erfolgsfaktor darstellen, um die Zukunftsfähigkeit eines Unternehmens und den Fortbestand am Markt zu sichern. Bedingt durch den demografischen Wandel wird die Verknappung der Talente zu einem strukturellen Personalproblem. Der seit Ende der 90er Jahre oftmals zitierte „War for Talents" führt zu einem Umdenken der Unternehmen und der Kampf um die Besten verschärft sich und dies bei anhaltend hohen Anforderungen an Studienabsolventen. Orientieren Sie sich daher bereits schon ab Studienbeginn laufend an den möglichen Anforderungen und Erwartungen, die Unternehmen an ihre Mitarbeiter/innen haben. Hierüber erfahren Sie vieles im Rahmen von Firmenkontaktgesprächen, Besuch von Vorträgen, Firmenbroschüren, Zeitschriftenbeiträge usw.

Ein zügig abgeschlossenes Studium und ein gutes Examen allein reichen heute oftmals nicht für den beruflichen Einstieg. Neben den im Studium erworbenen **theoretischen Kenntnissen** stehen **Berufs- und Praxiserfahrung** bei den Unternehmen hoch im Kurs. Eine vor dem Studium absolvierte Berufsausbildung oder in das Studium integrierte Praktika (auch Auslandspraktika) und Berufspraxis in der vorlesungsfreien Zeit verbessern die Einstiegsmöglichkeiten.

Wer eine verantwortungsvolle Position anstrebt, muss bei seiner Bewerbung neben einem tadellosen Ausbildungswerdegang vor allem Einsatzbereitschaft und Leistungswillen präsentieren. Auch das Streben nach individuellen Arbeitsinhalten und Verantwortung sind Anliegen, die in Personalabteilungen gerne gesehen werden. Unternehmen setzen verstärkt auf **Teamfähigkeit,** dies verlangt vom einzelnen Teammitglied ein hohes Maß an sozialer Kompetenz, Einfühlungsvermögen, Überzeugungskraft, ein ausgeprägtes Kommunikationsverhalten sowie die Flexibilität, sich neuen Herausforderungen und Aufgaben zu stellen. Diese Qualifikationen zählen erst recht für Unternehmen, die sich in besonderem Maße der Kundenorientierung verpflichtet fühlen.

Im Gegensatz zur Vermittlung fachlicher, methodischer und analytischer Fähigkeiten kommt die **soziale Qualifikation,** die Vermittlung sog. **Soft Skills,** in der Hochschulausbildung noch viel zu kurz. Diese soziale Kompetenz umfasst die Fähigkeit des einzelnen Mitarbeiters, innerhalb seines Arbeitsumfeldes sozial agieren bzw. sinnvoll mit Menschen umgehen zu können. Nach *Scholz* und *Wunderer*[1] machen Verhaltens- und Ergebniskriterien soziale Kompetenz aus, wie z.B.

- generelle Persönlichkeitsmerkmale wie Teamfähigkeit, Kontaktfreude, Aufgeschlossenheit sowie Durchsetzungsvermögen, kommunikative und rhetorische Fähigkeiten;
- aktive Verhaltensmerkmale wie Kooperationsverhalten, Selbstkontrolle, Informations- und Konfliktlösungsverhalten, Kritikfähigkeit;
- passive Toleranzpotenziale, z.B. Umgang mit Stress und Fähigkeit zur Stressbewältigung, Frustrationstoleranz;
- Ergebniskriterien wie z.B. Wertschätzung durch andere, Einbindung von Kollegen, gute Ergebnisse in Mitarbeiterbefragungen.

Unternehmen erkennen soziale Kompetenz am besten, indem das Verhalten der Bewerber in zwischenmenschlichen Situationen beobachtet wird, z.B. im Rahmen eines Bewerbungsverfahrens in Rollenspielen, Bearbeitungen von Aufgaben im Team, Gruppendiskussionen, Präsentationen komplexer Sachverhalte und sonstigen Tatbeständen, die Rückschluss auf diese soziale Kompetenz ermöglichen. Soziale Kompetenz ist also mehr, als nur miteinander reden können[2].

Da soziale Kompetenzmodule bisher in der Hochschuldidaktik eine nur untergeordnete Rolle spielen – in den Bachelor- und Masterstudiengängen wird dies von den Akkreditierungsinstitutionen gefordert – suchen Personalchefs und auch Personalberater in den Lebensläufen der Bewerber/innen nach Hinweisen auf Aktivitäten in Kultur, Sport, Politik oder im sozialen Bereich. Denn wer im Vorstand eines Vereines, in einer Studentenorganisation (AStA) oder Mitglied in einem Fachbereich, in einer Theaterarbeitsgemeinschaft oder Redakteur einer Studentenzeitung war, zeigt damit, dass er engagiert und kommunikativ ist, argumentieren kann und evtl. sogar Führungsverantwortung bewiesen hat. Nutzen Sie daher die an verschiedenen Hochschulen meist in der vorlesungsfreien Zeit oder am Wochenende angebotenen Veranstaltungen wie z.B. Rhetorik/ Kommunikation, Präsentationstechniken, Führung (Führungswissen

---

[1] Vgl. *Scholz, Ch.:* Theorie und Praxis – Kriterien Sozialer Kompetenz, in: Karriereführer: Soft Skills, 21. Ausgabe, II/97, Köln 1997, S. 17–24; *Wunderer, R.:* Führung und Zusammenarbeit, München 2011, S. 70 ff.

[2] Vgl. *Rosenstiel von, L.:* Soziale Kompetenz, in: Allgemeiner Hochschulanzeiger, Heft 26, 1995, S. 2.

und Führungsverhalten), Umgang mit Stress oder aber diesbezügliche Seminare bei den Industrie- und Handelskammern, Handwerkskammern, Weiterbildungszentren und auch den Volkshochschulen, die für wenig Geld erheblichen Nutzwert bieten.

Im Zeichen der Globalisierung, internationaler Verflechtungen und weltweit verflochtener Organisationen von Unternehmen sind **Fremdsprachenkenntnisse** nicht mehr nur erwünscht, sondern in den meisten Unternehmen ein Muss. Zwei Sprachen gehören ebenso zum Standard wie Fingerspitzengefühl für fremde Länder und Kulturen (interkulturelle Kompetenz), globaler Weitblick und Marktgespür sowie Mobilität in Sachen Arbeitsstandort. Dies bedingt daher auch eine internationale Orientierung während des Studiums, sei es durch Studienaufenthalte oder Praktika im Ausland, denn Internationalisierung fängt nicht erst beim Berufseinstieg an. Ferner erwarten die Unternehmen heute verstärkt die Bereitschaft zum **lebenslangen Lernen.**

Dass diese Qualifikationen zukünftig stärker in die Didaktik der Hochschulausbildung integriert werden müssen, zeigen auch sehr deutlich zahlreiche Untersuchungen von *Staufenbiel*. Dabei wird meist eine Unterteilung nach personenbezogenen und fachlichen Anforderungen sowie nach Zusatzqualifikationen vorgenommen. So ist für die Unternehmen die Bedeutung der personenbezogenen Kriterien gestiegen, da die zunehmende Komplexität betrieblicher Aufgabenstellungen immer häufiger einer interdisziplinären und funktionsübergreifenden Bearbeitung in Teams, in Projektteams, voraussetzt. Vor diesem Hintergrund führt die Qualifikation „Teamorientierung/Kooperationsbereitschaft" die Liste personenbezogener Kriterien mit großem Abstand an wie nachfolgende *Abb. 27* sehr deutlich zeigt.

Qualifikationsmerkmale (einige Einzelbeispiele)	
Personenbezogene	• Teamfähigkeit/Kooperationsbereitschaft • Mobilität (z. B. internationaler Einsatz) • Kontakt-/Kommunikationsfähigkeit • Eigeninitiative, Willenskraft, Disziplin • Einsatzbereitschaft/Engagement/ Motivation/Ehrgeiz/Zielstrebigkeit • Überzeugende Persönlichkeit • Analytische Fähigkeiten • Flexibilität (auch für Neues offen) • Lern- und Leistungsorientierung • Kreativität/Innovationsfähigkeit

Fachbezogene	• Examensnote/Prädikatsexamen • Studienschwerpunkte/ Fächerkombination • Studiendauer/Studienverlauf • Studienabschluss • Fachliche Qualifikation/Interesse • Bachelorarbeit, Masterarbeit
Zusätzliche	• Berufserfahrung (Berufsausbildung, Praxis, Praktika auch im Ausland) • Kultur- und Sprachkenntnisse (Auslandssemester) • Auslandserfahrung • Aktivitäten außerhalb der Hochschule (Ehrenämter) und innerhalb (Selbstverwaltungsorgane) • Softwarekenntnisse • MBA-Studium • Promotion

Abb. 28: Qualifikationsmerkmale

Die wachsende Aufgabenvielfalt, mit der Mitarbeiter heute konfrontiert werden, führt dazu, dass insbesondere Persönlichkeitskriterien, wie Eigeninitiative, Einsatzbereitschaft, überzeugende Persönlichkeit, analytische Fähigkeiten und Flexibilität einen hohen Stellenwert einnehmen. Die Tatsache, dass junge Nachwuchskräfte bereits frühzeitig Eigenverantwortung übernehmen müssen (Wegfall von Hierarchieebenen), führt zu der von den untersuchten Unternehmen erhobenen Forderung nach „soft skills", wie bereits eingangs angesprochen.

Als Fazit hierzu lässt sich festhalten: Ihrer Hochschulausbildung kommt eine **Schlüsselfunktion** zu. Handlungskompetenz als Schnittmenge aus Sozial-, Methoden- und Fachkompetenz ist der Schlüssel zu beruflichem Erfolg. Die Vermittlung von Schlüsselqualifikationen – wie Fähigkeit zu logischem Denken und zum Lösen von Problemen, Bereitschaft zu ständigem Lernen, zu lebenslangem Lernen, Initiative, Kontaktfreudigkeit, Teamfähigkeit und der Mut, neue Aufgaben anzufassen – ist die Voraussetzung für Sie, um später einmal rasch, flexibel und von sich aus interessiert und motiviert auf die sich ständig wandelnden Anforderungen reagieren zu können. Entwickeln Sie sich daher während Ihres Studiums nicht zum „Fachidioten", sondern zum hochqualifizierten Generalisten mit Wissensschwerpunkten. Bedingt durch die ständig schneller abnehmende Halbwertzeit des Wissens gewinnen diese Schlüsselqualifikationen immer mehr an Bedeutung.

Die europäische Hochschulreform schreibt vor, in den Bachelor- und Masterstudiengängen vermehrt auf die später für den Beruf benötigten Fähigkeiten einzugehen. Die „Employability", die Beschäftigungsfähigkeit der Studienabsolventen soll somit verbessert werden. Für die Hochschulen bedeutet dies, ihre Studieninhalte im Sinne von „employability" auch an den Anforderungen des Arbeitsmarktes zu orientieren. Die individuelle Beschäftigungsfähigkeit für den Studierenden ist, eine Übereinstimmung zu schaffen zwischen den Anforderungen der Unternehmen und den eigenen, persönlichen, fachlichen und sozialen Kompetenzen, ferner der individuellen Gesundheit und der Arbeitsfähigkeit.

Employability Management, also die Förderung der Beschäftigungsfähigkeit von neuen und bestehenden Mitarbeitern ist einer der wichtigsten Trends im HR-Bereich.

12. Zusammenfassung und abschließende Betrachtung

Die moderne Entwicklungsgeschichte unserer Universitäten wurde durch das Bildungskonzept von *Wilhelm von Humboldt* entscheidend geprägt. Seine Ideale, die Freiheit der Wissenschaft, die Universität als Bildungseinrichtung, die Forschung und Lehre vereint und das Ziel einer universalen Menschenbildung verfolgt, haben auch heute noch Gültigkeit. Allerdings ist neben dieses allgemeine Bildungsideal heute zunehmend die Forderung nach Verwertbarkeit (Anwendungs- und Praxisbezug) akademischer Forschung gerückt. Hochschulen sind heute moderne Dienstleistungszentren, die im 21. Jahrhundert eine Synthese zwischen anwendungsorientiertem Pragmatismus und den *Humboldt'schen* Idealen finden müssen.

Das 21. Jahrhundert entwickelt sich immer mehr hin zu einer globalen Informations- und Wissensgesellschaft. Obwohl Wissen schon immer eine entscheidende Rolle gespielt hat, wird dieses in Zukunft noch einen höheren Stellenwert einnehmen. Wir müssen unser Wissen ständig aktualisieren, erweitern und ein Leben lang lernen. Wir benötigen daher auch Handreichungen und Denkanstöße, ein methodisches Instrumentarium, dieses Wissen zu generieren und anzuwenden.

Die Internationale Ausrichtung unserer Hochschulen als zwingende Voraussetzung dient der Förderung des Dialogs und des Austausches in Studium, Forschung und Lehre. Internationale Studienabschlüsse wie Bachelor und Master, die Vernetzung und gegenseitige Anerkennung von Studienleistungen und Studienabschlüssen im In- und Ausland, die Unterstützung des Studenten- und Wissenschaftleraustausches sowie die Förderung von Hochschulkooperationen mit dem Ausland sind wichtige Elemente einer globalen und internationalen Hochschularbeit. Die Zukunft jedes Landes liegt in zunehmendem Maße in den Köpfen der jungen Generation, in ihrem Wissen, ihrem Können, ihrer Bildung.

Lernen/Studieren ist geistige Arbeit, die nicht isoliert, sondern im Zusammenhang mit Körper, Geist und Seele gesehen werden muss. Sie erfasst Sie als ganzen Menschen und verlangt auch den Einsatz des ganzen Menschen. Dieses **geistige Arbeiten** wird bestimmt durch

- erforderliche **Struktureigenschaften** wie die Auffassungsgabe, Motive/Motivation, Belastbarkeit, Kontaktfähigkeit/Teamfähigkeit etc.
- wesentliche **Verhaltenseigenschaften,** wie z. B. Fleiß, Ehrgeiz, Durchhaltevermögen, Gründlichkeit, Sorgfalt, Ordnungssinn, Beständigkeit
- soziale **Werthaltungen,** manifestiert als Ehrlichkeit, Verlässlichkeit sowie als Selbstdisziplin und Toleranz

Geistiges Arbeiten ist Auseinandersetzung mit der Umwelt, also für Sie mit einem neuen zusätzlichen Umweltbereich „Hochschule/Studium" bzw. „berufliche Weiterbildungsinstitution". Machen Sie sich diesen neuen Umweltbereich durch Aktivitäten wie beobachten, zuhören, miteinander sprechen, lesen und schreiben zu etwas Eigenem.

Voraussetzung für den Vollzug geistigen Arbeitens sind einerseits Verstand und Vernunft, die sich auf die Fähigkeit **(Lernfähigkeit)** zur geistigen Arbeit beziehen, andererseits das Wollen, das die Bereitschaft **(Lernbereitschaft/Motivation)** zur geistigen Arbeit bestimmt. Sind die Lernfähigkeit und die Lernbereitschaft zur geistigen Arbeit vorhanden, folgt der Vollzug, das Denken. Die Kunst zu Denken ist die Kunst, man selbst zu sein. Der Denkprozess beginnt mit der Aufmerksamkeit, d. h. der konzentrierten Hinwendung der Gedanken auf bestimmte Wahrnehmungen, Vorstellungen, usw. Die Konzentration hat dabei besondere Bedeutung für das Lernen. Der Wille zur Konzentration entspricht dabei entweder der Not (natürliche oder durch Mitmenschen verursachte) oder dem Interesse (idealer oder egoistischer Natur).

Der **Denkvorgang** selbst vollzieht sich in Stufen. Der Aufmerksamkeit folgt die Aufnahme neuer Vorstellungen, auch Perzeption genannt, dann die Verknüpfung mehrerer Vorstellungen zu einer Vorstellungsreihe (Assoziation), und danach die Verarbeitung und Einordnung der neuen Vorstellungen in die bereits vorhandenen, auch Apperzeption genannt. Dabei ergibt sich zumeist eine Umformung einer Vorstellung durch eine andere. Schöpferisch-produktives Denken, das von Ihnen erwartet wird, schafft somit neue ordnende Einsichten.

Das was sich aus diesem Denkprozess entwickelt hat, wird durch das **Gedächtnis** gesichert. Entscheidend dabei ist der Inhalt des Gedächtnisses sowie dessen Reproduzierbarkeit, bezeichnet auch als die Fähigkeit, Vorstellungen wieder ins Bewusstsein zu holen. Gedächtnis ist nichts, was Sie üben können, Sie können nur die Lernfähigkeit erhöhen. Gedächtnistraining dient der Verhinderung des Vergessens.

Lernen als eine intensive Konzentration der Aufmerksamkeit unter Ausschaltung aller Lernhemmnisse und Ablenkungen führt zum Behalten. Dauerndes Behalten wird durch häufige Wiederholungen des Gelernten erreicht.

Bedienen Sie sich beim Lernen, beim geistigen Arbeiten, einer bestimmten Methodik.

Anliegen dieses Büchleins war/ist es, Ihnen einige studienvorbereitende Informationen sowie studienpraktische und studienorganisatorische Handreichungen zur Komplettierung Ihres Selbstmanagementsystems und methodische Anregungen zur Effektivierung des Lernens/Studierens zu geben. Es handelt sich dabei nicht um ein Lernrezept, das den Studienerfolg gewährleistet, sondern lediglich um Vorschläge, die mit „Blick auf das Wesentliche" studieneffizienzsteigernd wirken können. Im Vordergrund der inhaltlichen Interessen stand dabei weniger das Theoretisieren, sondern mehr die Vermittlung von Erfahrungen, die einerseits zahlreichen Diskussionen mit Studenten, Pädagogen und Psychologen entsprangen, andererseits innerhalb der letzten Jahre auch im Zusammenhang mit Erstsemesterveranstaltungen zum Thema „wissenschaftliche Arbeitsmethodik" gemacht wurden. Systematisieren Sie Ihre Lernarbeit, entwickeln Sie lernstrategische Denk- und Handlungsweisen, die Sie in die Lage versetzen, mehr Zeit, Motivation und Energie zu gewinnen.

Das Wichtigste jedoch ist, dass Sie bei allem was Sie tun, auch bei Ihrem Studium, **Freude haben.** Halten Sie es mit dem Sprichwort des indischen Philosophen und Lyrikers *Tagore*, der in der Zeit von 1861 bis 1941 lebte und im Jahre 1913 den Nobelpreis erhielt. Er sagte: **„Ich träumt und dachte, das Leben sei Freude. Ich erwachte und sah, das Leben ist Pflicht. Ich tat meine Pflicht und das Leben ward Freude."**

Diese Freude wünsche ich Ihnen für Ihr Studium, für Ihre berufliche Qualifizierung und für ein lebenslanges Lernen.

Literaturverzeichnis

(a) Bücher/Dokumentationen:

Alewell, K., Bleicher, K. und *Hahn, D.:* Entscheidungsfälle aus der Unternehmenspraxis, Wiesbaden 1971.

Axt, P., u. a.: Vom Glück der Faulheit, München 2004.

Bay, R. H.: Erfolgreiche Gespräche durch aktives Zuhören, Ehningen 2010.

Becker-Carus, Ch. (Hg.): Aktuelle psychophysiologische Schlafforschung, Münster 1995.

Birkenbihl, V.: Stroh im Kopf – oder: Gebrauchsanweisung fürs Gehirn, Speyer 2006.

Beohncke, H.: Schreiben im Studium, Niedernhausen 2001.

Bischof, A./Bischof, K.: Selbstmanagement, Freiburg 2009.

Böhringer, A./Hülsbeck, M.: Die wissenschaftliche Präsentation, München 2005.

Bleicher, K.: Unternehmungsspiele. Entscheidungsmodelle zur Ausbildung und Strategie in der Wirtschaft, Betriebswirtschaftliche Probleme 2, Zürich 1975.

–: Studium neben dem Beruf – neue Wege einer wissenschaftlichen (Berufs-)-Ausbildung, Bonn 1986.

Buzan, T.: Speed Reading. Schneller Lesen, mehr verstehen, besser behalten, Landsberg am Lech 2005.

Cooper, J. D.: So schafft man mehr in weniger Zeit, München 1990.

Corell, W.: Lernpsychologie, Donauwörth 1993.

Csikszentmihalyi, M.: Flow, Stuttgart 2008.

Dahmer, H. und *J.:* Effektives Lernen. Didaktische Anleitung zum Selbststudium und zur Gruppenarbeit, Stuttgart 1998.

Dohmen, G.: Das Fernstudium. Ein neues pädagogisches Forschungs- und Arbeitsfeld, Heidelberg 1967.

Eco, U.: Wie man eine wissenschaftliche Abschlußarbeit schreibt, Heidelberg 2002.

Eschenbach, R. u. a. (Hg.): Fallstudien zur Unternehmensführung, Stuttgart 1994.

Fischer, R.: Effektiver lesen – besser denken – schneller verarbeiten, Grafenau 1983.

Florin, I. und *Rosenstiel, L. v.:* Leistungsstörung und Prüfungsangst, München 1976.

Friedrich, W.: Die Kunst zu präsentieren, Berlin 2003.

Gläser-Zikuda, M. (Hg.): Lerntagebuch und Portfolio aus empirischer Sicht, Landau 2010.

Gomez, P./Probst, G.: Die Praxis des ganzheitlichen Problemlösens, Bern 2007.

Gottwald, F. und *Howald, W.:* Selbsthilfe durch Meditation, München 1995.

Graf, J. (Hg.): Planspiele, simulierte Realitäten für den Chef von morgen, Speyer 1992.

Grochla, E. und *Thom, N.*: Fallmethode und Gruppenarbeit in der betriebswirtschaftlichen Hochschulausbildung, Hamburg 1978.

Hecht, K.: u. a. (Hg.): Schlaf, Gesundheit, Leistungsfähigkeit, Berlin 1993.

Herrmann, N.: Kreativität und Kompetenz: Das einmalige Gehirn, Fulda 1991.

Hopf, B.: Methodische Konzeptionen der Simulation im Bereich kaufmännischer Berufsausbildung, in: *Bonz, B.* (Hg.): Beiträge zur beruflichen Bildung, Stuttgart 1976, S. 122–145.

–: Wirtschaftssimulation – Simulationsbüro, in: *Berke, R.* u. a. (Hg.): Handbuch für das kaufmännische Bildungswesen, Darmstadt 1985, S. 508–516.

Huber, L.: Hochschuldidaktik, in: *v. Hentig, H.* u. a. (Hg.): Wissenschaftsdidaktik, Neue Sammlung, 5. Sonderheft, Göttingen 1975, S. 41–82.

Hüholdt, J.: Wunderland des Lernens. Lernbiologie, Lernmethodik, Lerntechnik, Bochum 1995.

Kaiser, F.-J.: Entscheidungstraining, Bad Heilbrunn 1976.

– (Hg.): Die Fallstudie. Theorie und Praxis der Fallstudiendidaktik, Bad Heilbrunn 1983.

Kienapfl, D.: Vorlesung und Vorlesungskritik. Hochschuldidaktische Materialien Nr. 27, Hamburg 1971.

Köck, P.: Moderne Unterrichtsführung durch Impuls und Appell, Donauwörth 1971.

Koeder, K. W.: Berufsbegleitendes Studium, Grafenau 1983.

Koeder, K. W.: Leading people, Marburg 2006.

Konegen-Grenier, Ch. und *Kramer, W.*: Studienführer Duale Studiengänge. Hochschulausbildung mit integrierter Berufspraxis, Köln 1995.

Korff, E. und *Reineke, W.*: Arbeitstechnik für Vielbeschäftigte, Heidelberg 1980.

Kosiol, E.: Die Behandlung praktischer Fälle im betriebswirtschaftlichen Hochschulunterricht, Berlin 1957.

Kruse, O.: Keine Angst vor dem leeren Blatt, Frankfurt 2007.

Lanner, H.: Prüfungen – mit Erfolg, München 1988.

LeBoeuf, M.: Imagination – Inspiration – Innovation. Kreative Kräfte nutzen, München 1991.

Löwe, H.: Einführung in die Lernpsychologie des Erwachsenenalters, Berlin 1976.

Lohse, H.: Bewertung von Diplomarbeiten, in: *Engel, S.* und *Woitzik, A.* (Hg.): Die Diplomarbeit, Stuttgart 2003, S. 249–261.

Maccoby, M.: Warum wir arbeiten, Frankfurt 1989.

Mackenzie, R. A.: Die Zeitfalle. Sinnvolle Zeiteinteilung – Zeitnutzung, Heidelberg 1995.

Magyar, K. M. und *Prange, P.*: Zukunft im Kopf, Freiburg 1993.

Metz-Göckel, S.: Theorie und Praxis der Hochschuldidaktik, Frankfurt 1975.

Metzger, Ch.: Lern- und Arbeitsstrategien, Oberrentfelden/Aarau 2004.

Minninger, J.: Gedächtnistraining, Herrsching 1989.

Molcho, S.: Körpersprache im Beruf, München 1996.

Moore-Ede, M.: Die Nonstop-Gesellschaft. Risikofaktoren und Grenzen menschlicher Leistungsfähigkeit in der 24-Stunden-Welt. Ein Report, München 1993.

Mündemann, B. M.: Zielsicher und schnell lesen, Köln 2007.

Murphy, K.J.: Besser Zuhören – mehr Erfolg, Freiburg 1995.
Niedermair, K.: Recherchieren und Dokumentieren, Wien 2010.
Peale, N. V.: Positiv in den Tag. Dem Leben vertrauen, München 1991.
Plattner, I.: Sei faul und guter Dinge, München 2000.
Prior, H.: Formen des Hochschulunterrichts – Ergebnisse einer Umfrage – Blickpunkt Hochschuldidaktik, 1969.
Pukas, D.: Lernmanagement, Rinteln 2008.
Reichel, G.: Der sichere Weg zum überdurchschnittlichen Gedächtnis, Kissing 1984.
Robinson, F.: Effective Study, Revised Edition, New York 1961.
Roth, S.: Einfach aufgeräumt, Frankfurt 2007.
Ruhleder, R.: Vortragen und präsentieren, Würzburg 2001.
Ruddies, G.H.: Nie mehr Prüfungsangst, Düsseldorf 1990.
Schiefele, H.: Lernmotivation und Motivlernen, München 1974.
Schiefele, U./Köller, O.: Intrinische und extrinsische Motivation, in: Handwörterbuch Pädagogische Psychologie, Weinheim 2001, S. 304–310.
Schiefele, U./Wild, K.-P.: Interesse und Lernmotivation, Münster 2000.
Scholz, Ch.: Theorie und Praxis-Kriterien Sozialer Kompetenz, in; Karriereführer: Soft skills, 21. Ausgabe, II/1997, S. 17–24.
Schräder-Naef, R.D.: Keine Zeit? Ein Ratgeber für sinnvolle Zeiteinteilung im Alltag, Weinheim 1984.
–: Rationeller Lernen lernen, Weinheim 1994.
Seifert, I. W.: Visualisieren – Prädentieren – Moderieren, Speyer 2006.
Seiwert, L.D.: Mehr Zeit für das Wesentliche, Landsberg 2006.
–: Noch mehr Zeit für das Wesentliche. Zeitmanagement neu entdecken, München 2009.
Seiwert, L.J.: Selbstmanagement – Persönlicher Erfolg, Zielbewußtsein, Zukunftsgestaltung, Arbeitstechniken für Führungskräfte, Offenbach 2001.
Siewert, H. und *R.:* Examen erfolgreich bestehen, Köln 1988.
Skinner, B.F. und *Corell, W.:* Denken und Lernen, Braunschweig 1976.
Sprenger, R.K.: Mythos Movitation, Frankfurt 2010.
Spitzer, M.: Lernen, Heidelberg 2002.
Spitzer, M.: Lernen, Gehirnforschung und die Schule des Lebens, Darmstadt 2002.
Straten van, M.: Schlaf gut! Leicht einschlafen – erholt erwachen, München 1993.
Stumpf, S./Alexander, Th. (Hg.): Teamarbeit und Teamentwicklung, Göttingen 2003.
Spoun, S./Domnik, D.: Erfolgreich Studieren, München 2011.
Tansey, P. (Hg.): Educational Aspects of Simulation, London 1971.
Theisen, M.R.: Wissenschaftliches Arbeiten, München 2011.
Tucholsky, K.: Gesammelte Werke 1930, hrsg. von *Gerold-Tucholsky, M.* und *Raddatz, F.*, 8. Band, Reinbek 1975.
Vester, F.: Denken, Lernen, Vergessen, München 2009.
–: Das kybernetische Zeitalter. Neue Dimensionen des Denkens, Frankfurt 1974.
–: Neuland des Denkens. Vom technokratischen zum hybernetischen Zeitalter, München 1997.

Vetter, G.: Mehr Lebensfreude durch positives Denken, München 1993.
Wagner, H.: Persönliche Arbeitstechniken, Speyer 1992.
Walther-Dumschat, S.: Mehr Erfolg bei Prüfungen und Klausuren, Heidenau 2006.
Weber, E.: Didaktik und Theorie des Unterrichts, Ansbach 1925.
Weinert, F. E. u. a.: Pädagogische Psychologie 2, Frankfurt 1981.
Weinstein, M.: Managing to Have Fun, New York 1996.
Werneck, T. und *Ullmann, F.:* Dynamisches Lesen, München 1993.
Wissenschaftsrat (Hg.): Empfehlungen zur Neuordnung des Studiums an wissenschaftlichen Hochschulen, Bonn 1966.
Wolf, D. und *Merkle, R.:* So überwinden Sie Prüfungsängste, Mannheim 1995.
Wunderer, R.: Führung und Zusammenarbeit, München 2011.
Zielke, W.: Schneller lesen – intensiver lesen – besser behalten, München 1991.
–: Schneller lesen – besser lesen, München 1971.
–: Handbuch der Lern-, Denk- und Arbeitstechniken, München 1997.
Zimbardo, Ph./Gerrig, R.: Psychologie, München 2008.
Zinte, V.: Lernen mit System, München 1998.

(b) Zeitschriftenbeiträge/Zeitungen:

Allgemeine Zeitung Mainz, Anzeigen-Sonderveröffentlichung vom 9. 4. 2011, Ausbildung & Beruf. Campus – Studieren 2011.
Berger, L.: Neues Lernen braucht das Land, in: Audimax. Die Hochschulzeitschrift, Heft 10/1993, S. 44–45.
Dubs, R.: Selbständiges (eigenständiges oder selbstgeleitetes) Lernen: Liegt darin die Zukunft? In: Zeitschrift für Berufs- und Wirtschaftspädagogik, Heft 2/1993, S. 113–117.
Ebitsch, S.: Das Uni-Einmaleins. Ob Module oder Credit-Points. Wie der Bachelor funktioniert, in: ZEIT Studienführer 2011/12.
Guzek, B. und *G.:* Schlaflose Nächte, in: Manager Magazin, Heft 1/1995, S. 156–161.
Henkel, H.-O.: Studienzeiten – aus der Sicht der Industrie, in: IBM-Nachrichten, Heft 9/1989, S. 15–23.
Holler, J.: Das Neue Gehirn. Möglichkeiten moderner Gehirnforschung, Paderborn 1996.
Koeder, K.: Aktivieren Sie Ihre Zuhörer, in: Personal, Heft 4/1988, S. 140–143.
–: Arbeitsmethodik im Studium, in: WiSt 17/1988, S. 43–47.
–: Studieren mit Methodik – Effektives Lesen, in: Steuer und Studium, Heft 10/1991, S. 367–370.
–: Personalentwicklung durch flexible Studienformen, in: Personal, Heft 11/1992, S. 518–521.
–: Studienorganisation und -planung. Einige Handreichungen für Studienanfänger, in: Steuer und Studium, Heft 9/1993, S. 351–354.
–: Wie man eine Klausur in den Griff bekommt, in: Wisu, Heft 12/1993, S. 992–993.
Paschek, L.: Überzeugend präsentieren, in: Salesprofi, Heft 1/1998, S. 62–63.

Paul, H.: Fallstudien. Plädoyer für einen stärkeren Einsatz in der betriebswirtschaftlichen Lehre und Ausbildung in: WiSt Heft 6/2005, S. 349–353.

Petri, K.: Anleitung zur Anfertigung einer wirtschaftswissenschaftlichen Themenklausur, in: WiSt 8/1979, S. 339–342.

Rambow, R. und *Nückles, M.:* Der Einsatz des Lerntagebuchs in der Hochschullehre, in: Das Hochschulwesen, 50/2002, S. 113–120.

Rosenstiel v., L.: Soziale Kompetenz, in: Allgemeiner Hochschulanzeiger, Heft 26/1995, S. 2.

Schuhmacher, H.: Das Jauch-Prinzip, in: Managermagazin, Heft 5/2007, S. 194–202.

Schüle, U.: Von Bologna nach Mainz, in: FH-Forum, Heft 2/2005, S. 37–41.

Soehring, M.: Gut kombiniert, in: ZEIT-Studienführer.

Torralba, F.: Die Kunst des Zuhörens, München 2007.

Whitehead, D.: Learning Processes and Teaching Strategies in Economics Education, in: Economics, No. 84/1983, S. 145–151.

(c) Internetquellen

www.bmbf.de/de/3336.php, Abruf 20. 9. 2011.

www.hvk.de/bologna/de/home/1916.php, Abruf 20. 9. 2011.

www.online-tutorium-journal.de/AusgabeApril07/bett2.html

wwww.uni.potsdam.de/agelearning/tipps/lerntagebuch.html

Sachverzeichnis